水以載人

江南的第一人稱

吴斌 著

浙江古籍出版社

圖書在版編目(CIP)數據

水以載人:江南的第一人稱 / 吴斌著. --杭州:浙江古籍出版社, 2023.8
ISBN 978-7-5540-2629-8

Ⅰ.①水… Ⅱ.①吴… Ⅲ.①文化史—研究—華東地區 Ⅳ.①K295

中國國家版本館CIP數據核字(2023)第089666號

水以載人:江南的第一人稱

吴　斌　著

出版發行　浙江古籍出版社
(杭州市體育場路347號　郵編:310006)
網　　址　https://zjgj.zjcbcm.com
責任編輯　伍姬穎
文字編輯　吴宇琦
封面題字　李紹溥
彩插作畫　葉　琛
責任校對　吴穎胤
責任印務　樓浩凱
照　　排　浙江大千時代文化傳媒有限公司
印　　刷　浙江全能工藝美術印刷有限公司
開　　本　787mm×1092mm　1/16
印　　張　13　　插頁　2
字　　數　260千
版　　次　2023年8月第1版
印　　次　2023年8月第1次印刷
書　　號　ISBN 978-7-5540-2629-8
定　　價　75.00元

運河古鎮新景 葉琛 木版 58cm×45cm 2020

2019.4.24 調研/西興老街原住民訪問交流

2019.5.8 調研/紹興太平橋公園禁水碑拓印

2019.4.24 調研/西興老街古建築細部拍攝

2019.7.8 調研/衙前鳳凰村村史館現場討論會

自序

一

“五經皆史”，歷史乃學術之必由之途，乃開啓未來之鎖鑰。知一事一物之所由來，可知將來如何爲之。瞭解歷史，即克尋得出路。文化乃人由以異於禽獸之“幾希”。江南乃中華歷來之文化重地。本書乃一部江南視角下之中華文化史綱要。

古人稱江南爲“江表”。表者，外也，是以江南爲側，而中原爲正也。江南於中國主流之歷史叙述中歷來僅被視作邊角瑣事而順帶提及，乃中國正史中之“第三人稱”。此與事實之不盡相符者明矣。數千載江南生生不息，必有其貫穿始終之“第一人稱”。“彼江南”之上，當有一“我江南”。如何挖掘、書寫“我江南”，即爲本書意欲探討之主要問題。

本書集合《浙東運河承載的蕭紹人文史綱》與《語言文字間的吴越古史》二課題文稿，爲前後兩編。前編以浙東運河爲綫索，主要探討漢代以來之江南文化史；後編以語言文字爲綫索，主要探討漢代之前之江南文化史與上古民系關係，作爲對前編之補充與拓展。前編寫越人與越水，後編論越人之由來，兩篇連貫成一部完整之江南地方文化史，共同以江南爲“第一人稱”，重讀中華文化。

二

章學誠《文史通義》卷一《書教》篇分史學著述爲“撰述”與“記注”二類，前者指史學著作，貴能融會貫通，後者指資料彙編，務求詳備真實。“記注”爲“撰述”之材料，“撰述”乃“記注”之提煉。本書所欲爲者，志在撰述。

中國史料繁多，不乏方志、筆記之類一手素材。東南英才薈萃之地，歷代文獻多能立足鄉土，先知鄉情，後知國情，先識鄉民，後識國民。後人有心，欲藉以勾勒出一段完整之鄉土史，由小見大，及於國史，殆非難事，顧立意因人而異而已。民國光復，現代民族國家建成以來百有餘年，學校、媒體多好宏大叙事，耳濡目染之下，今人乃逐漸習慣於由全國之視角反向遥觀自身鄉土，身處其間，心不在焉。

本書前編立意在於師法前人，由鄉土出發，整理一段邏輯連貫之鄉土通史，并記録歷史留與今人之珍貴遺産，冀有益鄉民重拾鄉情於萬一。鄉民倘皆能知愛惜鄉土，則必能由小及大，對本國、本族生成一種謙和、真摯、穩固而恒久之愛護之心，由知一鄉先人之辛勞，念及我族先民整體創業之艱苦，又念及寰宇萬邦先民守業之不易，人遂能成仁人，國遂能成仁國。

越地文化整體面貌，可謂一種水文化。蕭紹平原作爲歷史上之越文化中心，水網四通八達。水從來不曾遠離越地人之鄉愁，亦不曾遠離越地人之日常。越地人之歷史，亦可謂乃一部水之歷史，越人與越水相互雕鑿、相互成全，至於今時。由水之歷史切入，最能深層把握越地之歷史脉絡。前編以連通整個蕭紹平原之人工水道——浙東運河蕭山紹興段——爲綫索，欲以貫串蕭紹鄉土人文之因果，冀人讀後能於運河邊經過時留步片刻，於向無所思、見慣不驚處忽生古人、來者之念。

三

中國之歷史，詳於漢後而略於漢前，是以學界概稱漢前爲早期中國。江東之情形與此大同。究其根源：一爲上古學術方萌，記事粗疏；一爲漢前去今已遠，文獻散佚；一爲秦火焚書，所存寥寥，所失不知凡幾。漢興之後，朝廷與民休息，搜求古籍，取士興學，又有馬、班之輩，後世史册乃得日積月累。

漢前之地上資料（即傳世文獻）流傳至今者多源於漢代，或爲漢人據民間傳聞所撰著，或爲漢人引古籍殘簡而發明，有據可考者有之，牽强附會者有之，晦澀難明者有之，自相矛盾者亦有之，不可盡廢，亦不可盡信。所幸者，地下資料（即出土文物）未遭秦火。而秦併天下，黜六國異文以獨行秦文字，所謂統一者，實未及各方之言語，後世揚雄之《方言》可爲此證。是以欲窺漢前之真者，地下（文物）與口頭（語言）之素材可謂真憑實據，顧不及文獻之便利易明也。

本書前編述江東之人文史，以運河爲其經，以越地人之性情爲其緯，以傳世史料爲其據，詳於漢後而略於上古，實勢有必然，情非得已也。文獻所不及，則考古續之。今世歐美有語言考古之學，可由存世之詞彙、文法，斷民族之來龍去脉。後編欲引其法以考察我江東先民上古之情形，可爲前編之補充與注釋。

四

本書所得之結論與推斷，要言之如下：

一、周時吴越人治水，開中國人工運河之先。浙東水利，始於古越人，衰於秦漢之際，至後漢開鑑湖而復興。兩晋之交，始開蕭紹人工水道。其後浙東運河之興替，恒爲農業、商業、漕運與國運四者所交相左右。

二、越地歷史上，地方性政權先後有越國、楚國、東吴、東晋、劉宋、蕭齊、蕭梁、陳朝、吴越國與南宋，多數皆能善待其百姓，以保境安民、發展生産爲慮，浙東運河亦因而得以建成、完善，其中尤以越國、東吴、吴越國最有功焉；南北統一政權則先後有秦、西漢、東漢、西晋、隋、唐、北宋、元、明、清及民國至今，政治中心在北，唐以前則江浙不受重視，唐以後又僅被視作主要税收之來源地，水利設施之建設亦時常受阻。水利如此，文化同然。

三、越地民人源於古越族。周時吴、越兩國皆屬越系，别於羌系之華夏。越楚争雄，越國大部爲楚所有，受楚化數十載，至秦漢時仍部分保有其民族文化，後漸漢化。兩晋、趙宋之時，中原喪亂，北人二度南徙，融入江東，遂有今日之江南人。江南之民風、文化，實爲中華數千載興衰之縮影。

四、越人之漢化深者，遂成今之吴、閩、粤三系，其淺者則爲百越諸部（即今學界所謂“侗台語民族”），如傣、水、黎。吴、閩、粤三系之語言成分，顯有通於百越而與中原異者，至今留存於民間方言，其在語音、語法、詞彙各方面皆不乏例證。此類越語底層於上古史之研究可謂難得確鑿之素材，實堪深研。本書廣搜其例，試爲分析，其有未盡者，尚待來日。

五、越人初無文字，其記事率以周文（漢字）。越地出土青銅器銘文及傳世文獻（如《越絶書》、《吴越春秋》）中多有以漢字漢音模寫越語者，以華文解，其義難明。又有漢人揚氏之《方言》，所記吴越詞彙甚衆。本書一一爲之注音，且試爲之注解，俾讀者克由以一窺江南先民生息之大概。

六、百越與諸夷（即今學界所謂“南島語民族”），言語似有大同，文化其實小異。越人之起源，關鍵當在夷人。商代係由夷人建立，華夏人代夷商而遂有周。越、夷、夏三系之上古關係，至今未有定説。本書考證三系之語言，越夷同源者有之，由華夏而入越夷者有之，由越夷而入華夏者亦有之，思之愈深，疑之愈多。要之，本書以爲越、夷殆爲同幹之異枝，且以夷爲主，以越爲側，越族之形成，上不過商代。商時華夏人入於越、夷之間，與之互相影響，其文化、語言之交融，自始有之。其文化關係，上古則似夷、越之影響華夏爲深，近古以來則反之。華夏實非始終爲一文化强勢之族。

七、越、夷同源，文化上皆以水爲其永恒之主題。後世兩族分異，百越留居大陸，飯稻羹魚，保留一種淡水文化；諸夷浮海島居，遍布大洋，創生一種海洋文化。若夫吴、閩、粵三系，則今雖漢化，其水性、水情仍不減先民之分毫。水以載人，其千世而不易也。

以上結論與推斷，未敢盡以爲定論。顧竊以未必無益於來者，姑備一説，亦知終不免貽笑於大方之家。

余治語言之學十數載，涉獵不專，旁及於史，欲知我江東人民之源流，以爲史有所言未明者，遂思之念之，積十數載。素材浸豐，乃形諸筆墨。一夫之慮，未免掛一漏萬，覽此書者，必有以教我也。

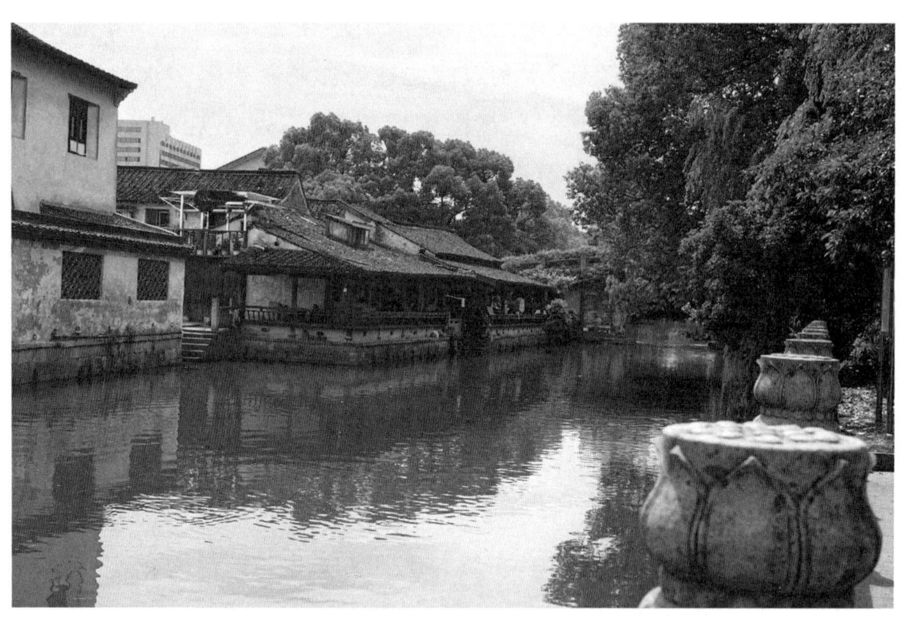

紹興城内運河（胡月霞攝）

目　次

後編:語言文字間的吴越古史

前　编

浙東運河承載的蕭紹人文史綱

緒　論

蕭紹之地

蕭紹平原地處浙江北部，北臨錢塘江（古稱“浙江”）與杭州灣（古稱“後海”），南依丘陵地帶，東届曹娥江（古稱“東小江”），西至浦陽江，綿亘於今杭州市濱江區、蕭山區以及紹興市柯橋區、越城區，自成一個整體，構成寧紹平原西半部。

杭州濱江區位於蕭紹平原西端，1996 年由蕭山市析置。1959 年前，蕭山縣屬紹興。1988 年，原蕭山縣改爲縣級市。2001 年，蕭山撤市設區。本書遵從歷史習慣，仍將今蕭山與濱江二區合稱蕭山。

紹興古稱“越”，爲春秋時期越國中心，其都城稱“大越城”，在今紹興越城區會稽山一帶。公元前 306 年，越攻楚，戰敗，大部爲楚國所有，包括蕭紹平原地區。前 223 年，秦滅楚，次年於故吴、越國所在地設會稽郡，郡治吴縣（今蘇州），領二十六縣，以大越城爲中心置山陰縣，今濱江、蕭山、柯橋、越城區均在山陰縣境内。西漢早期，蕭紹地區爲吴王濞領地。前 154 年，吴王反，平亂後除吴國，復置會稽郡。此後，福建越人政權被滅，亦歸會稽郡，郡治仍在吴縣。當時會稽郡幾乎成爲漢朝境内面積最大的一個郡，吴縣集中一郡資源，遂發展爲東漢時期東南一大都會，可與京師洛陽相伯仲，而山陰縣則未見起色。西漢末期（約公元 2 年），析山陰縣西部置餘暨縣（一曰“下諸暨”），屬會稽郡，是爲蕭山設縣之始。129 年，會稽郡二分，以錢塘江爲界，北置吴郡，治吴縣，南爲會稽郡，治山陰縣。於是山陰縣日漸崛起。此後直至三國東吴時期，會稽郡屬縣愈分愈細。東吴黄武年間（222—229），改餘暨縣爲永興縣，以圖吉利。其後會稽郡數度析郡，至西晋時，會稽郡僅轄十縣（山陰、上虞、餘姚、句章、鄞、鄮、始寧、剡、永興、諸暨），此後長期維持這一格局。南朝至北宋，會稽郡常稱越州，州治仍在紹興城。陳朝永定年間（557—559），山陰縣二分，以紹興城爲界，西爲山陰縣，東爲會稽縣，兩縣共治一城，此格局一直保持至民國初年

(因此蕭紹平原紹興部分也稱“山會平原”)。唐天寶元年(742),改永興縣爲蕭山縣,以蕭然山名焉。其時越州東部鄮縣已析置明州(今寧波市),越州僅領七縣(會稽、山陰、諸暨、餘姚、剡、蕭山、上虞)。

唐德宗貞元三年(787),以越、明、台、温、婺、處、睦、衢八州置浙東道,治越州,於是後世將此八州(大致爲今紹興市、蕭山、濱江、桐廬、建德、淳安、寧波市、舟山市、台州市、温州市、金華市、麗水市、衢州市)統稱爲“浙東”,以别於浙江西道(大致包含今杭、嘉、湖、上海、蘇南、黄山)。後世將“浙東”與“浙西”連稱爲“兩浙”,即今之所謂“江南”。

南宋紹興元年(1131),越州以年號改稱紹興府,領八縣(會稽、山陰、蕭山、諸暨、餘姚、上虞、嵊縣、新昌)。此後這一格局維持至民國時期。

蕭紹平原地勢低平,土壤肥沃,河渠縱横,便於農耕與交通,歷史上錢塘江岸不斷北移,更爲其新增了大片沃土,加以一地政治中心之所在,山陰、會稽、蕭山長期以來往往是浙東地區文化最繁榮、百姓最富足的地方,其歷史、人文大有挖掘價值。

地上之水

紹興被譽爲“唯一仍然活著的江南水鄉”。紹興城爲一典型的水城,今日城内外河渠依然四通八達,直至最近數十年公路網成形之前,百姓交通仍以舟楫爲主。紹興城内及環城運河系統爲浙東運河的組成部分。

浙東運河(今又稱“杭甬運河”)西起今杭州濱江區西興街道(古稱西陵),經蕭山區、柯城區、越城區,由上虞轉入餘姚江,經甬江入東海,全長239公里。其東段(上虞至寧波)以天然河流爲主,輔以人工溝通工程,西段(西興至曹娥江,即蕭山紹興段)則以人工挖掘、修築爲主,歷時悠久,歷史文化積澱豐厚。

浙江北部地勢總體南高北低,蕭紹平原天然河流因此以南北走向爲主,浙東運河蕭紹段東西向横貫蕭紹平原兩端,穿過蕭山、紹興兩座縣城,溝通衆多天然河流,爲明代以降蕭紹平原獨具特色的内河水系之重要組成部分,歷史上爲當地防旱、排澇、交通、灌溉、旅游、商業帶來了巨大的便利,是當地官民數千年心血的結晶。在浙東運河蕭紹段前後2500年的歷史上,農業、商業、漕運與國運四個因素交相左右著運河的命運。

在運河歷史上,統治過蕭紹平原的地方性政權先後有越國、楚國、東吴、東晉、劉宋、蕭齊、蕭梁、陳朝、吴越國與南宋,其中大多數政權皆能善待其百姓,以保境安民、發展生産爲慮,浙東運河蕭紹段亦因而得以建成、完善,其中尤以越國、東吴、吴越國對浙東地區的發展功勞爲最高；統治過蕭紹平原的南北統一政權則先後有秦、西漢、東漢、西晋、隋、唐、北宋、元、明、清及民國至今，由於政治中心在北方，江浙先是不受重視，後又僅被視作主要的税收來源地，當地民生往往不易得到朝廷足够的關注，水利設施的建設亦時常受阻。

春秋越國時期，紹興一帶形成越民族國家的雛形，人口繁衍，農業興起，於是國家出於灌溉與戰備的考慮，組織力量在大越城東西兩面開鑿了山陰故水道，其東段即爲浙東運河蕭紹段紹興城東郭至曹娥江段的前身。山陰故水道與吴國開鑿的邗溝并爲中國歷史記載中最爲古老的人工運河。

楚國滅越後，至秦、漢，蕭紹地區由於戰亂與朝廷長期的忽視，一直處於衰退之中。東漢吴、會分治後，蕭紹地區重新成爲地方政治中心，經濟發展，人口滋繁，始對農田水利設施産生進一步的需求，於是太守馬臻築東、西兩鑑湖，以利灌溉與舟行。此後鑑湖造福紹興一千多年，直至南宋時堙廢。有鑑湖時，越國山陰故水道被淹没於鑑湖之下。

三國東吴時期，朝廷治國有方，江東國力蒸蒸日上，出現江南歷史上前所未有的盛世。其時會稽地區農業高度發展，商業亦開始興起，當地人對新運河的需求與日俱增。於是，西晋末年，時任會稽地方長官的山陰人賀循組織力量開鑿了一條與西鑑湖北堤平行的運河。後人又將該運河向西延伸至蕭山，終於西陵（今西興），溝通錢塘江與紹興城，是爲西興運河（今又稱"蕭紹運河"）。於是浙東運河蕭紹段初具雛形（西興至紹興城由西興運河，紹興城至曹娥江由東鑒湖）。

東晋至南朝，會稽地區農業、商業及文化皆有大發展。隋朝時，楊廣下令開鑿大運河以溝通南北，浙東運河遂成爲大運河東南末端的自然延伸。唐朝中期安史之亂後，北方兵争不斷，水利設施毁壞，農田荒廢，民生日漸凋敝，於是生出漕運問題，北方朝廷須仰給於南方漕糧。决定浙東運河興衰的關鍵因素遂由此前的農業、商業而又加入一個漕運需求。唐朝爲確保漕運通暢，開始特别重視浙東運河蕭紹段，將其改爲官辦，稱官河。孟簡任越州刺史時，於運河全綫築運道塘（又稱"官塘""縴塘"，今稱古縴道）。與此同時，浙江東道以其風景之優美、文化積澱之深厚與生活之富庶而成爲中外文人流連的勝地，形成今日所謂"浙東唐詩之路"的文化現象，浙東運河蕭紹段即爲其必經之路。可與之形成對比的是浙東運河曹娥江以東段，其在唐朝同樣開始繁榮，原因則是明州港的崛起，寧波的對外貿易帶動了它的發展。

唐朝滅亡後，吴越國七十多年的精心治理爲兩浙地區再一次帶來太平治世。吴越國重視農業，設專官管理農田水利，派兵常年維護水利設施，積極開展對外交流，可謂氣度不凡，最後"納土歸宋"，完成與宋朝的和平交接。

北宋時，因人口增長及豪家兼併，蕭紹平原耕地供給遂顯不足，於是有小民及富户開始對鑑湖及其他湖泊展開圍墾，至南宋時，鑑湖徹底堙廢。原爲鑑湖淹没的山陰故水道重新出露，成爲運河紹興城東郭至曹娥江段（會稽段），同時紹興府城周邊形成環城河。南宋都臨安府（今杭州），兩浙爲其京畿，浙東運河一躍成爲國家級漕運要道，受到前所未有的重視。同時，南宋政治寬鬆，社會經濟空前發達，國民生活富庶安康，國内商業繁榮，對外貿易遍及四海，而明州港爲其主要外貿口岸，浙東運河在此間發揮了不可替代的作用。可以説，這一時期的浙東運河蕭紹段在農業、商業、漕運和國運四個要素上都達到了鼎盛狀態。

蒙古入侵徹底改變了浙東運河的命運。蒙古人不事稼穡，全國農業以及農田水利設施遭受前所未有的挫折。同時，宋蒙戰争空前慘烈，中國人口鋭減，國力從此不復如前。元朝漕運數量不減於兩宋，路綫則轉至海路，定都於近海的大都（今北京）爲海漕提供了便利。於是浙東運河的命運唯有繫於商業一個要素。元朝時，明州港仍爲一大港口，對外貿易尚可，浙東運河尚不至於徹底衰落。

明朝建立後，更關注北方的恢復，兩百多年間可謂頗見成效，而南方則幾乎停滯不前。明朝漕運并不仰賴浙東運河，於是運河轉爲農用與商用。明朝中期，紹興地方政府猶能對運河展開數次整治與建設，其後此類政府行爲即日漸停息。

明清之際，自然環境惡化，中國内外交困，人口損失慘重，經濟文化從此每況愈下。清朝時，北方經歷多年戰亂，再次徹底荒廢，從此未能恢復，南方受害亦深。終清之世，中國一直處於一種普遍貧困的穩定狀態，人口急劇膨脹，生活水平則極低，最終成爲晚清劇烈動蕩的隱患。除清初紹興官府展開過兩次整治外，浙東運河蕭紹段即大抵處於一種放任的狀態，於是往往有民間自發募捐對某些毁壞的設施進行修整，現存的各處刻石可證其年其事。

民國至最近數十年間，運河仍在蕭紹地區百姓的日常生活中發揮重要作用，政府對西興運河及紹興城河展開過多次疏浚與清理。1959 年蕭山劃歸杭州後，運河蕭山段與紹興段的治理不復相統屬。至近數十年，蕭紹平原鐵路接通，公路網四通八達，且在經濟發展、城市化的大潮下，農業亦迅速式微，運河最終衰落。最近二十年的運河治理，已更多側重於其防洪及歷史人文與環境審美價值。

2014 年，浙東運河作爲大運河的自然延伸部分，被列入世界文化遺産名録。

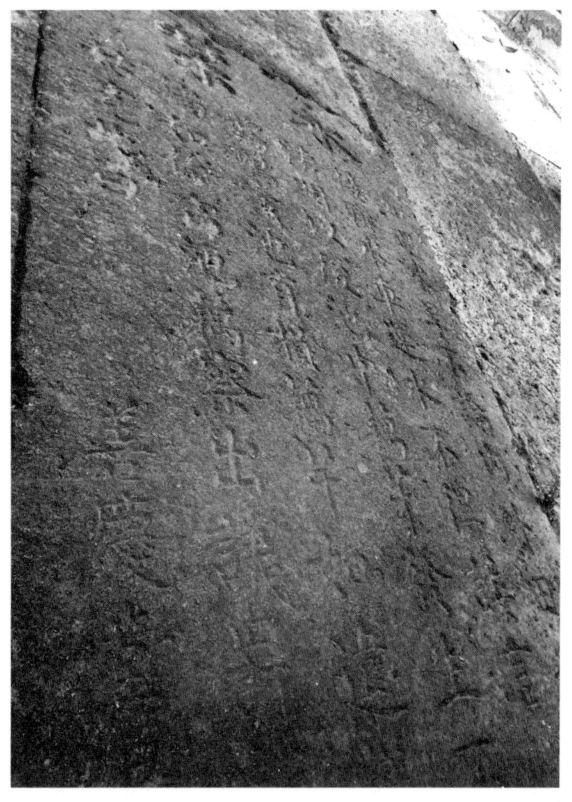

河岸刻石(胡月霞攝)

水濱之人

一方水土養育一方之人,一方之人更反過來塑造一方水土。

居住在蕭紹平原及其南部山區的第一個有確切史料可考的民族是越民族,其出現於中國史籍的時間上起春秋(更早的傳説尚不可考),下迄漢代(其後三國、唐朝史籍中所謂“山越”的真實身份存在争議)。浙江境内更早的史前人類活動(如建德烏龜洞遺址、嵊州小黄山遺址、蕭山跨湖橋遺址、餘姚河姆渡遺址、餘杭良渚遺址等)與越人在時間上相距太遠,且無語言文字資料留存,是否爲越人祖先,尚難斷定。

語言的歷史比較研究及文化的對比可以證明越人與中國史籍中所載另一古民族——夷人——存在密切關聯,兩者之間應當存有親緣關係。越人與夷人皆習水,居干欄式建築,斷髮文身,飯稻羹魚,有別於華夏人與戎、狄、蠻、胡諸族系。在夷、越分異後,夷人的文化轉爲典型的海洋文化，而越人則保留了一種陸上的淡水文化。越人的直系後裔爲今日的壯侗語（侗台語）民族，如國内的壯、布依、傣、侗、仫佬、毛南、水、黎，國外的岱、儂、泰、熱依、佬、泐、山齋、拉基、布標、普泰、潤、央、賽克、撣、阿洪等計二十餘個大小民族。

春秋時期吴國與越國（今江蘇、浙江及其附近地區）是越民族的發源地。吴國亡於越國，後越國又敗於楚國。此後江蘇與浙江北部的越民族經歷了長期的漢化（實爲"楚化"），逐漸趨同於楚人，其後秦朝與漢朝在故吴越地設置會稽郡與吴郡，對當地越人展開進一步的漢化。越國殘部則向南逃竄，經浙江南部山區、福建而入嶺南，最後進入東南亞，先後建立過一系列獨立於中國的政權，其中部分存續至今（如泰國、老撾）。

江浙與福建一帶的越人漢化時間最早，漢化程度最深，在漢代即已形成一種夾雜越語成分的地方性漢語——江東方言（當時亦稱"吴語"），後世以江東方言爲基礎，形成今日的吴語（又稱"江浙話"）與閩語。嶺南兩廣地區漢化時間較晚（約爲唐宋時期），漢化程度較淺，形成粵語。

在蕭紹平原歷史上，當地越人主要曾有兩次與中原人的大規模融合，撚成今日蕭紹人的血統和語言文化。

第一次融合爲東漢末年至東吴、兩晋，北方持續戰亂，中原漢民陸續大量逃往南方避亂，尤以西晋末期"永嘉之亂"時爲最。三國時所謂"漢末大亂，徐方士民多避難揚土"（《三國志・吴書・張昭傳》），東晋時所謂"中原冠帶隨晋渡江者百家，故江東有百譜"（《北齊書・顔之推傳》引《觀我生賦》注），其時江南土著（如賀循、許詢、孔靈符等）與北人南下者（如王導、王羲之、謝安等）并爲世人所重，於天下整體的衰世中開創了江南三百多年的盛世。

第二次融合爲金人攻滅北宋後中原士庶隨南宋朝廷大舉南逃，所謂"中原士民扶携南渡幾千萬人"（屯田郎中樊賓言），其中大量因爲南宋定都杭州而被就近安置於江浙地區，所謂"四方之民，雲集二浙，百倍常時"（《建炎以來繫年要録》）。而如蕭紹平原這樣的膏腴之地則尤爲移民之上選，於是當地土地兼併、圍湖造田的現象愈演愈烈。南宋一百多年的經營將江南的繁華推向鼎盛。

人文化成

越人於文化與生産能力上較漢人落後，無漢人南下與之交流、融合，僅以越人之力，後世殆無江南之繁榮富庶。同時,江南自春秋吴、越兩國至三國東吴、南朝、五代吴越國與南宋,長期有獨立維持自身存續的傳統與經驗,於政治、經濟上極少依賴其他地區的輸入,而更往往成爲唐朝以降各統一王朝的命脉所繫,對中華文明整體作出過巨大貢獻,是後半段中國歷史上最核心的一個地區。

紹興城内運河今貌(胡月霞攝)

江南的人文融合、持續繁華與其3000年的歷史(自春秋吴、越至今)爲今人留下了豐厚的文化遺産,浙東運河蕭紹段即爲蕭紹地區一條重要的文化紐帶,可以見微知著。運河上及其周邊古建築有過塘行、祇園寺、江寺、蕭山古城牆、蒙山徽宗廟、朱鳳標故居、衙前農民運動舊址、衙前農村小學校等,歷史街區有八字橋街區、安昌老街、衙前老街、坎山老街、西興老街等,古橋有永興橋、真濟橋、倉橋、夢筆橋、東暘橋、惠濟橋、回瀾橋、文昌橋、古畢公橋、屋子橋、題扇橋、光相橋、八字橋、廣寧橋、古小江橋、太平橋、迎恩橋等,又有獨一無二的二百里古縴道(官塘),紹興有東湖、鑑湖、羊山、吼山等石宕,此外民間傳承有蛇圖騰、社戲、放湖燈、紹劇、越劇、蓮花落、紹興黄酒、石橋營造技藝、箍桶技藝、紹興古戲臺營造技藝、西興燈籠等非物質文化遺産,共成一個完整的體系,使江南水鄉在蕭紹平原得以生生不息以至於今,可謂彌足珍貴。

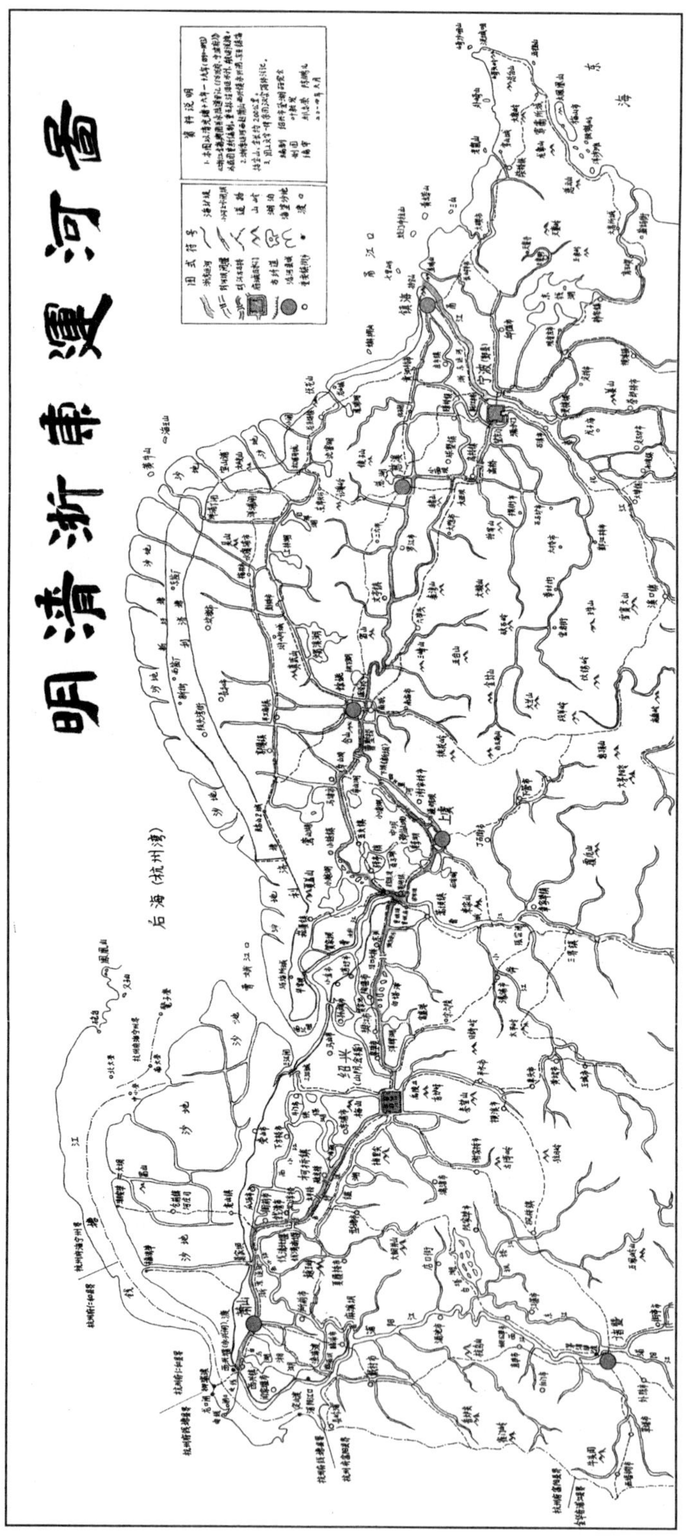

明清浙東運河圖（據邱志榮、陳鵬兒，2014）

第一章　背景:史前

第一節　蕭紹平原地質地貌概况

氣候雕鑿環境,環境創造歷史,歷史反過來塑造環境,環境進一步改變氣候,循環往復,人文與自然交互作用。

1997 年 1 月,浙江常山黄泥塘被國際地質科學聯合會(International Union of Geological Sciences)批准爲奥陶系達瑞威爾階"金釘子"(4.673 億年前),這是中國取得的第一枚"金釘子"(正式稱呼"全球標準層型剖面和點位",Global Standard Stratotype-Section and Point,簡稱 GSSP)。2005 年,長興煤山被批准爲二疊系長興階"金釘子"(2.541 億年前)。2011 年,江山碓邊村被批准爲寒武系江山階"金釘子"(4.94 億年前)。三處化石點古生物均顯示爲海相沉積,表明浙江在古生代(5.41 億—2.541 億年前)的很長一段時期位於海平面以下(彭善池等,2016)。

無頜類脊椎動物中國特有類群盔甲魚類的化石分布顯示,古生代志留紀(4.438 億—4.192 億年前)至泥盆紀(4.192 億—3.589 億年前)時期,華南板塊(今中國南方大部及越南北部)、華北板塊與塔里木板塊(今新疆)曾以大型島嶼的形式共同組成一個陸塊群,其中華南板塊和塔里木板塊相接形成聯合板塊,與華北板塊分離,中間以淺海相隔,而該陸塊群又遠離其他大陸,與其他大陸以大洋相隔,形成一個相對獨立的環境(蓋志琨,朱敏,2017)。長興煤山的茅山組下部紫紅色砂岩中發現的盔甲魚類中華盔甲魚(Sinogaleaspis)和修水魚(Xiushuiaspis)等爲海生物種,表明浙江在當時即位於板塊邊緣的淺海中。

至中生代後期白堊紀(1.45 億—0.66 億年前),浙江中南部露出海面。目前,在早白堊世的金華組、晚白堊世的方岩組以及屬於晚白堊世地層的天台恐龍蛋化石群均發現有大量陸生動物化石,包括種類豐富的恐龍,表明當時浙江的至少部分地區是河湖密布的陸地。

晚白堊世禮賢江山龍模型（浙江自然博物館，吴斌攝）

白堊紀晚期，地球氣候開始變熱，物種空前繁盛。這一狀態被白堊紀與新生代之交的一場大規模灾難打破，超過70%的物種突然滅絶，死亡的生物個體比例甚至更高（參見本頓，2017）。然而，地球的温暖氣候并未因爲這一場灾難而終止。這種整體炎熱的狀態從古新世（6600萬—5600萬年前）一直持續到始新世（5600萬—3390萬年前）。炎熱使兩極冰蓋無法形成，大量液態水彙集在海洋中，海平面上升，低窪地區被海水淹没，地球上出現大量淺海，包括南極洲在内的陸地上則遍布森林，林棲型哺乳動物繁盛。進入漸新世（3390萬—2300萬年前）後，地球氣候開始進入一個漫長的降温周期，直至今日（富田幸光，2013）。

銀河系自轉周期約爲2億年，這一周期與地球氣候的整體變化趨勢强相關。地質證據顯示，地球上的氣候會周期性變熱與變冷，其周期恰好是2億年（安娜莉·内維茨，2014）。上一次氣候變冷是在三疊紀（2.522億—2.013億年前）晚期，導致大量舊有物種滅絶，新出現的大型動物（恐龍、鳥類、翼龍、哺乳動物）紛紛演化出恒温性狀以抵禦嚴寒，此後侏羅紀（2.013億—1.45億年前）時期，地球開始回暖，物種多樣性得以恢復。三疊紀之前的一次變冷是在奥陶紀至泥盆紀時期（4.75億—3.589億年前）。在此之前的一次變冷則是在元古代的成冰紀（7.2億—6.35億年前），所有海洋被冰凍爲固態，整個地球成爲一個白色的“雪球”。按照這一周期來看，今日的地球氣候正處於新一輪的極冷期，這一冷却趨勢始於大約3000萬年前。彼時氣候開始變得日益乾冷，兩極冰蓋逐漸形成,此前幾乎覆蓋全球的森林開始收縮,空曠的草原出現,失去森林掩護的動物或者滅絶,或者開始改變自身形態,逐漸適應草原生活。這一趨勢在中新世(2300萬—533萬年前)晚期至上新世(533萬—258萬年前)愈演愈烈,非洲形成大片草原,被迫離開森林的一支猿類在這一時期適應了曠野的生活,逐漸演化爲人類。最後,在第四紀(258萬年前至今),氣候冷却到極點,地球進入大冰期。

第四紀大冰期幾乎是整段人類歷史的基調。在這場持續了200多萬年的嚴寒期中,地球并非一直處於冰凍狀態,其間長期極冷(冰期)和短期較暖時期(間冰期)交替出現,反反復復數十次。極冷時期,冰蓋擴張,海平面下降,陸地面積增加,適應高寒氣候的生物群(猛獁象、披毛犀、野馬、高鼻羚羊、野牛、大角鹿、草原、針葉林等)擴張,適應温暖氣候的生物群(史蒂芬犀、貘、劍齒象、靈長類、闊葉林等)則退縮至低緯度殘存的温暖區等待下一次温暖期。温暖時期,冰蓋減少,海平面上升,陸地面積縮小,適應温暖氣候的生物群向高緯度地區擴張,適應高寒氣候的生物群則退縮至高緯度或高海拔殘存的寒冷區等待下一次冰期。如此周而復始。地質證據顯示,相鄰一個冰期和間冰期組合的時間長度往往約爲10萬年,我們所處的時代是一個間冰期,開始於約1.2萬年前,今日處於温暖期的頂點,大約1萬年後,我們可能再次迎來新一輪的冰川期(薩洛蒙·克羅寧博格,2011)。

在最近一次冰川期,海平面遠低於今時。今日中國近海的大陸架在當時爲陸地,印尼、中國臺灣和日本等海島在當時與東亞大陸可由陸路相通,浙江全境(包含舟山等沿岸群島)位於內陸。今日浙江境內存留有疑似冰川移動的痕迹(如上虞覆卮山岩石群),此類遺迹的可靠性仍然存疑。建德烏龜洞遺址(約5萬年前)出土的獼猴(*Macca mulatta*)、中國犀(*Rhinoceros sinensis*)、豪猪(*Hystrix brachyura*)、猪獾(*Arctonyx collaris*)、大熊貓(*Ailuropoda melanoleuca*)、東方劍齒象(*Stegodon orientalis*)、納瑪象(*Palaeoloxodon namadicus*)及龜鱉類等化石顯示,浙江在最近一次冰川期的氣候應該相對温暖,有足够多的森林支持此類林棲型動物的生存。

大約1萬年前,最近一次冰川期結束,氣候回暖,冰川在短時期內大量消融,導致海平面急劇上升(上升超過100米),浙江近海大陸架及其北部地勢較低的地區(今湖州、嘉興、杭州東北部、紹興北部、寧波中北部)被海水淹没,是爲海侵(或稱海進)。今日的蕭紹平原即屬於被海水淹没的地區。日本與那國島海底古城遺迹也是數千年前海侵的證據。此類遺迹在全球各地不勝枚舉,柏拉圖所描述的亞特蘭蒂斯或許亦非虚言。流傳全球各地的大洪水傳説(如兩河流域吉爾伽美什傳説、《聖經》諾亞方舟傳説、中國大洪水傳説等)可能就是人類全體對這一次間冰期開始時海平面急劇上升事件的記憶。

同時,在將近一萬年的這一段温暖期中,全球氣候并未保持穩定的温暖狀態或持續的變暖趨勢,而是時常處於一種冷暖、乾濕交替的動蕩狀態之中。在氣候上,一萬年間多次小冰期和暖濕期在很大程度上塑造了人類的文明歷史,同時,在地貌上也造成了多次不同程度的海侵以及與之相對的海退。海退時期,海平面下降,部分原本被海水淹没的區域露出海面成爲陸地,浙江北部即屬於此種區域,蕭紹平原爲其組成部分。浙江總體南高北低的地勢使境内河流整體呈由南至北的走向,河流入海携帶的沉積物以及豐富的淡水資源爲浙江北部平原地區帶來了農業的繁榮,灘塗及近海的物産進一步補充了食物來源,使當地人類的文化迅速崛起。海退過後,多次海侵又不定期地使人類活動及農業生産賴以存在的土地化爲烏有,使平原的文明人重新退回山區變爲原始的漁獵民(参見邱志榮,2012)。然而,整體上看,近一萬年來的海退再也不曾達到過冰川期的程度,海侵也未再達到過一萬年前冰川期結束時的高度。也就是説,地處浙江北部沿海的蕭紹平原在人類文明史期間一直處於一種大體平衡的持續變動狀態之中。

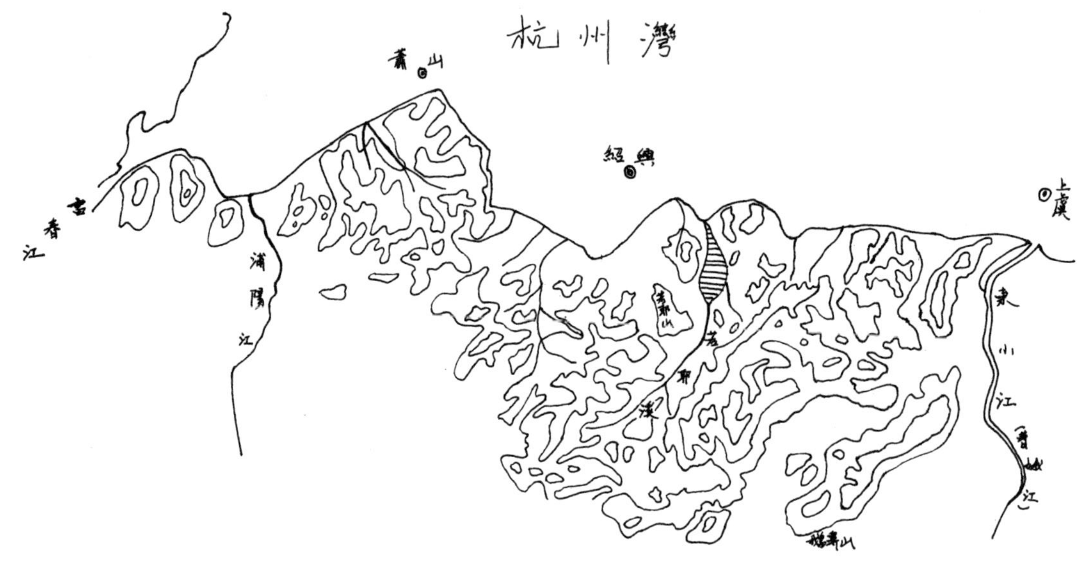

上古紹興(6000～7000年前)

(吴斌繪)

第二節　史前人類活動情況及環境變遷

最近的一次冰川期見證了現代智人(*Homo sapiens*,林奈,1758)的絶處逢生以及在全球各大陸的迅速擴散,所到之處,當地大型動物紛紛被獵殺殆盡,即今日所謂的“更新世大滅絶”(賈雷德・戴蒙德,2012)。分子生物學的研究結果將現代智人的起源地指向非洲,起源時間約爲30萬—14萬年前。古生物學對人科動物(Hominidae)的起源和演化所掌握的綫索直至今日仍不十分清晰。目前所知尚存的人科物種有全球分布的智人、現存於非洲的黑猩猩(*Pan troglodytes*,布魯門巴赫,1799)、倭黑猩猩(*Pan paniscus*,施瓦茨,1929)、西部大猩猩(*Gorilla gorilla*,薩維奇,1847)、東部大猩猩(*Gorilla beringei*,馬奇,1903)以及分布於亞洲的婆羅洲猩猩(*Pongo pygmaeus*,林奈,1760)、蘇門答臘猩猩(*Pongo abelii*,萊松,1827)和達班努里猩猩(*Pongo tapanuliensis*),共4屬8種。分子鐘的分析顯示,人屬(Homo)與黑猩猩屬(Pan)分異於約500萬年前,兩者與大猩猩屬(Gorilla)分異於約700萬年前,三者組成的支系與猩猩屬(Pongo)分異的時間則超過1000萬年,人類現存最近的親屬是兩種黑猩猩。

較爲可靠的化石記録顯示,人類支系較早的種類爲上新世至更新世早期的南方古猿屬(Australopithecus),最早出現於約550萬年前的非洲。其後於更新世出現的人屬在200多萬年間演化出多個物種,各個物種又在不同的年代演化出爲數衆多的亞種和類型,其中直立人(*Homo erectus*)較早從非洲出發來到亞洲和歐洲,中國境内出土的直立人元謀亞種(*H. e. yuanmouensis*)、藍田亞種(*H. e. lantianensis*)和北京亞種(*H. e. pekinensis*)顯示,該物種從更新世中期開始到更新世晚期一直生存在東亞。同時生活在東亞的人科動物還有屬於猩猩支系的各種猿,如巨猿屬(Gigantopithecus)。猩猩支系顯然在中新世就已經來到亞洲(如中新世中期印度北部的西瓦古猿 Sivapithecus),并在亞洲獨立演化、生存至今,直立人則爲後來者。直立人也是目前所知除智人外擴散能力最强的一種人科動物,在一百多萬年的時間内,該物種多次遷出非洲,擴散至整個舊大陸(非洲、亞洲及歐洲),分化出衆多的類型,其中印尼弗洛勒斯島發現的弗洛勒斯人(*Homo floresiensis*)可能是其生存到最近的一個地方變種,而至今不絶的雪人和野人傳説則暗示了亞洲直立人的某些種群殘存於現代的可能性。目前尚無確切的證據表明直立人曾遷徙至北美洲,然而北美洲與亞洲之間密切的聯繫暗示這種情況并非不可能。

人屬的另一物種——智人——及其支系與直立人同時存在。不同於長期成功生存在亞洲的直立人，早期智人在相當長的一段時期内并未遠離非洲。早期擴散出非洲的智人支系（海德堡人 *Homo heidelbergensis*）主要生存在亞洲的中東地區和歐洲，其後在該地區對冰川期的寒冷氣候作出適應，演化成尼安德特人（*Homo sapiens neanderthalensis*），而該支系留在非洲的族群則演化爲現代智人。最近的研究又發現，在東亞地區曾存在過一個相當成功的智人族群，科學界將其命名爲“丹尼索瓦人”（Denisovans）。近年來，通過對提取得來的丹尼索瓦人基因進行分析，學術界認爲該族群與尼安德特人有較近的親緣關係，同時也有别於尼安德特人和現代智人。考古證據顯示，丹尼索瓦人來到東亞後，逐漸取代當地的直立人，成爲東亞人類的優勢物種，身體逐漸對東亞的環境和氣候作出適應。據推測，遼寧金牛山人（約 28 萬年前）、陝西大荔人（約 20 萬年前）、廣東馬壩人（13.5 萬—12.95 萬年前）、山西許家窑人（10 萬—6 萬年前）等中國發現的更新世晚期“早期智人”應該屬於丹尼索瓦人族群。如果這一推測成立，則丹尼索瓦人是目前所知最早進入中國境内并在此取得成功、長期繁衍的一群智人。

約 75000 年前，位於今印尼蘇門答臘島北部的多峇火山爆發，其烈度爲公元 79 年維蘇威火山爆發（此次火山爆發將龐貝古城毁滅）的近 1000 倍，直接導致全球氣候劇變，衆多生態系統遭受滅頂之灾。分子生物學研究顯示，現代人的直系祖先——生存在非洲的晚期智人（*Homo sapiens sapiens*）——在此次灾難中遭遇瓶頸，人口急劇萎縮至瀕危程度（全球現代人的基因多樣性可追溯至當時約 2000 個個體）。此後，晚期智人的一部分群體開始陸續走出非洲，向亞洲、歐洲和澳大利亞（包括新幾内亞，當時與澳大利亞相連）擴散，時間爲約 7 萬至 3 萬年前之間，擴散至東北亞的族群又有一小部分最終在約 1.5 萬至 1.2 萬年前由白令陸橋或者海路進入北美洲，并在極短的時間内（可能不到 1000 年）擴散至新大陸的每一個角落，導致新大陸一場規模空前的物種大滅絶。

晚期智人的這一次遷徙很可能是至今爲止人類在種和亞種級别上的最後一次全球擴散事件。這一波擴散的結果表明，晚期智人對所有原本已經成功適應了本地生態的直立人和智人族群都構成了致命威脅。隨著晚期智人有條不紊的擴張，與其相遇的所有人類成員都相繼滅絶，甚至曾經廣泛分布於東亞及東南亞的另一支人科動物——猩猩——也迅速消失，退守至東南亞的密林中，放棄群居的地面生活，改爲零星樹棲，以避免與晚期智人的競争（張鵬，渡邊邦夫，2009）。分子生物學研究表明，現存所有人類，不論膚色、地域和語言，都屬於晚期智人。

1974 年，建德李家鎮新橋村烏龜洞發現人類牙齒化石。該化石顯示較多現代智人特徵，被稱爲“建德人”。建德人的年代距今約 5 萬年，是目前浙江境内年代最早的人類化石，屬於晚期智人。建德人的發現也暗示了至遲 5 萬年前，晚期智人曾經來到東亞。

這一時間大致與晚期智人抵達澳大利亞的時間相當,而晚於第一批晚期智人離開非洲進入中東和歐洲的時間。根據今日南亞、東南亞甚至日本北海道土著民族和澳大利亞、新幾内亞土著民族(通稱"棕色人種")在體貌和文化上的相似性可以推測,澳大利亞土著民族係由東南亞遷徙而來,古生物學證據及分子生物學研究結果均顯示遷徙時間約爲5萬年前。同時期的建德人化石或許説明了"棕色人種"曾經北上到達過浙江——日本的"棕色人種"阿伊努人(古稱"蝦夷人")可以證實該種族的擴張能力和適應力。若真如此,則建德人亦非今日浙江人甚至古代越人的直系祖先。可惜目前建德人的化石材料仍然太少(僅一枚牙齒),可以提供的可靠信息尚顯不足。

鑒於古人類化石地域分布之廣(亞、非、歐),過去學術界曾有一種現代人係由古人類多地起源的假説,認爲非洲人直接起源於非洲的古猿,歐洲人直接起源於歐洲的尼安德特人,亞洲人則直接起源於亞洲的直立人,各種古人類并未滅絶,而是自然過渡成了現代人,現代人分别是各自所在地發現的古人類的後代(或者至少含有其血統)。將該假説套用於中國,則説明今日的中國人是元謀人、藍田人、北京人、金牛山人、大荔人、馬壩人、許家窑人、建德人等古人類一步步演化而成的子孫,與歐洲人或非洲人的分異時間已超過100萬年。近二三十年來快速發展的分子生物學研究顯示,這種現代人多地起源的假説顯然過於簡單地解讀了化石材料,全世界所有非洲外現代人族群的分異時間事實上均晚於多峇火山爆發(約75000年前),整個物種的基因多樣性極低(遠低於黑猩猩的亞種内多樣性,即今日的任何人種都不足以構成亞種),暗示近期曾有過一次嚴重的瓶頸,各地的各種古人類物種、亞種乃至族群確實已經滅絶,未留下科學界已知的直系後代。

此外,分子生物學的研究結果也顯示,歐洲和亞洲的現代人(包括由此進一步擴散出去的美洲原住民和南島民族,南島民族見第二章第二節)身上帶有一定比例尼安德特人(歐、亞皆有)和丹尼索瓦人(限於亞洲)的基因,顯示晚期智人在擴散的過程中與這兩個兄弟亞種(或種)發生過一定程度的雜交,三者之間尚未出現生殖隔離,早期適應了當地氣候環境的族群通過雜交爲新來的族群提供了生存所需的基因成分。例如,最近的研究表明,藏族人獨有的缺氧耐受力即來源於丹尼索瓦人的基因(Fahu Chen, et al., 2019)。至於現代人的直系祖先是否與直立人也發生過可育的雜交,目前尚無確切的證據。所以,就目前掌握的信息而言,元謀人、藍田人、北京人等直立人的族群難以證明與中國人有血緣關係,主張他們就是中國人祖先的説法可能是一種謬誤。當然,在人類錯綜複雜的歷史上,這種謬誤屢見不鮮,很多并不容易辨明,對越人來源的理解就屬於其中一種(見第二章)。

晚期智人在擴散過程中憑藉其領先的狩獵技術,不僅迫使各地土著人類族群消亡,也在短時間内造成了所到之處大型動物的大規模滅絶事件，而且，隨著時間的推移以及經驗的積累，智人的獵殺效率在一個又一個新到之處不斷提升，而在更晚近的新到之處，大型動物更缺乏與人類周旋的經驗，因此也滅絶得更爲徹底。這也是今日非洲和歐亞大陸大型動物種類尚多而澳大利亞、美洲則幾乎“全軍覆没”的原因（賈雷德·戴蒙德，2012）。在人類及其靈長類祖先維持了數千萬年的狩獵采集生活中，效益最佳同時也最易得的食物來源無疑是被子植物森林（闊葉林）的果實，這也是今日大多數靈長類（包括狐猴、猴和猿等）的取食對象，人類對水果同樣情有獨鍾。然而隨著近3000萬年來的氣候變冷，曾經廣布各大陸的被子植物森林逐漸退縮至熱帶及亞熱帶地區，廣闊的温帶及寒帶地區被草原、戈壁以及耐寒的裸子植物針葉林取代，以被子植物果實爲食的靈長類不得不隨雨林退縮至今日的暖濕地區。離開森林“舒適區”的少數靈長類則不得不尋覓水果之外的食物來源。其中，曾經在非洲草原盛極一時而如今退縮至埃塞俄比亞高原的獅尾狒（Theropithecus）選擇了營養含量低然而數量充足的草食，狒狒（Papio）適應了機會主義的雜食，人類則逐漸掌握了捕食高能量、高蛋白的動物性食品的技能。獵殺技術允許的情況下，在各類動物中，效益最高、最易獵獲的無疑是大型動物，而且體型越大越受獵人青睞。可想而知，捕殺象、犀較之捕殺鼠、兔，兩者的投入産出比不可同日而語。然而，與易捕殺、效益高相表裏的一點是，大型動物的繁殖率極低。如現存的犀牛，妊娠期需15至18個月，每胎一崽，幼崽出生後需3至4年方能獨立生活，此後雌犀再次懷孕産崽，幼犀7至8歲性成熟，壽命約30年，則意味著一頭雌犀一生只能孕育個位數的後代。如此的繁殖率面對晚期智人高效的獵殺技術往往必然走向滅絶。大型動物紛紛滅絶之後，人類只能將目標轉移至效益較次的中小型獵物，導致中型動物也日漸稀少。走出非洲的晚期智人在面對“新大陸”似乎取之不盡的新資源時開始變得貪婪，最終，很有可能是智人自身對自然資源的揮霍無度導致延續了數千萬年的狩獵采集生活迅速走向窮途末路，一種全新的生存方式——種植業和畜牧業——成爲了人類面對自然資源枯竭時的因應之策。也就是説，農業是智人自身由錯誤的生存理念造成生存壓力的情況下被迫尋得的一條出路。

約在10000至5000年前，從中東開始，歐亞大陸的人類（此時智人之外的人類族群已經大體全部滅絶）紛紛開始馴化身邊的禾本科植物和動物作爲穩定的食物來源。中東馴化了小麥、綿羊和山羊；中國馴化了黍、稷、水稻、猪和雞；歐洲和印度馴化了黄牛；中亞馴化了馬；南亞馴化了水牛；甚至新大陸的印第安人也獨立馴化了一大批農作物（賈雷德·戴蒙德，2006，2012）。農牧業的勞作雖然使人類的生活變得不再如狩獵采集那樣輕鬆愜意，長期食用品種單一的食物也使農業人口普遍營養不良，然而穩定的食物來源直接導致人口劇增，聚居的大量人口又造成了職業的分工，隨著人口的增加，呈幾何級數增長的社會交往量促成了文字的形成，并最終觸發了文明。

建德烏龜洞遺址之後，浙江境内出土的嵊州小黄山遺址（約10000—8000年前）、蕭山跨湖橋遺址（約8000—7000年前）以及餘姚河姆渡遺址（約7000—5500年前）均處於這一狩獵采集向農牧業轉變的時期（邱志榮，陳鵬兒，2014）。是爲浙江史前史的最後一個時期，此時最近一次冰川期已經結束，間冰期開始，氣候較之前變得暖濕，海平面上升。

河姆渡遺址出土的動物化石中除野猪（*Sus scrofa*）、貉（*Nyctereutes procyonoides*）等廣適性物種外，還有獼猴（*Macaca mulatta*）、短尾猴（*Macaca arctoides*）、亞洲象（*Elephas maximus*）、蘇門犀（*Dicerorhinus sumatrensis*）等今日主要分布於熱帶雨林的物種，甚至有麋鹿（*Elaphurus davidianus*）、揚子鰐（*Alligator sinensis*）等濕地型動物，顯示當時的浙江北部爲河湖密布的森林棲地。較爲完整的生物多樣性（尤其是大型動物群）暗示此時當地的人類活動對自然環境的影響尚微，人類并未大規模、主動地改造其生存環境。事實上，進入有史料記載的歷史時期之後，浙江的這種大體原始的自然狀態仍然持續了相當長一段時間，直至春秋越國時期才出現當地住民對自然環境進行大舉改造的情況（詳見第二章第五節）。

浙江丘陵生態（永康金竹降，吴斌攝）

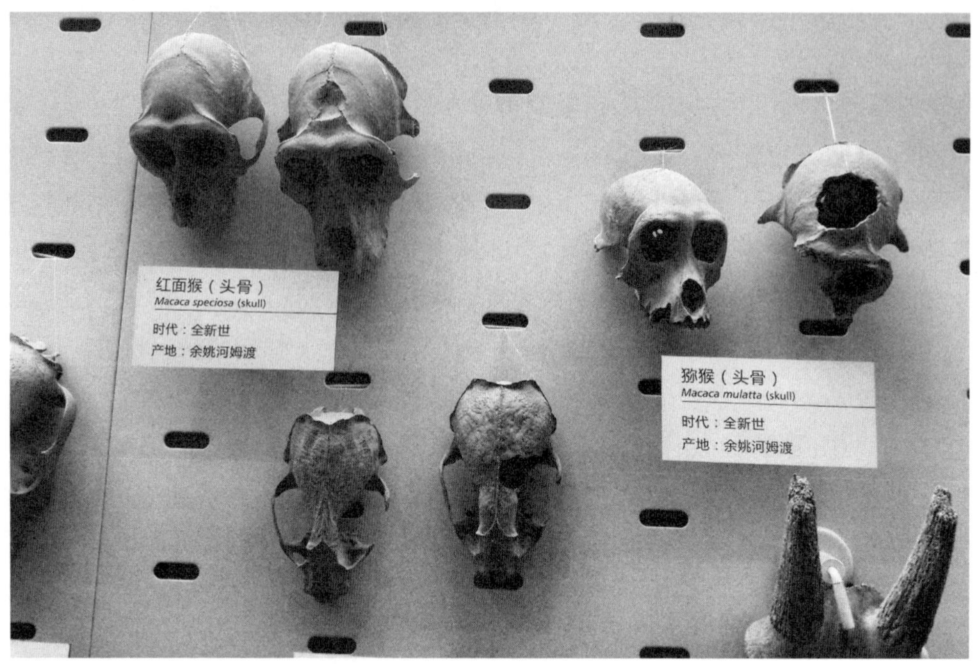

河姆渡出土部分野生動物骨骼（浙江自然博物館，吴斌攝）

第二章　起源:越人

第一節　今日的越民族苗裔

民族不同於物種,不是一個自然單位,而在更大程度上是一個文化單位。以基因和解剖形態判别物種的方法雖然在一定程度上也能有助於民族的界定,却并非民族特徵的可靠指示標準。文化的事依然宜回歸到文化的視角。作爲現代人類文化活動最關鍵的載體和結果,語言才是民族真正的"基因",語言學則是追蹤民族來龍去脉最有效的"分子生物學"。

20 世紀 20 年代,語言學界依照 19 世紀研究印歐語系(Indo-European languages)的思路,提出"漢藏語系(Sino-Tibetan languages)"假説,認爲各種漢語(方言)同藏語及其親屬語言之間存在可考的同源關係,并由此建立了其下的"漢語族(Sinitic languages)"和"藏緬語族(Tibeto-Burman languages)"。其後,國内的語言學家又根據田野調查所得的資料建立了"苗瑶語族(Hmong-Mien languages)"和"壯侗語族(Kam-Tai languages,又稱'侗台語族')",認爲這兩個語族同樣和漢語存在同源關係,在較多方面表現出同漢語的一致性(如語素都以單音節爲主,具四聲八調系統,韻尾分開音節的陰聲韻、鼻音結尾的陽聲韻與塞音結尾的入聲韻三類,語法手段都以分析語法手段爲主,爲數衆多的基礎詞彙存在語音對應關係等),於是建立了一個涵蓋漢、藏緬、苗瑶和壯侗四語族的大漢藏語系(馬學良等,2003)。國外語言學界則一直對該假説持保留意見,認爲苗瑶語族和壯侗語族與藏緬語族不存在成體系的同源證據,三者互相之間亦未表現出令人信服的一一對應關係,苗瑶語族與壯侗語族和漢語族在較多方面的相似性與其認爲是同源的證據,毋寧解釋爲歷史上長期相互同化造成借用的結果。這一點可類比日本語:日本語長期受漢語影響,歷史上曾借入大量漢語表達方式和語言習慣,甚至語音結構也向漢語靠近(如原初的日本語中并不存在的韻尾-n 的出現,并不出現在詞頭的顫音 r 的出現等),晚清以來,又有大量日本語詞彙和表達習慣傳入漢語,成爲漢語中不可或缺的組成元素,致使兩者表現出極强的相似性——然而這種相似性并不能說明漢語和日本語同源。較之日本人,苗瑶語民族和壯侗語民族與漢民族交往的時間更長,相互影響的程度也更深,因此,其相互之間的相似性作爲同源證據的可靠性也更低。所以,目前國外語言學界認爲苗瑶語族和壯侗語族宜分别獨立成與漢藏語系無明顯親緣關係的語系,漢藏語系只包含漢語族和藏緬語族。

從漢文史籍上看,操漢語族的民族來源於古華夏人以及被深度漢化的周邊民族,發源於今中國北方,今日主要分布於中國全境(移民除外),按照語言及來源可分爲吴、閩、湘、粤、贛、客家、北方官話等族群;操藏緬語族的民族主要來源於古羌人(或西戎,南遷後被稱爲"西南夷"),上古時期分布於今中國西北,與華夏人雜居,其後在華夏人和北方阿爾泰語民族的壓力下不斷南遷,直至今中國西南及東南亞(不少藏緬語民族的民間傳說對其族群的遷徙路綫都有清晰的記憶);操苗瑶語的民族來源於蠻人,上古與華夏人比鄰而居,後在華夏人的壓力下南遷,漸次取代更早定居於中國南部的南亞語民族(如今日京族、高棉人等),今日廣泛分布於中國南方和東南亞,留存有苗、瑶、畲三個民族,其中畲族也分布於浙江;操壯侗語的民族來源於駱越(西甌)人,是古越人的一個南遷支系,因族群衆多,互相之間語言、文化又極爲相似,曾被統稱爲"百越",主要分布於中國西南及嶺南,近數百年間又進一步南遷,進入東南亞,遠至越南、老撾、泰國及印度阿薩姆邦,是越人中漢化程度最輕的一支(范宏貴,2007)。

據范宏貴(2007)統計,今日操壯侗語的民族有中國境内之壯、布依、傣、侗、仫佬、毛南、水、黎,南亞之岱、儂、泰、熱依、佬、泐、山齋、拉基、布標、普泰、潤、央、賽克、撣、阿洪等計二十餘個大小民族。范宏貴(2007)對其語言和文化展開細緻的考察,同時考證漢文史籍,確定該族系發源於江浙的越人,確切地説是秦漢時期受迫於華夏人的擴張而南遷的越人西甌支系。該支系在嶺南繁衍成駱越,分化成衆多族群,漢人將其統稱爲"百越"(百粤,"粤"同"越")。其與越人主體分化時間較早,所至之處華夏文明影響較晚,遂得保留較多越民族語言文化傳統,相較其他越族支系,屬於漢化最淺的一支。

壯侗語民族普遍喜水,"飯稻羹魚",歷史上有鑿齒、斷髮、文身的習俗,所居皆爲干欄式建築,表現出對暖濕的森林栖地的適應,與史籍中對越人生活習性的描述相一致,而顯然不同於今日同樣生活在南方的藏緬語(如傈僳、白、彝、納西、羌、景頗、藏等族)和苗瑶語民族。春秋時楚人根據古越語歌謠以漢字模擬記音的《越人歌》詞爲:

濫兮抃草濫予昌枑澤予昌州州𩜱州焉乎秦胥胥縵予乎昭澶秦逾滲惿隨河湖

將此段漢字轉化爲上古漢語發音,以其對照現代各壯侗語,分析相應的詞彙和語義,適

可得出其意義大致爲:

> 今夕何夕兮搴舟中流,今日何日兮得與王子同舟。蒙羞被好兮不訾詬耻。心幾煩而不絶兮得知王子。山有木兮木有枝,心悦君兮君不知。(转引自倪大白,2010)

可證 2500 多年間,不獨文化,越民族的語言也在南方百越支系的苗裔中得到了妥善的傳承和保留。

今日的壯侗語民族之外,嶺南的百越民族在與漢民族長期的交往和融合過程中也形成了一個被深度漢化,同時又帶有濃厚的越民族文化特質的漢族群體,即操粵語的漢族人(參見劉叔新,2006)。

同時,江浙的一支越人在遭受戰國及秦漢華夏政權的壓力時就近南遷至福建避居,當時被稱爲“閩越”。閩越支系在中古時期(六朝、隋唐)被日漸加强的華夏影響力同化,成爲漢民族的一個群體,即今日操閩語的漢族人。

與閩越同時,留在江浙的越人主體也在永嘉之亂後被大舉涌入的中原漢族勢力漸次同化,甚至在東晋以降的數次中原政權臨危南逃事件中與漢人發生大規模通婚,語言上、文化上乃至血統上皆與漢族發生深度融合,并意外地成爲中古華夏文明最重要的一批傳承者,是爲操吴語(江南話)的漢族人。

直至今日,吴語、閩語和粵語雖被認定爲漢語族中的語種(或方言),且此三種漢語的面貌顯然較湘、贛、客家、北方官話等其他現代漢語(或方言)更爲古老(參見袁家驊等,1960),然而其語言中某些無法用漢語解釋的語音、詞彙及語法却在一定程度上呈現了越民族在被漢化之前其母語中的成分(語言學將這種被其他語言同化後所保留的母語成分稱爲“語言底層”,可比較非英語國家人各具特色的英語,這種“特色”就是類似於語言底層的表現),如這三種漢語中慣常以相反於漢語的順序組織偏正短語,例如:

風颱(閩語,“颱風”)
人客(吴語、閩語,“客人”)
菜乾(吴語,“乾菜”)
鬧熱(吴語,“熱鬧”)

又如大量漢語中所無的詞彙:

七桃(閩南話,“玩耍”)
虎奶(永康話,“螞蟻”)
牙(吴語、閩語、粵語,“齒”)
哥(吴語,“兄”)

la\le\te(吴語、粤語,表示複數)

這些語言底層暗示了今日操吴語、閩語和粤語的漢族人并非華夏人"嫡系"的事實。

綜上所述,今日南方的二十多個壯侗語民族是古代越民族當之無愧的繼承者,而操吴語、閩語和粤語的漢族人則與越民族存在著千絲萬縷的關係,某種程度上也是越人的後代。

第二節　夷人的擴散

在越人的歷史上,還有一個民族——"夷人"——扮演著至關重要的角色,與越人的身世有著密切的關聯。目前,不論是出土的文物,史籍的記載,還是現存的語言,都爲這一點提供了大量的佐證。

有段石錛(良渚博物院藏,吴斌攝)

1959 年,山東泰安大汶口出土有段石錛。有段石錛是一種單面刃的磨製石器,上端磨去一塊,稱"段",用於安插木柄,組裝後可以砍斫、刮刨。該型石器具有濃重的地方文化色彩,先後出土於今中國東部及東南部沿海衆多上古及古代文化遺址以及遠至波利尼西亞的太平洋諸群島。有段石錛所代表的特色文化似乎可作爲一個歷史悠久且分布異常廣泛的族系的"示蹤元素",指示了一種傳承數千年的海洋文明。

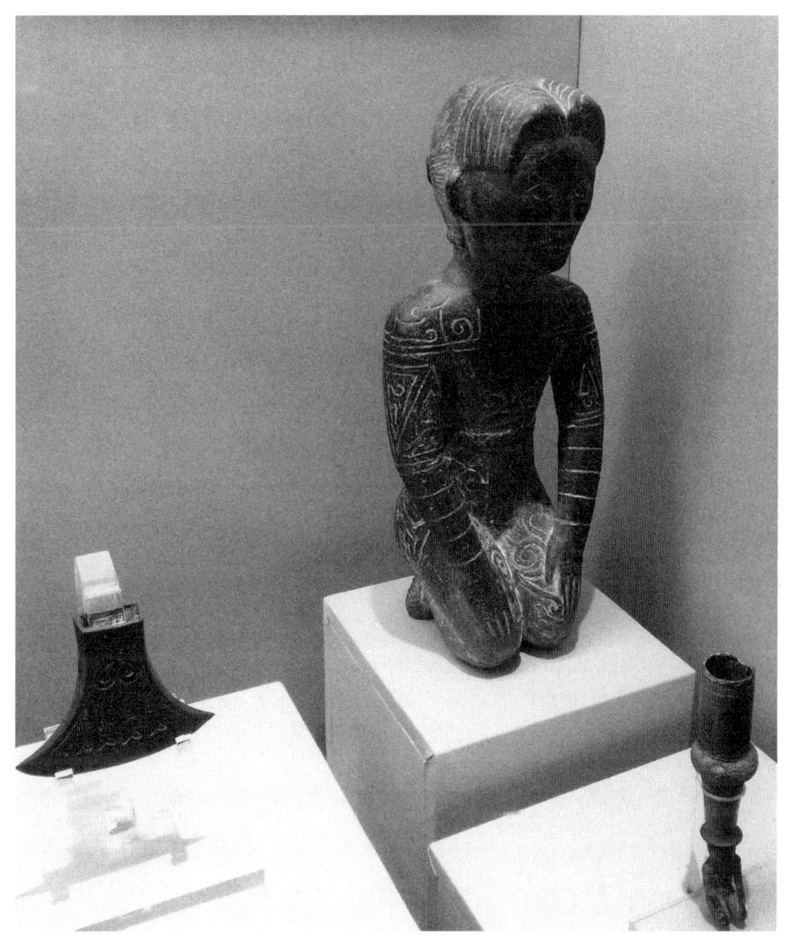

斷髮文身(浙江省博物館藏,吴斌攝)

大汶口文化的時間約爲 5500—4240 年前,其分布範圍主要在河南東部、山東和江蘇北部。漢文史籍中將上古這一時期居住於該區域的民族稱爲"夷人"。《禮記・王制》稱夷人居於中國之東方,"被髮文身""有不火食者"(可對比《左傳》對殷商晚期江蘇南部一帶越人"斷髮文身,羸以爲飾"的描寫,又今太平洋島民多有生食魚肉果蔬之風俗),殊異於戎、狄、胡、蠻等族。事實上,古人對民族的辨認能力極强,史籍中對各民族特徵的記載往往極其準確，歷史上記載的衆多周邊民族絶非子虚烏有或者張冠李戴，當時所稱夷人無疑是確指有這麼一個内部高度一致、對外區别顯著的民族，而非晚近用於泛指外國人的"夷"。《左傳》中屢見夷人的記載，如東夷之國介與根牟，淮夷之與楚國會盟及隨楚伐吴，齊之伐萊夷等。可證遲至春秋時期，山東一帶仍有夷人活動，且分爲數個族群，持續受到華夏勢力的擠壓，最後在華夏人數百年動蕩的兼併戰争中湮滅。至秦漢後，對夷人的歷史記述轉至海上。

《三國志·吴書·孫權傳》提及東南海島"夷洲"：

> (黄龍二年)遣將軍衛温、諸葛直將甲士萬人浮海求夷洲及亶洲。亶洲在海中，長老傳言秦始皇帝遣方士徐福將童男童女數千人入海，求蓬萊神山及仙藥，止此洲不還。世相承有數萬家，其上人民，時有至會稽貨布，會稽東縣人海行，亦有遭風流移至亶洲者。所在絶遠，卒不可得至，但得夷洲數千人還。

今人推測秦始皇時徐福所至海島(亶洲)可能位於今日本境内。又《太平御覽·東夷傳》引吴國沈瑩《臨海水土志》云：

> 夷州在臨海東南，去郡二千里。土地無雪霜，草木不死。四面是山，衆山夷所居。山頂有越王射的正白，乃是石也。此夷各號爲王，分畫土地，人民各自别異，人皆髠頭，穿耳，女人不穿耳。作室居，種荊爲蕃鄣。土地饒沃，既生五穀，又多魚肉。舅姑子婦，男女卧息共一大床。交會之時，各不相避。能作細布，亦作班文。布刻畫，其内有文章，以爲飾好也。

其描寫之詳，可與《三國志》互相參證，表明吴國確曾有人到過"夷洲"，甚至與該島有過密切往來。考慮到吴國的航海能力，從浙江出發，往東南約二千里的航程并非難事。當時人稱其島民爲夷人，此時夷人退出中國歷史并不久遠，時人的辨認仍具有相當的可信度。説明夷人在秦漢後已轉移至海島生存。從去臨海郡東南二千里、終年無霜雪、能提供衆夷分治山頭的巨大面積等綫索來看，中國沿海島嶼中符合"夷洲"之描述者唯有臺灣島。如果臺灣島確實是"夷洲"，則今日考古學和語言學的證據恰好與史籍記載相符。臺灣的"原住民"正是古夷人的後代。

今日臺灣仍有十多個"原住民族"，操各自的民族語言，典型者如泰雅語、阿美語等。這些語言雖然各異，相互之間却存在著明顯的親緣關係，所有臺灣"原住民族"語言都屬於同一個語系，語言學界將該語系稱爲"南島語系(Austronesian languages)"(曾思奇，2005)。該語系語言的特點爲多音節語素、黏著語法手段等，明顯區别於漢藏語系。屬於南島語系的語言還有他加禄語(菲律賓)、馬來語(馬來西亞、印度尼西亞)、馬達加斯加語、毛利語（新西蘭）、夏威夷語等，廣泛分布於太平洋諸群島，其分布範圍恰好與中國大陸之外的"有段石錛文化"分布點相一致。

賈雷德·戴蒙德（2006，2011，2012）對南島語民族的遷徙路徑以及到達各個島嶼群的時間和方式作了細緻的考證和論述，并對部分島嶼（如新西蘭、復活節島、夏威夷群島等）在南島語民族到來後的命運作了全景式的敘述。

約 5500 年前，南島語民族出現在臺灣，以臺灣爲起始地，其後不久即南下滲透入菲律賓群島，又進入今馬來西亞和印尼一帶（此數處已有棕色人種原住民）。此後以東南亞爲據點，一支向西南進入尚無人烟的馬達加斯加（約 2000 年前），一支就近在澳大利亞北部短暫居住，一支乘筏逐島跳躍，進入無人的波利尼西亞群島（約 3200 年前），再由波利尼西亞出發，南下進入新西蘭（約 1000 年前），北上進入夏威夷（約 1500 年前）。在西方人開始大航海并向各大陸殖民之前，南島語民族無疑是全世界分布最廣、最具航海開拓精神的一個族系，可以説是東方版本的"大航海"。在這一段持續數千年的航海接力中，夷人的後代——南島語民族——將東亞的作物和牲畜（猪、雞、狗等）也隨行帶到了整個太平洋的島嶼上（賈雷德·戴蒙德，2006）。

確認今日南島語民族即古夷人支系後，整段夷人的歷史即有了一條清晰的脉絡：夷人發源於遷徙至中國東部沿海（山東一帶）的晚期智人，具有類似於中國人的蒙古利亞人（黄種人）特徵。上古時期，夷人擴散至整個中國東部及東南部沿海（南至廣東），留下大量特徵相似的文化遺址，并跨越海峽進入臺灣島，甚至有一部分以同樣的方式進入日本，成爲日本民族的源頭之一（日本民族的其他源頭可能有阿爾泰語民族和漢藏語民族，今日的大和民族是衆多族系融合的産物）。大陸沿海的夷人在原居住地繼續生活至中國出現歷史記載的時期，此後逐漸消失（滅絶或融入華夏族）。進入臺灣島的夷人支系則因爲人口壓力（海島資源有限）而在其後的數千年間對整個太平洋展開了一場逐島跳躍式的遠航，表現出了高超的航海技術和因地制宜的靈活性。

近幾年的分子生物學研究證實太平洋的美拉尼西亞人（屬南島語民族）身上帶有較高比例的丹尼索瓦人（見第一章第二節）基因成分（吴新智，崔娅銘，2016），證明該族系確實起源於東亞大陸，且其祖先與更早居住於該地區的丹尼索瓦人發生過雜交。

第三節　越人的起源

倪大白（2010）以歷史比較語言學的方法提供了一系列的證據證明南島語系（夷人語

言)和壯侗語族(越人語言)之間的同源性,并指出南島語系的特徵更爲古老,在詞彙和音韻方面,壯侗語族在南島語系的基礎之上受漢語的影響,已經發生一定程度的變化,如語素的單音節化、韻尾的簡化、出現聲調等。從這一研究可以得出越人發源於夷人(或至少和夷人有共同祖先,而和漢人關係更遠)且越人在上古時期就已經發生過一輪漢化的推論。事實上,國際語言學界就有一種觀點,認爲應該將南島語系和壯侗語族歸入同一個語系,并稱該語系爲"澳泰語系(Austro-Thai languages)"。如果語言學上的這一推論成立,那麼越人的真實身份就是江浙一帶受到過一定程度漢化後的夷人。這一點反過來也可以解釋越人和夷人在文化上的相似性(比較夷人"被髮文身"和越人"斷髮文身",以及兩者同樣高超的水性和相似的有段石錛遺物)以及越人何以能繼續與漢人比鄰而夷人不得不徹底退出中國大陸。

越人進入華夏人視野的年代比一般人所認爲的晚,史籍中最早可證實有越民族活動的時期爲春秋時期,其時同屬越民族的越國與吴國相互攻伐,其語言、文化也被記録并流傳至今。吴國王室的源頭據信爲泰伯,史籍所記載的傳説認爲泰伯南逃入越民族中隱居,以將君位讓予其侄昌(周文王)。如果該傳説屬實,則越民族可考的歷史可上推至殷商晚期。至於越國王室爲大禹後代的傳説則因爲大禹本人亦不可考而顯得虛無縹緲,且古人多好附會,如李唐之認老子爲始祖,尤宜存疑。而後人又進一步訛傳大禹爲整個越民族之始祖,則如周人之認后稷爲始祖,只可作文學故事,不可據以爲歷史實證。考慮到民族的形成需經歷一個過程,則越人的起源時間似應從泰伯時期前推一段時間。

今人以器物之相似性(如獨木舟、石錛、稻穀、干欄式建築等),直接認定遺留下餘姚河姆渡、蕭山跨湖橋、嵊州小黄山等遺址的古人都屬於越民族(如邱志榮,陳鵬兒,2014)。事實上,界定一個民族,器物只是旁證(如今日全世界人都戴手錶、用手機、飲可口可樂,後人考古即不宜用手錶、手機和可樂瓶確定族屬),真正可靠的綫索仍是語言,然而語言不會留下化石。所以,上述遺址所代表的古人族群是否爲越人或者越人的直系祖先,從方法上看仍是一個不可證僞的命題,不具科學上的可靠性。且上述遺址的年代(10000～5500年前)與可考的越人最早的出現時間存在數千年的間隔,假定一個族群在上古地廣人稀且生産能力極其有限的條件下數千年安居一處,同時亦未遭受其他任何族群的入侵和清洗,可能是一個過於大膽和草率的設想。後世有文字記載的歷史證明了衆多民族産生和湮滅的速度之快。因此,由目前掌握的考古資料,我們只能得出上述史前人類族群與越民族在文化上存在相似性,或許也存有一定關聯。我們也可以由同樣的資料推論,河姆渡及之前的時期,居住於浙江的族群可能是夷人(然而仍然不能作爲定論)。

前文論述,越人是受到過一輪漢化的夷人支系,如果河姆渡及之前的時期居住於浙江的是古夷人,那麼越人既可能是這一批夷人就地漢化後形成的新民族,也可能是先前在地理上更靠近華夏人的夷人族群(如山東、河南一帶)被漢化後南遷至江浙地區,消滅或同化當地原住民族後形成的新民族。這一點有待今後更多的證據。

第四節　吴國

如前所述,浙江北部史前人類的活動并未對當地環境造成重大影響(見第一章第二節),真正出現人類大規模干預、改變自然環境的情況,始於有歷史記載的吴國和越國時期。

前文論述越人爲上古夷人中經過一輪漢化的支系。在風俗語言上,越人仍然保留相當程度的夷人色彩,在政治組織上却已經開始模仿華夏人建立起規模超越部族水平的國家,有了自成體系的軍事組織和文官系統,器物進入青銅器時代,甚至模仿漢字確立了一套書寫體系("鳥書",一種帶有鳥形紋飾的金文篆體,推測與越民族的鳥圖騰崇拜有關),形成一個較爲完備的文明體,可與其西方同樣經歷過漢化的楚國甚至北方諸夏相伯仲。

鳥書(紹興博物館,胡月霞攝)

越民族較早建立的一個國家爲吴國。傳説吴國王室始祖爲泰伯,《史記・吴泰伯世家第一》載:

> 吴太伯，太伯弟仲雍，皆周太王之子，而王季歷之兄也。季歷賢，而有聖子昌，太王欲立季歷以及昌，於是太伯、仲雍二人乃犇荊蠻，文身斷髮，示不可用，以避季歷。季歷果立，是爲王季，而昌爲文王。太伯之犇荊蠻，自號句吴。荊蠻義之，從而歸之千餘家，立爲吴太伯。

泰伯姬姓，殷商晚期周國王族，不願繼承君位，與弟仲雍南逃至今江蘇南部避居，以讓位於弟王季及其侄文王。司馬遷所謂"荊蠻"，以後世吴國民族屬性看，應指越人("文身斷髮")，而非楚人(楚又稱"荊")，更非蠻人(苗瑶語族人)。或者可以解釋爲泰伯以楚人土著或楚地蠻人起家，而後漸次收服越人，建立起以越人爲下層主體的吴國(不可考)。又或者可以認爲司馬遷以今概古，將戰國時被楚國吞滅的吴越民族一概稱爲楚人，而不加細分(類似於今日一部分人不分歷史上波斯、土耳其同阿拉伯之間的巨大差異而一概稱之爲"中東國家")。至於"荊蠻義之，從而歸之千餘家"，認爲泰伯避居之地周圍的土著人欣賞泰伯的這種謙遜作風，將泰伯立爲君長，前後來歸附者達千餘家(3000 多年前越民族之所謂"家"亦可解釋爲部族)，則宜作文學欣賞，不可徑以爲史實。一個更符合事實的推測是，文明層次較高的華夏人(尤其是王族子弟)來到較爲原始的南方定居，對於當地越族人是一種不可多得的文化資源，加之作爲外人的泰伯兄弟在各部族之間容易表明中立態度，意外地爲周邊衆部族起到了定分止争的仲裁人作用。直至今日，法官、檢察官或者律師也依然是一種容易在民間獲得威望而助人成爲領袖的職業：吴國的起家很可能遵循這一模式。在泰伯一家數代人的判斷和指導之下，周圍的越人不難圍繞著這個"越化"的華夏人家族形成一個超越於部族的聯合體(即史文所謂"千餘家")，以此聯合體逐步向外擴張，收服、吞滅周邊零散的越人部族絶非難事。於是，無需任何處心積慮的戰略，只需隨機應變、順水推舟即可如滚雪球一般形成一個大國(可對比羅馬早期在意大利半島的擴張)。至數世紀後的春秋時期(前 770—前 476)，吴國先後以梅里(位於今無錫)和吴(今蘇州)爲國都，疆域大體在今江蘇、安徽以及浙江北部嘉興、湖州一帶。其南鄰則爲越國。

春秋時期吴國的越民族展開新一輪的積極漢化，取得文化上和實力上的自信後，開始頻繁參與中原事務。這一舉措與吴國西方的楚國恰好不約而同，雙方在漢化以及擴張上的理念極其相似，於是展開競争，并因此爆發多次大規模戰争。吴國與楚國的直接衝突始於公元前 6 世紀早期。衝突之初，吴國國力明顯處於弱勢，至前 6 世紀晚期，闔閭奪得吴國王位後，情况發生逆轉。《左傳·定公四年》載：

> 楚自昭王即位，無歲不有吴師。

闔閭九年(前 506)，吴伐楚，大敗楚軍，入楚都郢，楚王出奔。後 11 年，夫差繼位，吴平越。解除西、南兩面强敵後，夫差屢次伐齊，北上爭霸中原。越國乘隙死灰復燃。前473年，越滅吴，夫差自盡。

吴國文化，除典型的越人文化（如稻作、越語、舟行、淫祀、鑿齒、懸棺葬、斷髮文身、干欄式建築等）外，還引入了北方諸夏的青銅器文化，并將其發揚光大，其青銅兵器（如矛、劍等）製造工藝甚至超越當時的中原地區，代表了春秋時期中國青銅兵器製造的最高水平。

西漢越地陶屋模型，干欄式建築風格（紹興博物館藏，胡月霞攝）

華夏人居處高，不習水，越民族則居江浙低地，其地本係海退所成，水道衆多，加以亞熱帶森林地區雨水充沛，遂有江河如織、湖泊星布，利於舟行。如果説夷人的文化是一種海洋文化，則越人的文化無疑就是一種陸地上的淡水文化，兩者一脉相承。越人從生到死離不開水，一切活動皆以水爲中心。吴國將其國民的文化優勢善加利用，甚至組建了一支强大的艦隊。此後，吴越地區的這種水軍優勢一直是中原敵對力量的心腹之患，自秦、漢、三國以至南北朝皆然。因此，吴國欲北上爭霸中原，水就是其戰略上的先决條件。前486—前484年，夫差令國人開鑿邗溝以溝通江、淮。又前482年：

闞爲深溝，通於商、魯之間，北屬蘄，西屬濟。(《吴越春秋·夫差内傳第五》)

開鑿黄溝，連通沂水和濟水。邗溝南起邗城(今揚州)，經樊梁湖(今高郵附近)、射陽湖至淮安入淮，東漢時向西改道取直，東晋永和年間改由今儀徵引江水。這是中國史籍所載最早的一條運河，後世發揮了其經濟價值，至隋大業元年(605)，隋煬帝鑿通濟渠，又開邗溝，遂爲大運河所用。可知京杭運河在歷史上始於吴國，爲越民族之功。

第五節　越國

1995 年，紹興將蘭亭鎮木栅村印山古墓確立爲縣級文物保護單位，次年，發現古墓被盜，於是學界對其展開搶救性挖掘，印山王陵由此受到舉世矚目。東漢《越絶書》卷八《外傳記地傳第十》載：

木客大冢者，句踐父允常冢也。初徙瑯琊，使樓船卒二千八百人伐松柏以爲桴，故曰木客。去縣十五里。

允常爲越王勾踐之父，死於前 497 年，碳-14 測年結果顯示，印山墓年代爲距今約 2500 年前，又據其方位、地名("木栅"或許爲"木客"音轉)及陵墓形制與規模，可以相當肯定該墓即史籍所載越王允常的陵墓。該墓以衆多巨型木材架構，墓室長 30 餘米，底寬近 5 米，高愈 4 米，其上覆蓋 140 多層樹皮(總厚度超過 20 厘米)，整體外覆近 1 米厚木炭層，坑底又墊有 1.65 米厚木炭，墓室中木棺由獨木鑿成，長 6.1 米，寬 1.1 米，挖掘前封土墩整體長 70 米，寬 35 米，高 10 米，陵墓規模宏大，所費物料與人力可想而知。墓内雖經多次偷盜，仍出土龍首形玉部件、玉鎮、玉鏃、玉飾件等文物計 30 餘件(陳文錦，1999)。

越國是吴國之外由越民族組成的第二個國家，與吴國相鄰，位於其東南。越國發源地位於今紹興及其周邊縣市，傳説其王族爲大禹之後，今紹興有會稽山大禹陵，爲早期越國中心。越國早期史尚未見於同時期(夏、商、西周)的文字記載，可證實的國家歷史應晚於吴國，部族規模及社會發展水平亦遠遜於彼，尚不足以稱爲國家。至越王允常時，吴楚争强，楚國開始注意越國，對其加以扶植，以牽制吴國，越國由是遽興，始現於歷史記載中。由今日發掘的印山陵墓看，越國至此時已具備相當的國力，人口也已相對集中，足以舉全國之力營建大型工程，國家規模已具雛形。正是在此時，初凝聚起力量的越民族開始對浙江的自然環境展開第一輪大規模的改造，對當地的環境面貌造成了深刻的影響。印山王陵大量的巨型木材可以證實越國興起前夜的紹興周邊地區仍然如河姆渡時期一樣覆蓋有大片原始森林。越國興起後的一段時期内，古木遭到無節制的砍伐，用於建造

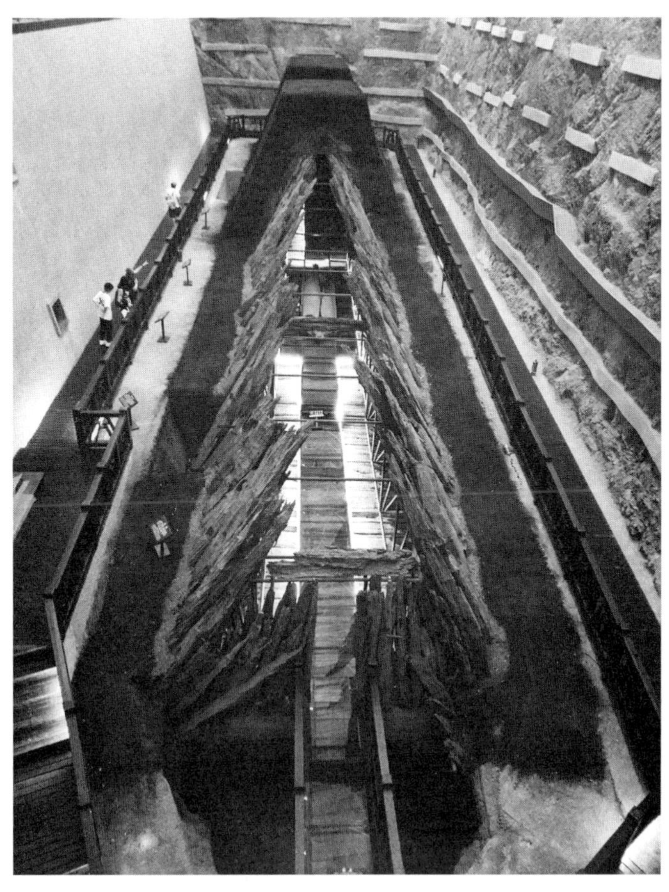

紹興印山王陵(吴斌攝)

陵墓、軍艦、燒炭以及輸送給臨近的吴國等國家用於營建宫室。很有可能正是這一代人將當地的原始森林毁於一旦。原始森林消失的一個副作用是爲作物的種植提供了開闊的空間(可對比今日亞馬遜雨林國家、印尼及中部非洲的情况),因此,蕭紹平原一帶的農業至此時開始具備規模,水利的需求引起人的關注。

《越絶書》卷四《越絶計倪内經第五》載越王勾踐言越國舟行環境云:

> 吾欲伐吴,恐弗能取。山林幽冥,不知利害所在。西則迫江,東則薄海,水屬蒼天,下不知所止。交錯相過,波濤濬流,沈而復起,因復相還。浩浩之水,朝夕既有時,動作若驚駭,聲音若雷霆。波濤援而起,船失不能救。未知命之所維。念樓船之苦,涕泣不可止。非不欲爲也,時返不知所在,謀不成而息,恐爲天下咎。

此言對當時會稽一帶自然環境之描寫蓋得其實。於是越國人對水展開治理,於前 493 至前 473 年間先後修建吴塘、苦竹塘、富中大塘、練塘、山陰故水道和山陰大小城,由堤塘、河渠和防洪城牆構成山麓、平原和沿海三級水利設施系統(邱志榮,2012)。

前述浙江地勢總體南高北低,會稽地區尤其如此,天然河流因此多呈由南至北的走向入海或入錢塘江(見第一章第一節)。山陰故水道西起紹興城東郭門,東至上虞東關鎮練塘村,長約 20.7 公里(邱志榮,2012),貫穿、連通衆多河流,其水道平直,整體呈東西走向,可知非天然形成。推測該水道係越國人早期爲方便於各天然河流之間進行灌溉、排澇與舟行而漸次自發開鑿所成,俾山會平原水路連通爲一整體,又利於舟行入海(當時杭州灣南岸較今日更靠南,三江口以北即爲後海,即今杭州灣)。至勾踐時,國家又進一步將其鑿深拓寬,既便於經濟建設,更利於軍事活動。《越絶書》卷八載:

> 山陰故水道,出東郭,從郡陽春亭,去縣五十里。

又載:

> 練塘者,句踐時采錫山爲炭,稱炭聚。載從炭瀆至練塘,各因事名之。去縣五十里。

可知故水道東頭爲越國采錫礦以及燒製木炭的場所,水道止此,應有運輸戰略物資之用。同時,故水道的存在也爲後期沿水道南岸興建富中大塘以振興越國農業生産提供了便利(邱志榮,2012)。

值得一提的是,當時中原諸夏國家的土地制度爲先進的旱作井田制,作物主要爲黍、稷,南方的水田稻作并未進入華夏人的視野(錢穆,2014)。更熟悉稻作的越民族尚未形成國家統一的土地制度(井田制將土地縱横劃爲方整的九塊,如“井”字然,周邊八塊予民私有,中間一塊由八户共耕以供養領主,越民尚無此規劃能力,《吴越春秋・越王無餘外傳第六》載越人耕田:“禹崩之後,衆瑞并去。天美禹德,而勞其功,使百鳥還爲民田,大小有差,進退有行,一盛一衰,往來有常。”名爲“鳥田”,實則各家因地制宜,各自爲政),因此也就難以由羽翼未豐的國家機構進行大規模統一的水利規劃,須由耕者自行解决,國家雖已有所作爲,對整體環境的改造程度却仍然十分有限。在這一時期,國家出面修建的水利設施,往往更多是用於國防目的的軍事工程,藉以對抗北方的吴國,如杭州灣沿岸的石塘、防塢、杭塢、固陵等(見《越絶書》卷八),同時國家也效仿吴國組建了常備水軍。

固陵一説即今西興,《水經注》卷四十《漸江水》謂:

> 浙江又逕固陵城北,昔范蠡築城於浙江之濱,言可以固守,謂之固陵,今之西陵也。

至五代後梁乾化二年(912),吴越王錢鏐以“陵”不詳,改名西興(詳見第四章第三節)。又一説固陵即今蕭山湘湖北岸越王城山，西陵則爲今之西興，二者各有所指（方晨光等，2012）。經考證，當以後説爲是，即固陵本在湘湖北岸，臨錢塘江，三國後錢塘江岸北移，遂於其北又設西陵，固陵雖爲西陵前身，二者所在位置實則有别（參見邱志榮，陳鵬兒，2014）。固陵爲勾踐時越國第一大海港，由水路北上入吴及至中原須由此，防守吴國亦以此爲要津。因此，由大越城（紹興城）西至固陵之水道必早已有之。然而《越絶書》所載山陰故水道止限大越城以東至上虞練塘一段五十里，對大越城以西至固陵一段水道未作描述。邱志榮（2012）考證，大越城以西故水道并非即今浙東運河西興至紹興段（該段運河開鑿於晋賀循時），而"推定當時的西部地區故水道應爲古鑑湖西部堤綫南緣過西小江至固陵"（鑑湖詳見第三章第二節）。則完整的山陰故水道應東起練塘，經紹興城沿柯岩、湖塘一帶由西小江至固陵。浙東運河實由山陰故水道始具雛形。

允常時，吴王闔閭伐楚（前 506），攻入楚都郢，楚王出奔，越國躡其後，乘隙偷襲吴國，逼使吴師撤退回援，原本同族的吴越兩國從此交惡，交相攻伐，互有勝負。允常死後，勾踐即位，是年（前 496），闔閭大舉伐越，負傷而亡。後二年，吴王夫差復仇平越，圍勾踐於會稽山。勾踐請和，隨後入吴爲臣三年。勾踐返越後任用外來人才，韜光養晦、休養生息，於夫差北上攻齊之際（前 482）大舉侵吴，俘獲吴太子，吴國求和。勾踐十九年（前 478），又敗吴。勾踐二十四年（前 473），越滅吴，遷都琅琊（今臨沂），稱霸中原，國力空前鼎盛，《史記・越王勾踐世家》載：

> 當是時，越兵横行於江、淮東，諸侯畢賀，號稱霸王。

勾踐之後，越國王族及貴族内亂頻仍，國力衰退，同時西鄰楚國日益强大，北鄰齊國田氏篡位後也如日中天，於是越王翳三十三年（前 378）將國都由琅琊南遷至吴（今蘇州），越王無顓（約前 363—約前 345 年在位）又進一步南遷回會稽，越國由前一個世紀的攻勢改爲守勢。無顓之弟越王無彊欲重新轉守爲攻，進取中原。無彊三十七年（前 306），越伐齊，齊説越伐楚，於是楚擊越，殺無彊，遂吞併越國大部，從此越人只能控制浙江（今錢塘江）以南部分領土，即今浙南及福建一帶山區，部分越人逃亡至東海諸島。舊吴國疆域及浙江北部劃歸楚國，楚國空前强盛。

楚國此時已由一個非華夏國家完成深度漢化，逐漸成爲被諸夏接納的一員，會稽一帶因爲亡國後受楚國管轄，也迎來了第二輪漢化（即"楚化"，第一輪漢化即前述夷人支系演變爲越人），楚國將更爲完善的行政和經濟體系帶入江浙一帶。今日吴語、閩語同湘語的諸多相似點可能即源於越人的這一輪"楚化"。從此會稽一帶人以楚人自居。

戰敗後，無彊諸子争立爲王，越國殘部從此分崩離析。其中强者有二部，一部爲東海王部（漢稱"東甌"，在今浙南），一部爲閩越王部（在今福建），殘存至秦始皇時。

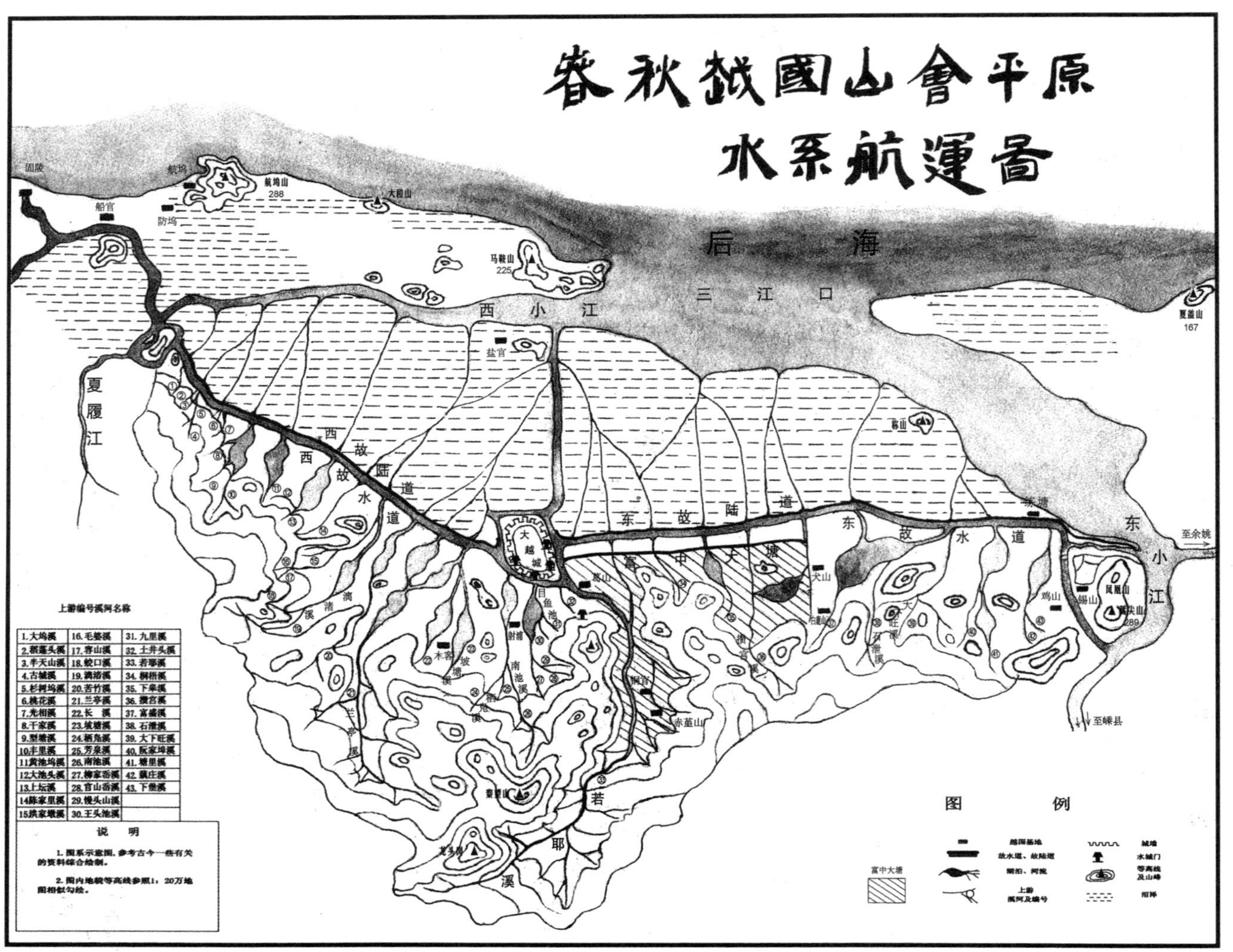

春秋越國山會平原水系航運圖（據邱志榮、陳鵬兒，2014）

第三章　形成:秦漢

第一節　會稽郡與越國殘部

秦始皇二十三年(前 224),秦國在基本解决中原各强敵之後大舉南下伐楚,次年,楚亡,原爲楚國所有的故吴越地(大體涵蓋今浙江北部、江蘇、安徽)併入秦國版圖。秦始皇二十五年(前 222),秦於故吴越地置會稽郡,治吴縣(今蘇州)。

越國殘部東海王摇和閩越王無諸自知力不能敵,遂去王號稱臣。秦於其地置閩中郡(今浙江南部、福建),治侯官(今閩侯),然而當地越人仍保有相當高的自治性,《史記·東越列傳》載田蚡言其"自秦時棄弗屬"。可以想見,秦朝政府對閩中郡的關注和治理必定遠不及對早已受過數十年漢化("楚化")的會稽郡。

秦始皇二十六年(前 221),秦國之外天下僅存的大國——齊國——以一國之力拒秦,終於難挽頽勢,爲秦所滅。秦王嬴政志得意滿,稱天子,號爲始皇帝。於是徹底廢除傳承了千百年的分封制,於疆域之内推行中央統一管理的郡縣制。秦滅六國後,徙六國上層人居咸陽以防其生變,又有下層人入六國空虚之地。秦朝十數年間,江浙一帶住民的組成必然發生過一場大的變動,進一步加深會稽的漢化。

秦朝爲便於控制東南,於太湖西北面自丹徒至丹陽開渠,又於太湖東南面自嘉興至杭州開渠,連通長江至錢塘江的水路,後世江南運河由是初具雛形(邱志榮,2012)。

秦始皇三十七年(前 210),秦皇南游,左丞相李斯、少子胡亥等隨行,至湖北雲夢,沿長江順流而下,"過丹陽,至錢唐。臨浙江,水波惡,乃西百二十里從狹中渡。上會稽,祭大禹,望於南海,而立石刻頌秦德"(《史記·秦始皇本紀》)。邱志榮(2012)考證其在浙江的路綫爲沿太湖西岸至湖州登陸,經安吉、餘杭至杭州,本欲濟錢塘江,因水流湍急而西行至富陽一帶方得渡,後沿浦陽江至諸暨,由楓橋、古博嶺,沿若耶溪到達山會平原,至會稽山祭大禹,留下李斯《會稽刻石》。《越絶書》載秦皇祭禹後原路返回至杭州,而後去蘇州。《史記・秦始皇本紀》載：

> (始皇)還過吴,從江乘渡,並海上,北至琅邪……自琅邪北至榮成山,弗見。至之罘,見巨魚,射殺一魚。遂並海西……至平原津而病……七月丙寅,始皇崩於沙丘平臺。

次年,陳涉反,天下群起叛秦。楚將世家項羽隨其叔父項梁起兵於會稽郡,劉邦起兵於沛縣。前東海王摇與閩越王無諸“率越歸鄱陽令吴芮,所謂鄱君者也,從諸侯滅秦”(《史記・東越列傳》)。項羽因鉅鹿之戰表現出衆,以一當百擊敗秦軍主力,遂威震天下,成爲天下反秦力量事實上的盟主。前 206 年,秦亡,項羽重新主持分封天下,自封西楚霸王,天下不復有天子。項羽勇力過人,性情也不貪暴,政治智慧却顯然不足。此次分封事實上并未盡得人心:有功者并不盡賞,無功者反因親信而受封(如秦將章邯等人)。天下初定,劉邦即於當年以韓信爲將,再度稱兵,天下遂亂。

《史記・東越列傳》載項羽滅秦成功後不封摇與無諸,越人“以故不附楚。漢擊項籍,無諸、摇率越人佐漢”。

前 202 年,項羽兵敗自刎,漢王劉邦稱天子,以功復封無諸爲閩越王。漢惠帝三年(前 192),叙摇佐漢功高,復封摇東海王(東甌)。故越國殘部於是復國,爲漢朝藩屬。

項羽兵敗後,劉邦最初也效仿項羽分封天下。原封齊王的韓信被徙封楚王,漢功臣劉賈封荊王,秦會稽郡歸屬於二國。漢高祖十一年(前 196),韓信被殺。十二年(前 195),淮南王英布叛,殺劉賈。劉邦侄劉濞從軍平英布叛亂有功,封吴王,都於沛,又改原荊國爲吴國,都廣陵(今揚州)。吴王所轄地廣,物産豐饒,漢朝廷又倚重吴王,給與其包括鑄幣權在内的諸多自治權,使吴王坐强,日益驕縱。漢景帝三年(前 154),吴王濞起兵叛漢,宗室同姓六國應之。周亞夫率軍平亂。同年,濞被甌越人殺於丹徒,國除,復置會稽郡,重由漢朝中央管轄。

《史記・東越列傳》載：

> 至孝景三年,吴王濞反,欲從閩越,閩越未肯行,獨東甌從吴。乃吴破,東甌受漢購,殺吴王丹徒,以故皆得不誅,歸國。

可知吴王初反時看重閩越力量,曾對其進行過游説,而閩越不從。甌越地處閩越以北,與吴國相鄰,其從吴叛漢,或許有被强吴威逼利誘的因素,其後在漢朝懸賞之下殺吴王降漢(因而免去殺身之禍),可證甌越人并非有心從濞。此中細節史書未載,不得而知。然而從史文可以推知,其時閩越國力應在東甌之上,否則吴王不至青睞閩越之兵,閩越不强亦無以拒吴。

> 吴王子子駒亡走閩越,怨東甌殺其父,常勸閩越擊東甌。至建元三年(前 138),閩越發兵圍東甌。東甌食盡,困,且降,乃使人告急天子……乃遣莊助以節發兵會稽。會稽太守欲距不爲發兵,助乃斬一司馬,諭意指,遂發兵浮海救東甌。未至,閩越引兵而去。東甌請舉國徙中國,乃悉舉衆來,處江、淮之間。(《史記·東越列傳》)

這是甌越的結局,亦可證閩越實力應在甌越之上。此戰之後,甌越畏閩越之强,遂請求漢朝容許其徙居中國,於是舉國北上遷居江淮之間,遠離閩越,以爲萬全之策,却不知此舉正乃其亡國滅種之由——從此東甌越人迅速融入當地漢族,銷聲匿迹。

三年後,閩越一分爲二(閩越王繇、東越王餘善)。武帝元封二年(前 109),東越叛漢。漢武帝平叛後,"曰東越狹多阻,閩越悍,數反覆。詔軍吏皆將其民徙處江、淮間。東越地遂虚"(《史記·東越列傳》)。

昭帝始元二年(前 85),漢滅閩越。這是越國的結局:浙江南部一帶的越人最終多數被北徙至江、淮間,融入漢族而消亡,僅餘下小部分族群避居浙南山地,最後推測晚至唐宋時期才全部漢化。福建一帶的越人也從此占山自立,同樣可能至唐宋時期被完全漢化。此後,除南方壯侗語民族外,越國及越民族從中國歷史中消失(此後直至唐代,浙江山區仍有所謂"山越",或許爲最後未被漢化的越人,或許僅爲南方山民之泛稱,而非實指越人)。

閩越國被漢朝解體後,其國土自然歸入會稽郡,越國至此盡爲漢朝所有。其後遁匿山中的甌越、閩越漸出,於是朝廷爲甌越置回浦縣(大致爲今温州、麗水、台州一帶),爲閩越置冶縣(今福州一帶),屬會稽郡。西漢後期,會稽郡轄地大致包含今江蘇長江以南、上海西部、浙江大部以及福建大部,成爲漢朝地域最廣的郡之一。直至東漢永建四年(129),由原會稽郡析出吴郡(錢塘江以北)與會稽郡(錢塘江以南),吴郡治吴縣(今蘇州),會稽郡移治山陰縣(今紹興)。

從楚國統治時期至秦朝、西漢兩代,山會平原水利系統總體沿襲春秋戰國時期越國的格局,未再有大的舉措,縱有所爲,也僅限於對原水道的疏浚、拓寬或者連接(參見邱志榮,2012)。這與越地的政治狀況有直接關係。首先,越地在戰敗於楚國之後即處於完全被外族政權統轄的狀態,無論作爲郡縣還是作爲藩王屬地,統治越地的再也不是越人,致使越人即便出於對鄉土故國的情感,意欲有所作爲,也不具有付諸實施的主動權,一切須聽憑異族政權安排。其次,在異族政權方面,越地既非中原,在當時不論對於楚國還是對於秦漢,都屬於主流話語體系下的蠻夷之地,文化不同,經濟落後,僅作爲華夷之間的緩衝地帶,羈縻而已,并無勵精圖治之意願,鎮壓有之,建設實無。最後,戰國、秦末乃至西漢前半葉頻仍的戰火使越人或亡或徙,人口稀薄致使當地人既無能力也無必要進一步興修水利，能維持現狀即可。事實上，自楚國至西漢，三百年間，越地的狀况總體上在走下坡路，與獨立時的越國不可同日而語。也就是説，越地在這一時期的主要問題在於没有“越人治越”。只有到東漢時期，越地基本被漢化，并且隨著華夏勢力向南方的大舉擴張而終於成爲中國的腹地，會稽的民生和經濟才開始受到朝廷的重視。而且，此下六朝至唐宋，隨著越地漢化程度的不斷加深，直至南宋時成爲中華文明的中心地區，會稽的治理水平也在不斷提高。與此相反，隨著元、明、清政治中心的北移，越地不斷喪失其政治文化上的重要性，其治理也相應地再次走上一條下坡路，僅存一絲餘温。

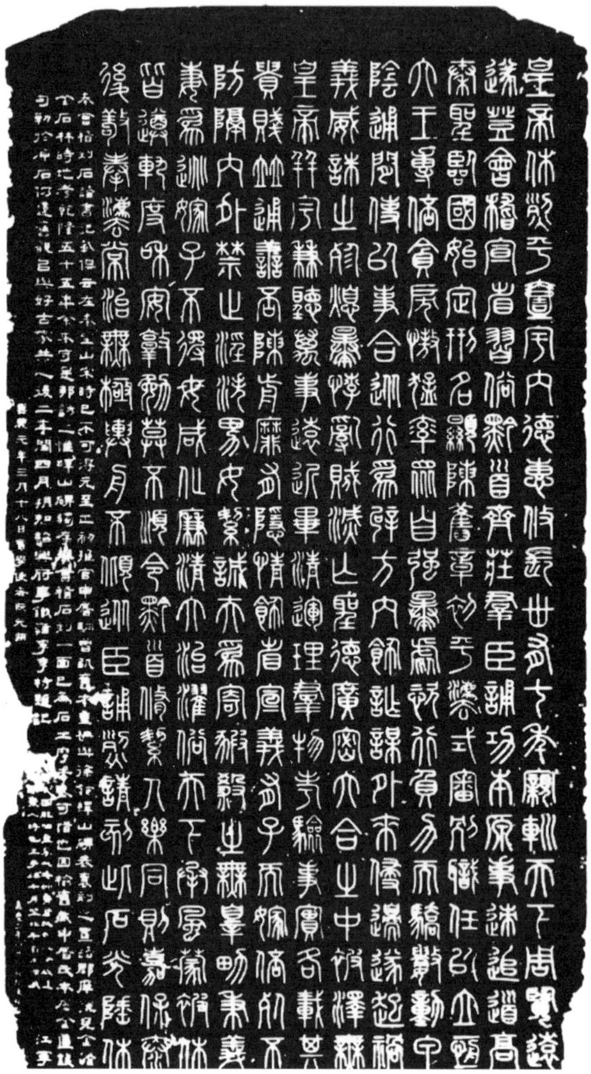

秦會稽刻石拓片（浙江省博物館藏）

第二節　東漢的經營

西漢時期，中原王朝的興趣不過長江以北與黄河以南。漢宣帝前，江東故吴越地飽經戰火和遷徙之苦，人文已不如春秋吴國、越國時。越人政權相繼覆滅後，漢朝將其一概歸入會稽郡，使會稽一郡所轄區域幾爲當時天下之最，也説明漢朝對江東地區的管轄可謂漫不經心（在中央集權國家中，越受中央重視的區域分割越細密，越不受中央重視的區域則整合得越粗疏，這是政治上的一條通例，因此，同等級别的行政區劃往往可以根據其規模大致比較其重要性）。此外，西漢會稽郡治在北部的吴縣（今蘇州），勢必導致郡中僅有的資源也被進一步抽調至太湖地區，錢塘江以南成爲了邊區中的邊區，其荒廢可想而知。這種狀况一直持續到東漢早期。

公元 9 年，王莽稱帝，建立新朝，推行復古改革，導致政治經濟一片混亂。十多年後，中原赤眉、緑林等各路武裝群起滅新，光武帝劉秀出類拔萃，平定天下，建立東漢（25）。值得一提的是，新朝至東漢初年的戰亂雖然容易使人聯想起秦末戰亂，在規模上却遠不如彼，更無法與三國、隋末、五代、元末乃至明末諸次國家的崩潰相提并論。其紛争總體上僅限制在中原地區原西漢的核心地帶，即南不過長江，北不過黄河，吴越地區并未受到明顯的影響。整個東漢時期，儘管從全國層面看戰事連年不休，且東漢的戰争能力顯在西漢之下（錢穆，1996），然而歷次戰争多發生在西北、西南等邊疆地區，西漢長期推行的"推恩令"已使藩王名存實亡，再無可能發生西漢早期那樣的國内叛亂。因此，自漢宣帝以來直至東漢中期，大約 200 年間，吴越地因爲不受重視而意外地得到了休養生息的機會，一方面穩步推進漢化，一方面也逐漸積聚起人口和財力。事實上，從這一階段開始迄於今日，二千多年間，江浙地區總體上維持著天下亂時我不亂的態勢，遂成爲中國文化最有力的傳承者。這一點，既是純粹的幸運，也是當地一代又一代有識之士力挽狂瀾的結果。

至公元 100 年前後，會稽郡的經濟文化已形成相當的規模，其郡治吴縣甚至成爲都城洛陽之外整個東漢最大的城邑（Chandler，1987），如明代《姑蘇志・序》云：

> 吴在周末爲江南小國，秦屬會稽郡。及漢中世，人物財賦，爲東南最盛。

永建四年（129），漢朝在原會稽郡治吴縣及其周邊較爲發達的十三縣基礎上别置吴郡，會稽郡從此限制在錢塘江以南，郡治在山陰縣。從此，蕭紹一帶再次成爲周邊地區的中心，地區的再次發展對基礎設施提出新的要求。

漢順帝永和五年(140),時任會稽郡太守馬臻在山陰縣開鑑湖。杜佑《通典》卷一百八十二《越州》條載:

> 順帝永和五年,馬臻爲太守,創立鏡湖,在會稽、山陰兩縣界,築塘蓄水,水高丈餘,田又高海丈餘。若水少則洩湖灌田,如水多則閉湖洩田中水入海,所以無凶年。其隄塘,周迴三百一十里,都溉田九千餘頃。

按:"山陰縣兩界"之"兩"恐爲"南"之誤。鑑湖規模,又見於《水經注・漸江水》:

> 浙江又東北,得長湖口。湖廣五里,東西百三十里。

按:鑑湖又稱"長湖"。《通典》與《水經注》所載於字面上表述不同,實際或許正好相符(一曰周長,一曰長寬)。鑑湖整體呈長形,東西走向,由稽山門到大禹陵的一條古道分爲東湖與西湖兩部分,其南緣爲稽北丘陵,北界爲湖堤。邱志榮(2012)考證,鑑湖北界沿用了越國時的山陰故水道。湖堤東段自紹興城東五雲門至上虞蒿尖山西側蒿口斗門,長30.25公里,西段自紹興城常禧門至錢清廣陵斗門,長26.25公里。湖堤全長56.5公里。東西湖整體正常蓄水量約爲2.68億立方米(邱志榮,陳鵬兒,2014)。

鑑湖修成,其首要功能爲蓄洪與灌溉。南宋時,陸游詩《稽山行》曰:

> 鏡湖瀦衆水,自漢無旱蝗。

可旁證鑑湖奠定了紹興至少千年的豐稔。又其詩《甲申雨》曰:

> 甲申畏雨古亦然,湖之未廢常豐年。小人那知古來事,不怨豪家惟怨天。

其時鑑湖因周圍民衆圍墾而大部堙廢(詳見第四章第四節),旱澇劇增,亦可反證鑑湖完好時爲當地帶來的巨大利益。

蓄洪、防旱之外,鑑湖巨大的規模也爲山會平原的航運帶來了便利,越國時山陰故水道的通航功能在鑑湖中得以延續和拓展。西興運河開鑿之後(見第四章第一節),西鑑湖的航運被平行的運河分流,終至於宋朝以後因圍墾而完全消失。東鑑湖雖經圍墾亦大部堙廢,却仍保留有通航功能,成爲浙東運河紹興至上虞段(會稽段),延續至今。

史籍對主持興建鑑湖的太守馬臻之生平并無記載。築湖之費,即時可見,湖成之利,後人方知,其人於生前身後褒貶不一,可想而知。後人有認爲馬臻死於豪强誣告與朝廷妄殺者(参見邱志榮2012;邱志榮,陳鵬兒,2014),如《通典》之《越州》條引南朝宋武帝大明二年至四年(458—460)及八年(464)會稽太守孔靈符《會稽記》云:

> 創湖之始,多淹塚宅,有千餘人怨訴臻,遂被刑於市。及遣使按履,總不見人籍,皆是先死亡者。

是爲馬臻築鑑湖最早之記述,去馬臻已愈三百年,且其事太過蹊蹺,不免妄誕之氣。按:東漢章帝后,權臣當道,黨同伐異,政争激烈,爲官枉死者常相望於道路,君子固不得善終,小人亦難全首領,以至於天下糜亂。馬臻冤死之説,其時民間必有知情者傳諸後世,恐非虚言。史雖不載,姑備一説。

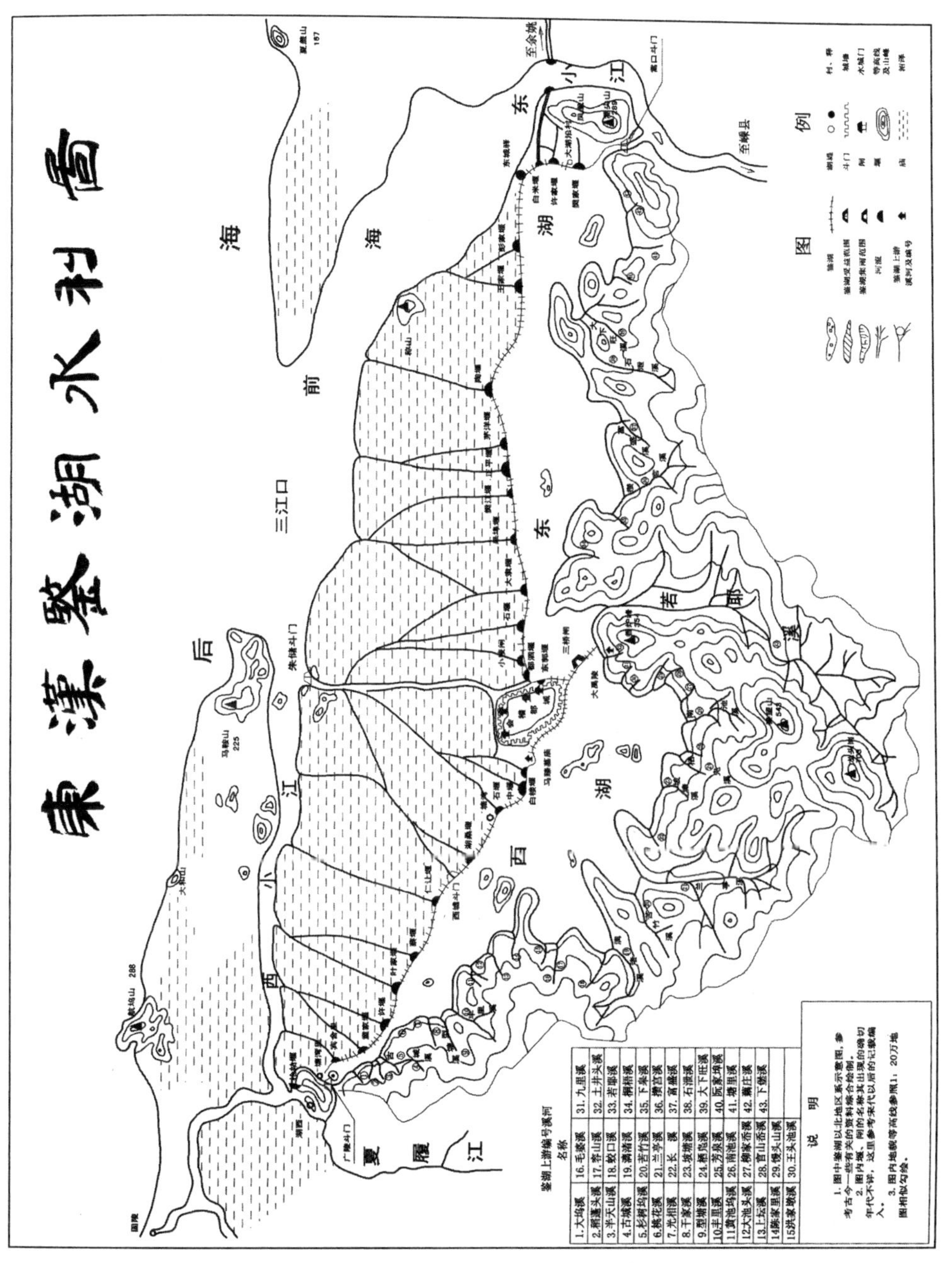

東漢鑑湖水利圖(據邱志榮、陳鵬兒,2014)

第四章　盛期:六朝至兩宋

第一節　東吴、東晋至南朝的經營

1. 會稽的沿革

東漢中期"吴會分治"後(見第三章第二節),自東漢晚期至隋唐,會稽郡被越分越細。前期(東漢晚期),其分割主要爲析縣,郡的範圍無甚變動。"吴會分治"之初(129),會稽郡轄十四縣,永和三年(138)析永寧縣而有十五縣,獻帝時孫策治下析十餘縣而使全郡至少轄二十六縣,孫吴時又有析縣,最終使當地縣域大致形成今日的格局。此後的分割則主要集中在析郡上,會稽郡所領範圍因此日益縮小。吴太平二年(257)析置臨海郡(治章安縣),永安三年(260)析置建安郡(治建安縣),寶鼎元年(266)析置東陽郡(治長山縣),至西晋時,會稽郡僅轄十縣(山陰、上虞、餘姚、句章、鄞、鄮、始寧、剡、永興、諸暨),此後長期保持這一格局。梁、陳時,會稽郡爲東揚州,隋改東揚州爲吴州,又改越州,又改會稽郡,唐復置越州,開元二十六年(738)析置明州,此後越州領七縣(會稽、山陰、諸暨、餘姚、剡、蕭山、上虞)。南宋紹興元年(1131),越州改稱紹興府,領八縣(會稽、山陰、蕭山、諸暨、餘姚、上虞、嵊縣、新昌)。可證在這段持續千年的時期内,朝廷中央對浙江一帶的關注在不斷提升。與之形成對比的是,元、明、清三代以至民國,紹興的格局總體上未再發生變動,至 1949 年餘姚劃入寧波,1959 年蕭山劃入杭州。

2. 東吴

漢獻帝興平二年(195),吴郡富春(今富陽)人孫策率衆擊揚州刺史劉繇。會稽太守王朗守固陵,力戰不敵,於次年降於孫策,會稽遂爲孫氏所有。孫策取江東諸郡,於建安五年(200)遇刺身亡,部將張昭、周瑜等佐其弟孫權統領部衆。曹操兼併北方後,南下擊却劉備,招降荊州,并勸孫權降。孫權及其將周瑜、魯肅等决意聯合劉備拒曹,以寡擊衆,大敗曹軍,奠定江東基業。220 年,曹丕受漢獻帝禪稱帝;次年,劉備稱帝;229 年,孫權稱帝,定國號爲吴,都建業(今南京),此後,以其兄固陵之戰奠定基業故,改餘暨縣爲永興縣(今蕭山)。

吴國的建立,使故吴越地在間隔 500 年後重新有了一個由本地人治理并享有主權的國家。其國君孫氏爲浙江本地武將出身,對其治下之國,既有愛護之心,更有鄉土之情。吴國上層如周瑜(廬江人)、張昭(彭城人)、魯肅(臨淮人)、陸遜(吴縣人)等亦皆江東士族,爲國爲民能盡心盡力。試將三國横向作一比較:曹魏疆土最廣,却久經戰亂,民生早已凋敝,且内争不息,黨派對立,終亡於司馬氏之陰謀;蜀漢高層本非蜀人,對其國唯有利用之心,而無休養之意,國土最狹而窮兵黷武,使原本"天府之國"僅四十二年即自取滅亡;相比之下,孫權在位五十餘年,君臣一心,勵精圖治,後又歷三主,前後八十餘載,使江南長治久安,其繁榮富庶已遠勝東漢之時,更爲三國之甲(参見錢穆,2014),遂使向時秦漢不屑一顧的"東南蠻夷之地",成爲東晋至南北朝近三百年間中華得以於不絶如縷之世立國存續的根基。

孫權治國能施德政,定法寬刑,减免賦税,并重視農業生産,興修水利,開闢軍屯,國家有事亦不勞民傷財。《三國志·吴書·孫權傳》載黄武五年(226):

> 陸遜以所在少穀,表令諸將增廣農畝。(孫)權報曰:"甚善。今孤父子親自受田,車中八牛以爲四耦。雖未及古人,亦欲與衆均等其勞也。"

可見其勤於國事,願爲天下表率,無君王之驕氣。《華覈傳》回憶孫權:

> 大皇帝覽前代之如彼,察今勢之如此,故廣開農桑之業,積不訾之儲,恤民重役,務養戰士。是以大小感恩,各思竭命。

又《陸凱傳》回憶:

> 先帝戰士,不給他役,使春惟知農,秋惟收稻,江渚有事,責其死效。

其在浙江境内的屯田區有海昌(今海寧)、上虞、新安(今淳安)等。君臣對國家的愛惜也帶來了理想的效果。《孫權傳》描述吴國:

> 帶甲百萬,穀帛如山,稻田沃野,民無飢歲。所謂金城湯池,强富之國也。

又《張昭傳》載:

> 漢末大亂,徐方士民多避難揚土。

按：揚土指古揚州，即江南地區。可知其時江東於天下人眼中已爲一方樂土。

東漢時，因爲會稽郡的良好治理，山陰縣已成爲吴縣之外東南的又一都會。孫吴朝廷重視民生，興修水利多爲蓄洪灌溉之用。東漢時會稽郡開鑑湖（見第三章第二節），蕭紹平原地區的灌溉系統已較爲完備，因此，孫吴時期的水利工程主要集中在江蘇一帶，會稽郡以沿用爲主，無甚創闢。這一時期浙江的發展主要體現在經濟方面，如寧波、紹興、温州、金華地區成爲青瓷主産地，會稽郡又成爲銅鏡製造中心。在這些經濟活動的帶動下，加以屯田運糧的需要，蕭紹平原以灌溉爲主的水利設施必定會逐漸向交通功能傾斜，其後西興運河的開鑿可謂呼之欲出。

3. 兩晋

263年，魏滅蜀漢。265年，司馬炎受魏禪稱帝，建立晋朝。279年，晋大舉伐吴，次年，吴主孫皓降晋，江南因此未深受戰禍牽連。三國之中，吴國根基最穩，文化心理去中原最遠，雖亡於晋，土人於晋却并無臣服之心，此後晋朝雖加羈縻，仍迭有叛亂，至東晋初年而不止。

西晋君臣驕奢淫逸，内亂不止（“八王之亂”），怙惡不悛。匈奴人劉淵乘亂起兵自立，其子劉聰於永嘉四年（310）攻入洛陽，俘虜晋懷帝（313年被殺），史稱“永嘉之亂”。316年，劉聰陷長安，俘虜晋愍帝（後被辱殺）。北方士族紛紛南逃入吴，“中原冠帶隨晋渡江者百家，故江東有百譜”（《北齊書・顔之推傳・觀我生賦》注）。

琅琊王司馬睿於“八王之亂”中脱險保全性命，後聽從其友王導建議，移鎮建鄴（後改稱建康，今南京）。王導輔佐司馬睿依託前東吴的雄厚實力建立基業。爲取得東吴士庶配合，消除當地人對中原統治者的敵視情緒，王導主動結交江南豪族，推心置腹，折節相待，甚至學習吴地方言，與土人交談必以土語，一時爲南逃至吴之中原士族所不齒。王導的努力頗見成效，至少使吴、晋上層取得共識，以至吴地士族“競效洛生咏”，在江東掀起一股洛陽風潮。318年，愍帝凶問至，南北士族一致擁戴司馬睿即位稱帝（中宗元皇帝），都建康，史稱東晋。

晋元帝任用的江南士族可以賀循爲代表。《建康實録》卷五載：

> 循字彦先，會稽山陰人……父邵，吴中書令。循有操尚，童齔不羣，言行進止，必以禮讓。善屬文，舉秀才，後遷武康令……帝鎮江左，守職，尋轉軍司。因與循言及時政事，遂問循曰：“孫皓嘗燒鋸截一賀頭，是誰耶？”循未及言，帝悟曰：“賀邵也。”循流涕曰：“先父遭遇無道，臣誠痛深，無以上答。”帝甚愧之，三日不出……時江東草創，循多陳利害，言而必從，進爲侍中……宗廟始建，舊儀多闕，循議定七廟。帝踐

位，遷太子太傅，循……累表固讓，命皇太子親往拜焉。後疾篤，表乞骸骨。詔改授左光禄大夫、開府儀同三司。帝親臨軒，遣使持節，加印綬。循已不能言，指左右，推去章服。駕幸，執手流涕。太子親臨三焉，往還皆拜，儒者爲榮。卒，時年六十。帝哭之慟，贈司空，謚曰穆。將歸葬於吴，皇太子追送近郊，望船流涕。

可謂推崇備至，於後世唐太宗待杜如晦之風，有過之而無不及。由此亦可見晋元帝不似西晋皇帝，無驕奢之氣，而有王者風範。賀循年幼喪父，志節不凡，早年即以大儒名，永嘉元年(307)曾短期任會稽内史，任上主持開鑿西興運河(初名爲"漕渠")。嘉慶《山陰縣志》載：

城外之河，曰運河。自西興來，東入山陰，經府城至小江橋而東入會稽，宋紹興年間漕運之河也。去縣西一十里，西通蕭山，東通曹娥，横亘二百餘里。《舊經》云：晋司徒賀循臨郡鑿此。

按："司徒"應爲"司空"之誤；清朝時山陰縣已分西部山陰與東部會稽二縣，二縣治所均在紹興府城。又《嘉泰會稽志》引《舊經》云"晋司徒賀循臨郡，鑿此以溉田"，可知運河之開鑿最初仍爲灌溉之用。方晨光等(2012)考證，賀循時運河西端尚未至西興，僅開有紹興段，後人或許於東晋時將其加長至西陵(西起西興，經蕭山、錢清、柯橋至會稽郡城)。且其初河道窄小，於通航不便，更多用於連貫鑑湖(鑑湖事見第三章第二節)與其北部平原河流，既利於鑑湖向北排水，又利於平原南北向河流間横向調節水量，便於蕭紹平原排澇灌溉。

西興運河的開鑿在直綫上接通了山陰故水道與錢塘江，此後，該運河經後世1700餘年的經營與維護，航運功能日漸凸顯，整體面貌則未有太大改變(邱志榮，陳鵬兒，2014)。至今日，浙東運河蕭山至紹興段總長78.5公里，其中蕭山境内21.6公里，紹興境内56.9公里(方晨光等，2012)。浙東運河總體上可分爲東西兩段，其西段(蕭紹段)整體爲人工開鑿，而向東過曹娥江後接姚江、奉化江、甬江，至鎮海入海，則其東段主要爲天然水道，人力主要在於溝通。西興運河的開鑿終使浙東運河具備後世的規模。運河的開鑿，對於賀循的一生只是一樁微不足道的小事，對於其鄉民則是一件功在千秋的大事。

兩晋時期，隨著西興運河的開鑿，沿浙東運河的一系列重要設施陸續建成并在後世南朝不斷得到完善，如西陵港(含渡、港、埭、堰)、曹娥渡、都賜門(含埭、堰、門)、西郭門、題扇橋、光相橋等。

東晋雖時運不濟，困守江淮以南，却并不偏安，自始至終未忘進取。317年，禍亂方起，祖逖即孤軍北伐，數年間使"黄河以南，盡爲晋土"(《晋書・祖逖傳》)。其後晋穆帝命殷浩"開(長)江(以)西疁田千餘頃，以爲軍儲"(《晋書・殷浩傳》)，準備北伐。後桓温三

西興浙東運河起點(胡月霞攝)

度揮師北伐,一度攻克關中、洛陽。太元八年(383),淝水大捷,謝安臨危率晋軍大敗北敵,徹底擊碎北方政權南下吞併江南的野心,奠定此下南北朝均勢的基礎。直至東晋末期,義熙五年(409)及十二年(416),劉裕仍兩次北伐,滅南燕、後秦,使北魏喪膽,收復長安與洛陽兩京。

在經濟文化上,東晋更大有作爲,不僅令北方難望其項背,更出於秦漢之右,乃使後世緬懷不止。其中,會稽郡堪稱東南之最,所謂:

> 今之會稽,昔之關中。(《晋書·諸葛恢傳》)

兩晋時,會稽産紙,暢銷全國,西晋張華《博物志》載:

> 剡溪古藤甚多,可造紙,故即名紙爲剡藤。

又唐舒元輿《悲剡溪古藤》文:

> 剡溪上綿四五百里,多古藤……溪中多紙工,刀斧斬伐無時,擘剥皮肌,以給其業……異日過數十百郡,洎東雒西雍,歷見言書文者,皆以剡紙相誇。

可知唐時甚至洛陽、長安一帶也以剡紙爲貴。而會稽竪紋竹紙則爲王羲之、獻之父子所用,流芳百世。

會稽郡經多年治理,山水之美冠絶東南,且風調雨順,物産豐饒,吸引永嘉避難的中原士族大批來越定居,一時人物之盛,佳話無數,如《建康實録》卷八記許詢:

> 詢字玄度,高陽人。父歸,以琅琊太守隨中宗過江,遷會稽内史,因家於山陰。詢幼冲靈,好泉石,清風朗月,舉酒永懷。中宗聞而徵爲議郎,辭不受職,遂托迹居永興。肅宗連徵司徒掾,不就。乃策杖披裘,隱於永興西山,憑樹構堂,蕭然自致。至今此地名爲蕭山。遂捨永興、山陰二宅爲寺,家財珍異,悉皆是給。既成,啓奏孝宗,詔曰:"山陰舊宅爲祇洹寺,永興新居爲崇化寺。"詢乃於崇化寺造四層塔,物産既罄,猶欠露盤相輪。一朝風雨,相輪等自備,時所訪問,乃是剡縣飛來。既而移皋屯之岩,常與沙門支遁及謝安石、王羲之等同游往來,至今皋屯呼爲許玄度岩也。

可見一斑。按:崇化寺即今蕭山祇園寺,建於咸和元年(326);謝安,字安石。

蕭山祇園寺(胡月霞攝)

4. 南朝

隆安三年(399),琅琊人孫恩以五斗米教惑衆作亂,寇會稽,瞬間在江南成席捲之勢。彭城人劉裕從劉牢之討賊,嶄露頭角,威震八方。破賊後,大將桓玄篡位稱帝,劉裕又偕同故舊起兵匡復,旬日成功。後二度揮師北伐,使北方諸國聞風喪膽數十年。420年,劉裕受禪稱帝,國號宋,都建康。此下建康又歷齊、梁、陳三朝,至589年亡於隋,前後169年,史稱南朝。

南朝繼承東晋規模,立足江南,與北方政權保持均勢,并與其在江淮之間長期拉鋸,其間不乏仁君明主與賢臣良將(也偶有昏亂之輩出),能輕徭薄賦,與民休息,整飭吏治,賑濟災荒,如劉裕父子(宋武帝、宋文帝)、蕭道成父子(齊高、齊武帝)、蕭衍父子(梁武帝、昭明太子)等,後世皆有令名。南朝期間,商業繁榮,文化昌盛,佛教大興,士庶生活殷足。如《宋書・徐湛之傳》載湛之:

> 門生千餘人,皆三吴富人之子,姿質端妍,衣服鮮麗。每出入行遊,塗巷盈滿。泥雨日,悉以後車載之。

可見當時南方富户之衆,令北方相形見絀。尤其像會稽這樣的腹地,長期未受戰禍,其人之富更非今日易於想象。如謝靈運《山居賦》云:

> 南山則夾渠二田,周嶺三苑,九泉别澗,五谷異巘,群峰參差出其間,連岫複陸成其阪,衆流溉灌以環近,諸堤擁抑以接遠。

描寫的是私人所有的山莊。又如山陰人孔靈符:

> 於永興立墅,周回三十三里,水陸地二百六十五頃,含帶二山,又有果園九處。(《宋書・孔季恭傳》)

是爲中國别墅之始(錢穆,2014)。孔靈符曾任會稽太守,《宋書・孔季恭傳》詳細記載了他提議劉宋朝廷將部分山陰民衆東徙往今寧波地區開墾荒地而引起朝中争議,最後做成其事的經過:

> 山陰縣土境褊狹,民多田少,靈符表徙無貲之家於餘姚、鄞、鄮三縣界,墾起湖田。上使公卿博議,太宰江夏王義恭議曰:"夫訓農修本,有國所同,土著之民,習翫日久,如京師無田,不聞徙居他縣。尋山陰豪族富室,頃畝不少,貧者肆力,非爲無處,耕起空荒,無救災歉。又緣湖居民,魚鴨爲業,及有居肆,理無樂徙。"尚書令柳元景、右僕射劉秀之、尚書王瓚之、顧凱之、顔師伯、嗣湘東王彧議曰:"富户温房,無

假遷業；窮身寒室，必應徙居。葺宇疏皋，産粒無待，資公則公未易充，課私則私卒難具。生計既完，畲功自息，宜募亡叛通鄉及與樂田者，其往經創，須粗修立，然後徙居。”侍中沈懷文、王景文、黄門侍郎劉𢿛、郗顒議曰：“百姓雖不親農，不無資生之路，若驅以就田，則坐相違奪。且鄮等三縣，去治并遠，既安之民，忽徙他邑，新垣未立，舊居已毁，去留兩困，無以自資。謂宜適任民情，從其所樂，開宥逋亡，且令就業，若審成腴壤，然後議遷。”太常王玄謨議曰：“小民貧匱，遠就荒疇，去舊即新，糧種俱闕，習之既難，勸之未易。謂宜微加資給，使得肆勤，明力田之賞，申怠惰之罰。”光禄勳王昇之議曰：“遠廢之疇，方翦荊棘，率課窮乏，其事彌難，資徙粗立，徐行無晚。”上違議，從其徙民，并成良業。

可見當時會稽的發展程度及其受朝廷的重視程度（朝臣甚至擔憂得罪山陰富户），也反映出南朝初期山陰縣因爲多年治理得當而在浙江一枝獨秀的局面，致使相鄰的寧波地區也顯得相對落後，需要山陰的援助。

事實上，南朝商業氣息濃重，不論貴賤，皆愛從商。高貴如宋少帝劉義符：

於華林園爲列肆，親自酤賣。又開瀆聚土，以象破岡埭，與左右引船唱呼，以爲歡樂。（《宋書・少帝紀》）

又如齊東昏侯蕭寶卷：

又於苑中立市，太官每旦進酒肉雜肴，使宫人屠酤，潘氏爲市令，帝爲市魁，執罰，争者就潘氏决判。（《南齊書・東昏侯紀》）

二者皆貴爲天子，於禮誠然不宜從商，奈何社會風習耳濡目染，心嚮往之，只好聚集親近之人，於宫苑中擺攤叫賣過癮。二人固爲昏君，然而較之北朝習氣，如李世民太子承乾之嚮往游牧騎射而在東宫與一衆近臣日日假扮突厥，可謂天淵之别。這種南北差異，甚至流傳至今仍分明可見。而同時之平民從商自然可以不受限制，如宋時山陰人戴法興因家貧以販紵葛爲業，齊時傅琰爲山陰令，有販針、糖老婦來縣衙告狀，又齊時會稽陳氏三女於西湖采菱蒓售賣，梁時有餘姚人販瓦器，皆見於史籍（錢穆，2014）。

農業是一種相對静態的生活方式，商業則是一種富於動態的生活方式，商業的興旺必然帶來交通的繁忙。對於以舟代車的蕭紹平原地區人而言，前代開鑿、疏浚的水利設施成爲了得天獨厚的條件，西興運河的航運功能在南朝得以凸顯，其上的航運設施逐漸得到豐富和完善。兩晋西興運河開通時，西端接通錢塘江的西陵即設有西陵埭，方晨光等（2012）認爲當時係用人力拖船過埭，效率低下。至南朝時，已改爲效率更高的牛埭，以順應繁忙的商業運輸所需。《南史・顧憲之傳》載齊武帝永明六年（488）：

時西陵戍主杜元懿以吴興歲儉,會稽年登,商旅往來倍歲。西陵牛埭税,官格日三千五百,求加至一倍,計年長百萬。浦陽南北津及柳浦四埭,乞爲官領攝,一年格外長四百許萬。武帝以示會稽,使陳得失。憲之議曰:"尋始立牛埭,非苟通僦以納税也,當以風濤迅險,人力不捷,濟急以利物耳。既公私是樂,故輸直無怨。京師航渡,即其例也。而後之監領,各務己功,或禁遏别道,互生理外,凡如此類,不經埭煩牛者上詳。被報蒙停格外十條,從來喧訴,始得暫弭。案吴興頻歲失稔,今兹尤饉,去乏從豐,良田饑棘,舊格新減,尚未議登,格外加倍,將以何術?皇慈恤隱,振廪蠲調,而元懿幸灾榷利,重增困瘼,人而不仁,古今共疾。且比見加格置市者,前後相屬,非唯新加無贏,并皆舊格有闕,愚恐元懿今啓,亦當不殊。若事不副言,懼貽譴詰,便百方侵苦,爲公貴怨,其所欲舉腹心,亦當獸而冠耳。書云:'與其有聚斂之臣,寧有盗臣。'言盗公爲損蓋微,斂人所害乃大也。然掌斯任者應簡廉平,則無害於人。愚又以便宜者,蓋謂便於公宜於人也。竊見頃之言便宜者,非能於人力之外,用天分地者也,率皆即日不宜於人,方來未便於公,名與實反,有乖政體。凡如此等,誠宜深察。"

可見當時這些航運設施都帶有公益性質,官方不圖以之盈利。這是當時朝廷的共識,以公益設施漁利者將爲人所不齒:今日看來,這是一種超前的治國理念。當時顧憲之"爲東中郎長史,行會稽郡事",作爲地方長官能有如此清醒的頭腦,實爲可貴,而紹興歷史上這種明理的地方長官又歷代皆有,不勝枚舉,洵爲一地之幸,人謂越中人傑地靈,殆非虚言。

南朝齊永明六年佛像(紹興博物館藏,胡月霞攝)

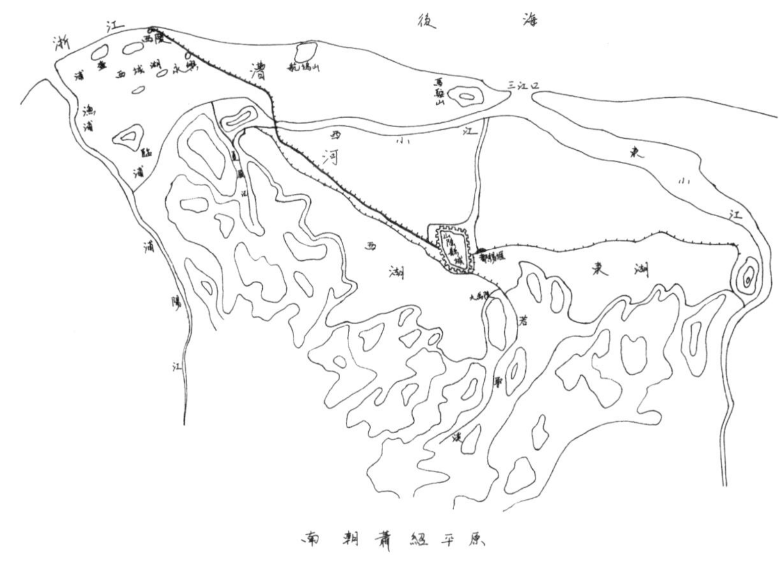

南朝蕭紹平原圖(吴斌繪)

第二節　唐朝的漕運及文化傳播

1. 漕運問題

禎明三年(589),隋大舉南下伐陳,陳朝拒戰不利,軍潰,後主陳叔寶降隋,南朝遂亡,江南再度歸屬北方政權。永嘉之亂後 270 餘年,南北一統於隋。隋朝立足於北朝傳統,都大興(今西安)、洛陽,於政治上重北輕南,南朝故地僅爲其新轄區而已,東南民心不服。陳朝降隋次年,會稽高智慧等即起兵叛隋,楊堅遣大將楊素發兵平叛。楊素遂於翌年修築會稽羅城,將會稽城範圍向西擴展,於羅城西角西興運河上開迎恩門。

中國傳統重視農業,賦税以農産品爲主,較少税錢。秦朝以前,貴族封地規模不大,屬民幾乎可以就地納税。秦朝吞併六國,廢除封建,空前的疆域對統一的政府提出前所未有的挑戰,地理上的距離對物資和人員的阻隔作用首次顯露無遺,并迅速導致秦朝滅亡。漢朝重建分封制度,各郡國擁有不亞於先秦諸侯國的高度自主權,且漢朝始終堅持輕徭薄賦政策,政府、皇家崇尚節儉,所謂"漢氏減輕田租,三十而税一"(《漢書·王莽傳》),百姓上交糧食布帛需要運輸至國庫的部分不多,還不足以構成運輸壓力。東漢末期,軍閥紛紛展開屯田,自給自足。三國時期,南北割裂,各國疆域規模縮小,運輸問題隱

迎恩門

而不現。東晉、南北朝時期，爲表彰跟隨晉朝南下的北方士族，朝廷往往蠲免其賦税，又因爲漢末戰亂之後在籍人口十不存一，且逃户不絶、寺廟侵地，朝廷所得税收往往有限。而北朝外族政權則始終不脱游牧習氣，無治國之經驗，對賦税可謂一籌莫展，官員甚至長期領不到俸禄，"義務當官"成爲常態。直至隋朝吞滅南朝，疆域倍增，貫通南北的需求遂使現有的交通設施不復堪用。於是，楊廣繼位次年(605)即不顧天下初定、生民亟待休養生息的現實，自作主張下令開鑿通濟渠，工期急切，勞役繁重，民夫死者相望於道。後三年又開永濟渠，又後二年開江南運河，遂成貫通南北的隋唐大運河。與此同時，隋朝也對浙東運河進行了一輪整治，使其與大運河溝通更爲順暢，便於浙東地區漕運(方晨光等，2012)。浙東運河遂成大運河的組成部分，爲其東南延伸。

漕運指由水路運輸物資，西興運河初名"漕渠"即帶有此層涵義。在西方人發明鐵路之前，船運一向是載貨量最大、成本最低甚至速度最快的一種運輸方式，良好的航運設施可比近代良好的鐵路系統，是一國一地枯榮成敗的命脉所繫。腓尼基、希臘、阿拉伯、意大利、葡萄牙、西班牙、荷蘭、英國的興衰皆與其航海格局的盈虧息息相關，中國自隋朝之後的命運則再也脱離不開漕運這一中心話題。

因爲六朝對東南的精心經營，隋朝兼併南北之後，歷唐、宋、元、明、清數代，浙江北部與江蘇南部一直是全國上繳漕糧較多的地區，且南勝於北的趨勢日益顯著，至宋時已有民謡云"蘇湖熟，天下足"，至明、清則天下已悉仰給於江南一地(參見錢穆，1996；孟德斯鳩，2012)。浙東大量漕糧須運送至北方官倉，其路綫即由浙東運河至西陵，經閘門或牛埭入錢塘江，轉大運河北上(方晨光等，2012)。隋朝初平陳朝時，北方在籍人口(合北周、北齊二國)十五倍於陳朝，至大業二年(606)，南北總人口愈 4600 萬，其繁榮程度爲漢代以來之最(錢穆，2014)，甚至後世所謂盛唐猶難與之等量齊觀。南方雖較北方富庶，體量上則仍無法同北方相提并論，朝廷尚無需仰賴南方。因此，大運河的開鑿以及浙東運河的整治從結果上看仍只是爲後世所作的一種鋪墊，於當時尚體現不出其漕運價值，其直接後果反而是以其浩大的工程加重了民間疾苦。又因楊廣好大喜功，連年出征高麗失利，生靈塗炭，於是天下太平不久即民變、兵變四起。618 年，楊廣於江都(今揚州)行宫被弑。同年，隋將李淵於長安稱帝，建立唐朝。

唐朝大體沿襲北朝與隋朝的格局與政策，開國之初一系列政治措施可謂卓有成效，如於軍事上采取屯田制度(府兵制)，戰争所需不煩民間輸送，又於税收上行租庸調制(每年按人頭收取農業税二石，固定服役 20 日，此外依照各地情况上繳一定數量土特産)，可謂一心一意爲民置産。唐朝初期承隋末戰亂，國力空虚，李淵甚至臣事突厥。李世民時，君臣勵精圖治，政治清明，國力則仍顯不足，因此朝廷倡導節儉。李治弱君，不能秉承父志，武后時更是奸臣當道，内憂不斷，對外戰争亦連連失利，豪强兼併愈演愈烈，唐初善治遂息。明皇李隆基英武果敢，天下於是得享四十餘年長治久安，唐朝國力方臻於鼎盛。這一時期中國税收的重心仍在人口占多的北方。明皇天寶八載(749)，天下十道登記正倉、義倉、常平倉粟總和分别爲關内 814 萬 1298 石、河北 2102 萬 9894 石、河東 943 萬 4176 石、河西 112 萬 2368 石、隴右 51 萬 5664 石、劍南 209 萬 1878 石、河南 2246 萬 7641 石、淮南 561 萬 276 石、江南 832 萬 125 石、山南 608 萬 290 石(數據見錢穆，1996)，江南、淮南僅位列第四與第六，此時早於安史之亂僅 6 年，已是大唐國力之巔峰，安史之亂後，國力即急轉直下。

漕運問題真正開始困擾朝廷，應該到唐朝中期安史之亂以後，北方的戰亂和荒廢迫使南北漕運的壓力日益加重，甚至也限制了其後北宋的戰略布局(詳見本章第四節)。

2. 唐朝越州水利

唐朝時越州興修水利設施主要集中在前一百多年，與唐朝國運的興衰息息相關。

武后垂拱二年(686)，饒、括、越三州都督府長史楊德裔於永興、山陰兩縣交界處修築海塘，名爲“界塘”，或稱“後海塘”，今名“蕭紹海塘”。又《全唐文》卷一百九十五《常州刺史伯父東平楊公墓志銘》述其：

> 在會稽引陂水溉田數千頃，人獲其利，於今稱之焉。

《嘉泰會稽志》卷十《山陰縣・堤塘》記載蕭紹海塘云：

> 界塘在縣西四十七里，唐垂拱二年始築，爲堤五十里，闊九尺，與蕭山縣分界，故

曰界塘。

邱志榮,陳鵬兒(2014)考證唐朝時蕭紹海塘應爲土塘,至宋代後大部分改爲石砌。

明皇開元十年(722),會稽縣令李俊之主持修築會稽防海塘。防海塘又稱"東江塘""會稽塘""稱浦塘"。《新唐書·地理志》載:

(會稽)東北四十里有防海塘,自上虞江抵山陰百餘里,以蓄水溉田,開元十年令李俊之增修,大曆十年觀察使皇甫温、大和六年令李左次又增修之。

按:上虞江即今曹娥江,又名東小江。大曆十年,公元775年。大和六年,公元832年。

開元二十六年(738),於浙東運河最東端鄮縣析置明州(今寧波),設港從事對外貿易,主要面向日本、朝鮮、東南亞、阿拉伯等地。浙東運河由此成爲唐朝通向世界以及將世界引至唐朝的門户。明州港以整個浙江地區爲基地,主要向外出口絲綢和瓷器,成爲"海上絲綢之路"的起點。龐大的貿易需求刺激了生産,作爲明州港後方的越州在六朝的基礎上進一步成爲了唐朝絲綢和瓷器的製造中心。同時,與明州港的配合也帶動了西陵港的發展。便利的交通條件以及由此帶來的經濟繁榮,加以六朝以來積澱的大量自然、人文名勝,遂於唐朝中後期催生出"浙東唐詩之路"。

天寶十四載(755),明皇寵將羯胡人安禄山反,此後兵連禍結十數年不止,江淮以北生靈塗炭,民生凋敝,又北方藩鎮由此坐强,遂難爲朝廷所制,唐朝國力由盛轉衰。

唐朝繼承北朝傳統,行兩京制,西都長安居關内,爲主都,東都洛陽居關東,爲副都。關東物産之豐饒過於關内,而至長安運道不暢。關内豐稔,朝廷、皇家駐長安,尚可不煩關東運糧。關内饑,則長安難以自存,於是宫中、朝臣悉徙洛陽以就食,往來無常。一時數萬人或騎或行,首尾數百里相失,多有餓斃於道者,洵爲狼狽。國君亦有流連於關東之逸樂而不返長安者,如武則天(亦有政治之考量)。安史之亂,明皇倉惶幸蜀,肅宗臨危稱帝,戰亂迭起,北方從此一蹶不振,東西兩都間往返就食的模式亦難以爲繼。與此同時,江淮以南幾乎未受戰禍牽連,向之豐饒不減。錢穆《國史大綱》(1996)謂:

安史亂起,唐室遂專賴長江一帶財賦立國。直至以後河北、山東藩鎮割據,租税不入中央,唐室的財政命脉,遂永遠偏倚南方。其時則自江入河之漕運,尤爲軍國重事。(德宗時,緣江、淮米不至,六軍之士,脱巾呼於道。)

其時財政重臣劉晏改革漕運模式,提高由南至北的運糧效率。《資治通鑑》卷二百二十三載:

以太子賓客劉晏爲河南、江、淮以來轉運使……時兵火之後,中外艱食,關中米斗千錢,百姓挼穗以給禁軍,宫厨無兼時之積……自是每歲運米數十萬石以給關中,唐世推漕運之能者,推晏爲首,後來者皆遵其法度云。

當時甚至出現因江、淮米輸入中央太多,而使江、淮地區米價倍於京兆諸縣的情況。劉晏的漕運改革主要體現在分段運輸上,重點在於"緣水置倉",將江南漕糧集中於長江,再從長江北運至黄河,而長江以南的航運設施(如浙東運河、江南運河)因爲隋朝的整治以及東漢至六朝長期的經營而保持著良好的狀態,爲解唐朝的燃眉之急作出了巨大貢獻。隨著唐朝後期日益仰賴南方,漕運的需求使位於江南重點産糧區之一越州的浙東運河蕭紹段也日益受到朝廷的重視(與之形成對比的是浙東運河上虞以東段,其繁榮主要是因爲明州港對外商貿的帶動),運河各項設施改爲官辦,運河改稱"官河",渡爲"官渡",驛站爲"官站"。憲宗元和九年(814),孟簡出任岳州刺史,於次年在越州城開鑿新河,西起西小路河謝公橋,東至利濟橋接通府河,長約 810 米,與西興運河城區段平行,爲其分支運河,又沿河築街(新河弄),跨河建福禄、萬安、如意三橋(邱志榮,陳鵬兒,2014)。同時,孟簡主持整治西興運河,沿河修築縴道,稱"官塘"或"運道塘",并修整沿塘涵閘。縴道寬約 1 米,由石板砌成,長百里,大大利於縴行漕運。縴道留存至今,爲西興運河奇觀。至此,浙東運河蕭紹段設施已經完備,反因唐朝國力轉衰而進入其鼎盛期。

官塘古縴道遺址(紹興柯橋,胡月霞攝)

3. 大唐圖騰

唐朝發揚南北朝文化，文學大盛，尤以駢文、詩歌爲最佳，科舉參以音韻詩文取士（中唐以後而益重文學），朝野以詩名者不計其數。學術思想上，五經式微（初唐猶能沿襲北朝傳統，重視經學，晚唐乃此消彼長，日漸荒廢），道、佛二教大盛，社會風氣迥異於前朝後世，較之漢朝則浮誇有餘，比之宋朝亦沉潛不足。德宗貞元三年（787），以越、明、台、温、婺、處、睦、衢八州置浙東道，治越州。此八州山清水秀，人文積澱豐厚，加以物産豐饒，交通便利，吸引天下大批墨客來此流連。據統計，唐代知名詩人中曾游歷浙東者前後凡四百多人，出生於此地者逾四十人，於此隱居者二十多人，留下相關詩作一千餘篇（邱志榮，陳鵬兒，2014），鄒志方（1995）由此提出“浙東唐詩之路”。其中經浙東運河蕭紹段、鑑湖、曹娥江、剡溪而至石橋（石樑）登天台山者，《全唐詩》收載 312 人（方晨光等，2012）。蕭山爲該綫路之起點，山陰、會稽二縣亦爲其精華。孟浩然、王維、賀知章、李白、杜甫、白居易皆在此留下足迹，詩人而任越州刺史者即有獨孤竣、杜鴻漸、韓滉、賈全、楊於陵、孟簡、元稹、陸亘、李紳、高銖、元晦、楊漢公、李褒、李納、王龜等（邱志榮，陳鵬兒，2014）。

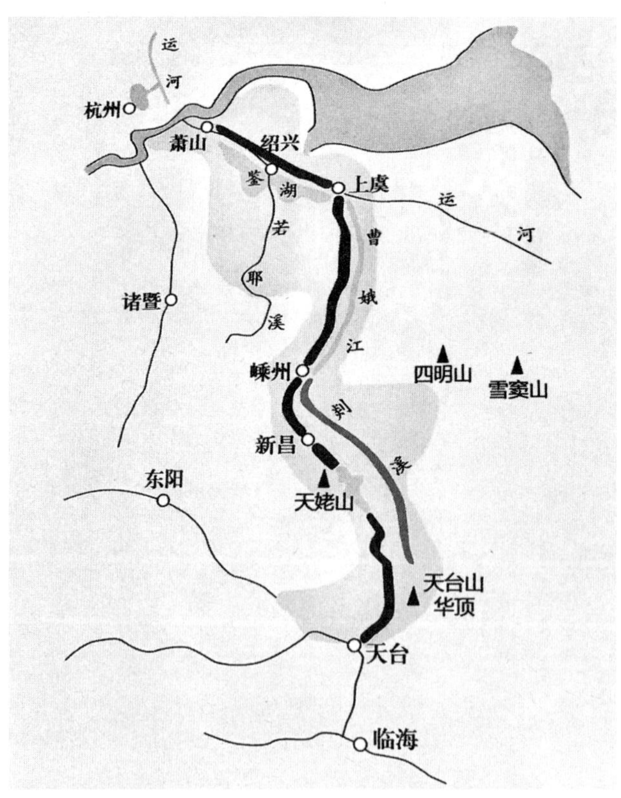

浙東唐詩之路（紹興博物館，胡月霞攝）

唐朝時期,浙江境内杭州與寧波兩座都市崛起。杭州在唐朝已成東南地區重要商港,與波斯、大食(阿拉伯)、高麗、日本開展貿易往來,并置"博易務"管理對外貿易(錢穆,2014),大運河上"骈檣二十里,開肆三萬室"(《全唐文》卷三百一十六),白居易《正月十五日月夜》所謂"燈火家家市,笙歌處處樓",其繁華已不遜於蘇州。寧波(明州港)之興起見前述,其時"海外雜國,時候風潮,賈舶交至",朝廷於此設"市舶司"管理對外商貿。一時中外人物薈萃,雲集浙江。

東漢時,佛教傳入中國,至南北朝大盛,且南朝對其尤爲癡迷,君臣朝野樂此不疲,杜牧《江南春》所謂"南朝四百八十寺,多少樓臺烟雨中"。隋唐時,日本即鋭意學習中國文化,不畏艱險,多次派遣學子、僧人泛海來華留學、求法,明州港即其主要登陸點,浙江的佛教乃至語言文化,更因此在日本生根立足。至今,日本漢字發音中仍有一套爲"吴音",即模仿中古時江南方音。

玄宗天寶二年(743),揚州大明寺住持鑑真和尚受日本使者邀請東渡,歷十載,五度失敗,隨行徒弟病死,其人又雙目失明,終於第六次成功抵達日本,於日本國都奈良主持建成唐昭提寺,開創日本佛教南山律宗。據趙朴初考證,鑒真和尚六次東渡,第三及第五次即由明州、越州出發(邱志榮,陳鵬兒,2014)。

德宗貞元二十年(804),日本僧人最澄與空海隨遣唐使抵達明州。其後,空海經浙東運河赴長安求法,歸國後創立日本真言宗。最澄則逗留天台、越州,後從明州出發歸國,創立日本天台宗。

這一系列文化現象已使大唐成爲後世中國乃至日本的圖騰,浙江以及浙東運河在其中亦扮演了重要的角色。

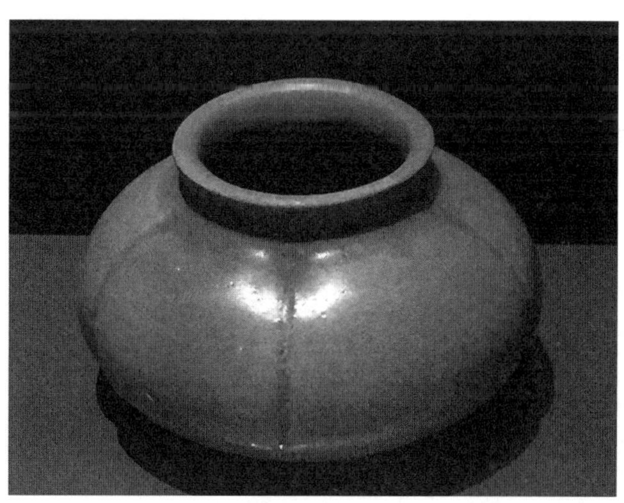

唐青釉水盂(紹興博物館藏,胡月霞攝)

第三節　吴越國的治理及對外交流

終唐之世，四方外族叛服無常，更有强敵如吐蕃、回紇者與唐朝勢均力敵，隨時爲寇。安史之亂後，天下鎮將以軍興坐强，朝廷常無可奈何，羈縻而已，至唐晚期，乃多擁兵自重，明奉天子，陰拒朝命，更相吞併，如春秋然。於是唐朝内憂外患，名存實亡。戰禍時起，則民心難安，無論朝廷號令所及抑或方鎮所領，賦斂無已，民不聊生，南北運道雖時有地方節度使維持（李志剛，2014），漕運亦不免荒廢。《舊唐書》載德宗貞元十五年（799）：

（三月）癸酉，令江淮歲運米二百萬石。雖有是命，然歲運不過四十萬石。

至憲宗元和（806—820）初年時：

江淮米至渭橋者纔二十萬斛。（《新唐書》卷四十三）

而大中年間（847—860），宣宗雖勵精圖治，江淮米至渭倉者亦僅有十餘萬斛（錢穆，2014）。

懿宗咸通九年（868），桂州戍卒龐勳率衆反，掠江南，江南漕運受阻，次年平亂。僖宗乾符五年（878），濮州人王仙芝等反，曹州人黄巢等應之。後三年，平王仙芝；僖宗中和四年（884），黄巢兵敗。當是時，江南亂，漕運遂絶。

僖宗乾符二年（875），臨安人錢鏐應董昌募，從軍平王郢亂，嶄露頭角，時年二十三。六年（879），黄巢軍進犯浙東，鏐設計於臨安挫其前鋒，杭州賴是得全。淮南節度使高駢奉命平亂，聞董昌與錢鏐勇，召見二人後表奏昌爲杭州刺史，鏐爲都知兵馬使。中和二年（882），越州觀察使劉漢宏率衆屯西陵，欲取杭州。鏐率所部潛渡錢塘江，襲漢宏，數戰數勝，漢宏僅以身免，遁還越州。光啓二年（886），鏐奉董昌命進取越州，大捷，擒斬劉漢宏。昌遂據浙東，鎮越州，以杭州予鏐。次年，浙江西道及淮南道兵變，鏐率軍平亂，得浙西道數州地。景福二年（893），昭宗拜鏐爲蘇杭觀察使、鎮海軍節度使、潤州刺史，鏐遂有浙江西道全境，發民夫及軍士築杭州羅城。次年，賜鏐同中書門下平章事，時年四十一。乾寧二年（895），董昌於越州稱帝，鏐往勸諫，爲陳禍福，昌謝罪。同年，昭宗拜鏐浙江東道招討使，封彭城郡王，命其進討董昌。次年，董昌被擒，赴西小江死。同年，賜鏐鐵券，恕九死。浙江東、西兩道遂大部爲鏐所有，鎮杭州（西府），以越州爲東府。天復二年（902），鏐進封越王。天祐元年（904），徙封吴王。907 年，朱温篡位滅唐，加封鏐爲吴越王。923 年，封鏐爲吴越國王，都杭州，領兩浙十三州（杭、越、湖、温、台、明、處、衢、婺、睦、秀、蘇、福,即今浙江、上海、江蘇東南部及福建東北部)。

與此同時,南方諸鎮紛紛稱帝建國,先後有吴(都廣陵,後徙金陵,4 主 47 年)、楚(都長沙,6 主 56 年)、閩(都侯官,7 主 53 年)、前蜀(都成都,2 主 35 年)、南漢(都番禺,5 主 67 年)、荊南(都江陵,5 主 57 年)、南唐(都江寧,3 主 39 年)、後蜀(都成都,2 主 41 年)、北漢(都太原,4 主 28 年),并吴越國(都杭州,5 主 83 年)凡十國。中原因長期戰亂後民生凋敝,加以南方漕運斷絶,已不足以維持割據政權,唐朝滅亡後,前後歷後梁(都汴,2 主 17 年)、後唐(都洛陽,4 主 14 年)、後晋(都汴,2 主 11 年)、後漢(都汴,2 主 4 年)、後周(都汴,3 主 10 年)五代。唐、宋之間這一段持續數十年的四分五裂期,史稱五代十國。

西興老街(胡月霞攝)

中原五代極其動蕩,國力耗竭,乏善可陳。南方十國國力相對充實,疆土雖狹,皆能存續數十年,其中尤以吴越國一枝獨秀,持續年數最長,最享太平,甚至於五代十國整體的衰世中能蒸蒸日上,造成此下千年至今江南地區於自然、人文各方面冠絶天下的局面。吴越國可謂六朝的縮小版再現,於前所未有的亂世之中在江南方寸之地人爲締造出一個後世難以想象的太平治世,前後八十多年,最後完成與宋朝的和平交接,可謂奇迹。在這一點上,吴越國君錢鏐居功至偉。

錢鏐世代微寒,起自行伍,與東吴孫權同爲浙人,對所領州縣有父老鄉土之深情,能知愛惜,且其人并無野心,所作所爲唯報國立功而已,遂至於封王拜相,而自始至終不曾稱帝,忠心耿耿事奉中原。錢王一生統領兩浙近四十年,殫精竭慮,以保境安民爲務,不厭其煩，以低調克己教子，以德服人，爲各國君王所推尊，咸不忍犯其境。其後繼者皆能與民休息。蘇軾《表忠觀碑記》云：

> 三世四王，與五代相終始。天下大亂，豪傑蜂起。方是時，以數州之地盜名字者不可勝數，既覆其族，延及於無辜之民，罔有孑遺。而吴越地方千里，帶甲十萬，鑄山煮海，象犀珠玉之富甲於天下，然終不失臣節，貢獻相望於道。是以其民至於老死不識兵革，四時嬉游，歌舞之聲相聞，至於今不廢。其有德於斯民甚厚。皇宋受命，四方僭亂，以次削平。西蜀、江南（按：指長江以南，非今江南之謂），負其嶮遠，兵至城下，力屈勢窮，然後束手。而河東劉氏百戰守死，以抗王師，積骸爲城，釃血爲池，竭天下之力，僅乃克之。獨吴越不待告命，封府庫，籍郡縣，請吏于朝，視去其國如去傳舍，其有功於朝廷甚大。

且其後人亦多能恪守家訓，成名成家者不勝枚舉。今日錢氏仍爲江南一等大姓，才俊輩出，傳數十世至今而鋭氣不衰，爲其後歷朝歷代所重，於天下君王世家中可謂絶無僅有，亦堪稱奇迹。

錢王重視農業生産，積極修繕基礎設施。910年，發軍民於杭州錢塘江北岸築捍海石塘，爲中國以石築塘之始；又築西興海塘（方晨光等，2012）；此外，設撩湖軍，開浚錢塘湖，引湖水爲涌金池，通運河；并設撩水軍疏浚太湖，以利沿湖地區灌溉；置都水營田使，專以治水；雇民夫治河築堤；芟除錢塘湖野草；開闢松江荒土：一系列措施致使國富民足。其時，江浙米價每石不過數十文（可對比其後北宋范仲淹任蘇州知府時，江浙米價每石不下六七百文，甚至高達千文）（錢穆，2014）。

值得一提的是，吴越國對浙江水利設施的建設并不主要涉及浙東運河。事實上，唐朝後期的南北漕運反映的是一種北方寄生於南方的政治行爲，寄生輕，則漕運不興，寄生重，則漕運始盛。唐朝中後期西興運河作爲官河所受到的重視，主要并不是爲了滿足本地經濟生活的需要。因此，隨著唐末南北政治往來的基本斷絶，江南自立爲國，對浙東運河漕運功能的需求自然相應降低。吴越國對浙東運河始終無太大創闢，一方面是因爲運河的設施在唐代已臻完善，另一方面也是因爲當時的運河已經與本地的經濟發展相脱離。後世運河的興衰，更多反映中央王朝的需求，而不完全是越州本地的社會經濟狀況。這一點已截然有别於唐朝之前。

吴越國居江南富庶之地，於經濟文化上，五代十國中無出其右者，又有河渠、海港舟行之便，於是廣泛開展對外商貿交流，與新羅以及東北渤海國相往來，爲其行制策，加封爵，儼然中國天子。同時，唐朝滅亡後日本幾乎失去所有邦交國，吴越國也爲其打開了通向中國的唯一窗口（阪本太郎，2008）。當時，杭州、越州、明州與日本來往頻繁，浙東運河於其中發揮了重要作用。對於這些與中國隔海相望的鄰國而言,唐、宋之間數十年,吴越國才是正統中國的代表。

960年,後周將領趙匡胤陳橋兵變,受禪稱帝,建立宋朝,此後致力於攻滅各國,在位16年。宋太宗太平興國三年(978),吴越國王錢弘俶秉承錢王低調恭謹事奉中原以及保境安民的遺志,"納土歸宋",主動交出千里之地,保數百萬父老免遭戰禍,爲其鄉土作出最後的貢獻。宋朝遂再度統一天下。

第四節　兩宋的輝煌

1. 江南水利

孟德斯鳩在《論法的精神》(2012)中指出,世界上有三個地區幾乎完全因爲當地人的勤勞(而非自然條件的得天獨厚)而實現了高度的繁榮。這三個地區,一處是荷蘭,一處是埃及,還有一處是江南省(大致包含今日的浙江、江蘇和安徽)。錢穆在《國史大綱》(1996)中對五代以降江南人的辛勤墾殖(主要是水網的建設)作了細緻的描述:

> 所謂江浙水利,并非自始即爾,乃由人事上不斷的精心努力所造成。五代吴越建國,有專務治水的專官,名"都水營田使"。募卒四部,於太湖旁,號"撩淺軍",亦謂之"撩清"。凡七、八千人,常爲田事,治河築堤。一路徑下吴淞江。一路自急水港下澱山湖入海。居民旱則運水種田,澇則引水出田。又開東府南湖(即鑑湖),立法甚備。當時有以治溝洫過勞叛變者。又撩兵千人,專於錢塘湖芟草浚泉。又營田卒數千人,以淞江闢上而耕。定制墾荒田不加税,故無曠土。米一石,價不過數十文。

致使吴越國在五代十國中富甲天下。入宋朝後,江南的水利治理已有鬆懈,而吴越國的精心經營仍能確保整個江南在後世三百餘年間風調雨順,不見水患。錢穆《國史大綱》(1996)引元代任仁發《水利集》云:

> 錢氏有國一百有餘年,止天福年間一次水災。宋南渡一百五十餘年,止景定間一、二次水災。蓋由當時盡心經理,其間水利當興,水害當除,合役居民,不以繁難;合用錢糧,不吝浩大。又使名卿重臣,專董其事。又復七里爲一縱浦,十里爲一横塘。田連阡陌,位位相承,悉爲膏腴之産。遂使二、三百年之間,水患罕見。

北宋初期,吴越國"納土歸宋",宋以其地設兩浙路,遂與淮南并爲天下主要産糧區。

《宋史·食貨志》載：

太平興國初，兩浙既獻地，歲運米四百萬石。

其對江南的依賴度已遠高於晚唐。宋朝懲晚唐鎮將擁兵自重之弊，收四方兵權，集於中央，又廢屯田，行募兵制，一切軍需仰賴朝廷，漕運遂成軍國命脉。宋朝雖欲重導天下歸於正軌，亦不得不圖一時漕運之便，最終放棄還都長安與洛陽的打算，因循五代，定都汴梁四通八達之地，遂置京師於無險可憑之境，爲一百六十餘年後的靖康之變埋下禍根。

北宋依賴東南財賦，收取江浙及淮南地區重税，僅圖利用，不知愛惜，遂使農政不修（錢穆，2014）。景祐元年（1034），范仲淹知蘇州，上奏仁宗：

江南舊有圩田，每一圩田方數十里，如大城。中有河渠，外有門閘。旱則開閘，引江水之利；潦則閉閘，拒江水之害。旱澇不及，爲農美利。又浙西地卑，雖有溝河可以通海，惟時開導，則潮泥不得以堙之。雖有堤塘可以禦患，惟時修固，則無摧壞。臣知蘇州日，點檢簿書，一州之田係出税者三萬四十頃。中稔每畝得米二、三石，計七百余萬石。東南每歲上供數六百萬石，乃一州所出。臣詢訪高年，云曩時兩浙未歸朝廷，蘇州有營田軍四部，共七、八千人，專爲田事，導河築堤以減水患。於時錢五十文，糴米一石。皇朝一統，江南不稔，則取之浙右；浙右不稔，則取之淮南；故農政不修。江南圩田，浙西河塘，大半隳廢，失東南之大利。今江浙之米石不下六、七百，足至一貫者，比當時貴十倍。（轉引自錢穆，2014）

其時蘇州水患嚴重，范仲淹治水有功。

至南宋時，中原人隨朝廷播遷至江南膏腴之地，使江南外來人口一時多於土人，北方貴胄乃競相吞併江南耕地，以至於置水利設施於不顧，紛紛圍湖墾田。蕭紹平原的臨浦、湘湖、漁浦以及鑑湖即堙廢於兩宋時。南宋晚期理宗淳祐六年（1246），謝方叔言：

國家駐蹕錢塘，百有二十餘年。權勢之家日盛，兼併之習日滋。百姓膏腴，皆歸貴勢之家。租米有至百萬石者。小民百畝之田，頻年差充保役。官吏誅求百端。不得已則獻其産於巨室，以規免役。小民田日減，而保役不休。大家田日增，而保役不及。以此兼併寖盛。

儘管南宋因爲京畿所轄，性命攸關，對江南農田水利的經營較之北宋更爲用心，却并不能有效遏止小民、豪强爲謀私利而侵占、敗壞公共設施。南宋亡於蒙古後，蒙古人更不諳農事，雖置勸農之官，對江南水利設施則實可謂棄之不理。政事不修，則禍難隨至，水政不理，則旱澇因之。《水利集》謂：

以爲浙西地土水利，與諸處同一例，任地之高下，任天之水旱，所以一二年間，水患頻仍。

逮明朝建立，江南之税獨重，加以社會活力不復如吴越及兩宋時，江南農政雖時有作爲，前代之盛，殆難再見。《明季北略》卷四載崇禎元年(1628)，

温體仁奏曰："職鄉浙江杭、嘉、湖、寧、紹、台、嚴七府，自先年七月二十三等日，龍門海嘯，風雨飆至，波浪翻空，飄瓦飛磚，拔木掩棟，勢若千軍之沓至，聲如萬鼓之齊鳴，火光燭天，凡七晝夜。沿海居民及低窪近水之處，男女老幼淹没飄流，總計十餘萬，或抱石屍沉，或觸木屍碎，或手足交牽而下，或廬舍相蔽而來，或婦不知夫，或母不知子，或一族三百餘口襁褓不留，或一村數百餘家烟火俱絶。海塘盡潰，一望洪流，舟航遍乎陸地，魚鱉游於人家。米價騰貴，奸民乘間爲盗。父老皆云二百餘年未有之變。"

歸根結蒂，水患皆由人事之不盡(見錢穆，1996，論黄河水患)。

2. 北宋

吴越國時，錢塘江岸出現北移的迹象。《吴越備史》卷一載910年錢鏐築捍海塘：

初定其基，而江濤晝夜衝激沙岸，版築不能就。

可見當時江道北逼，築土塘不成，不得不改築石塘。西興堰外江面泥沙沉積，退潮後留下大片灘塗，阻塞運河出入錢塘江(邱志榮，陳鵬兒，2014)。至北宋時，錢塘江河口段河床形成沙坎群(沙灘)，造成江水激流，更爲過往船舶帶來觸礁之風險，於是，唐朝以來杭州至明州的錢塘江航綫衰落，轉而專門依賴浙東運河。《嘉泰會稽志》卷十九引燕肅《海潮論》云：

故海商舶船怖於上潭，惟泛餘姚小江，易舟而浮運河，達於杭、越矣。

唐代中期以前，北方農田水利設施完備，自然環境極佳，《詩經》所謂"蒹葭蒼蒼，白露爲霜。所謂伊人，在水一方"。華夏人數千年精心耕耘，無天災時，能保豐衣足食，其糧食産量遠高於南方(見本章第二節)。唐中後期藩鎮割據，繼之以五代兵爭，民生凋敝，農政荒廢，又屢屢決水行軍，肆意破壞。至北宋時，北方水網已整體被毁，從此積重難返，一蹶不振。唐以前數千載，黄河爲中國之利，宋以後一千年，黄河成中國之害，可證國運之變。於是北宋漕米多賴南方，以江西及江浙爲最，而且當時朝中人才亦南多於北，是爲中國南北一統的朝代中首次在文化上出現南勝於北的局面，此下元、明、清、民更愈演愈烈。

北宋對江浙的經營顯然不如吴越國用心,經濟上僅知利用東南的富庶,水利上則往往僅沿用唐朝及吴越國的設施而不加修繕,致使江浙米貴,水患頻發。北宋早期,朝廷有開疆拓土、收復失地之志,却因軍制之失,對契丹、西夏等外敵屢戰屢敗,遂轉而對外求和,對内休養生息,一意發展文化、經濟,於是百姓承平,人口急劇繁衍(宋朝人口在中國歷史上首次過億)。吴越國“納土歸宋”時(978),江浙十三州一軍八十六縣,總計5506800户。北宋元豐三年(1080),兩浙路十四州七十九縣,主户1446406户2605484人,客户383690户618215人,居天下四京十八路之冠(錢穆,1996)。一百年間,江浙户口增加至原先的3倍有餘,於是人多地少的問題開始顯現。蕭紹平原本爲江浙人口密集之地,土地問題尤爲突出,於是小民及富户對當地衆多湖泊展開圍墾,蕭山的臨浦、湘湖、漁浦三湖於北宋相繼萎縮、堙廢,山陰、會稽的鑑湖也被大規模蠶食(如越州太守王仲嶷爲取悦徽宗,下令大肆圍墾鑑湖,以所得湖田税收入皇家私帑),至南宋堙廢(邱志榮,陳鵬兒,2014)。

北宋末年,學者楊時(號龜山先生)任蕭山縣令。政和二年(1112),楊時主持重修湘湖,以其北部水閘湫口穴通西興運河,湖河相濟,泄溉兩宜(方晨光等,2012)。

其時,宋與金合謀滅遼,隨即與金人發生衝突。靖康二年(1127),金人攻入汴京,俘虜太上皇徽宗、皇帝欽宗及皇室、官員、百姓等十多萬人北去,史稱“靖康之變”,北宋滅亡。

3. 南宋

“靖康之變”後,金人初無吞併宋朝之準備,欲立傀儡,不料徽宗第九子趙構於應天府即皇帝位(宋高宗),都揚州,以避金兵。後二年,金兵南下襲揚州,高宗倉皇渡江幸杭州,并向金兵求和。金兵隨後渡江追擊,高宗渡錢塘江由西興運河幸越州,又由運河至明州入海,自定海(今舟山)至温州。次年,金兵退,高宗由海上返越州。紹興元年(1131),改越州爲紹興府。二年(1132),正式遷都杭州(臨安府),是爲南宋。

錢穆《國史大綱》(1996)引紹興五年(1135)屯田郎中樊賓言:

> 荊湖、江南與兩浙膏腴之田,彌亘數十里,無人可耕。中原士民扶携南渡幾千萬人。若使流寓失業之人,盡田荒閑不耕之田,則地無遺利,人無遺力,可資中興。

可證當時北方南逃至江浙者人數之衆,總數接近一千萬,其後更有北人逃脱金人掌控,陸續越境奔宋者(如辛棄疾)。由於杭州被選作南宋國都,兩浙成爲京畿,南遷北人多數被就近安置在江浙一帶,遂使東南一時人口激增,《建炎以來繫年要録》所謂“四方之民,雲集二浙,百倍常時”。於是,一方面,土地與灌溉需求量劇增,而另一方面,蕭紹平原以往爲數衆多的湖泊在北宋時已被大規模圍墾,至此時,淡水儲量不復如前。在這種背景下,南宋時蕭紹地區發生了蕭山的浦陽江借道西小江與紹興的鑑湖堙廢兩件可謂“飲鴆止渴”的大事。

北宋時,浦陽江流經蕭山臨浦、磧堰山口、義橋、峽山頭、漁浦,由南至北入錢塘江。南宋初期,於磧堰山口築堰壩(磧堰),阻斷下游江水,迫使浦陽江借道東北經錢清江(西小江)入後海(杭州灣),以利蕭紹平原取水灌溉,直至明朝中期重開磧堰,浦陽江下游方得復歸故道入錢塘江(見第五章第二節)。蕭紹運河(西興運河)原與錢清江交匯,北宋時於交匯處有堰,設牛埭,又於江上架浮橋以通人。至浦陽江下游借道錢清江後,錢清江水量增加,河道變寬,水流變急,於交匯處出現了運河水高出錢清江水三米多的水位差(《思陵録》所謂“運河午貫其中,高於江水丈餘”)。由於錢清江下游常有杭州灣海水倒灌,運河的淡水不宜外泄入錢清江,否則不利於灌溉,於是,嘉泰元年(1201),又於交匯處新建錢清南堰與北堰,設牛埭,置堰營,派堰兵守衛,南、北營額各五十人,爲浙東運河所有堰營中額員最多(邱志榮,陳鵬兒,2014)。新堰未建時,錢清堰爲浙東運河中最爲險要的堰渡之一,南宋周必大《思陵録》卷二載淳熙十五年(1188)高宗梓宮由臨安取道西興運河經錢清堰至紹興下葬云:

乙卯,晴,朝臨訖,行三十五里至白鶴橋食頓,又十五里至錢清北閘,尚早晡,臨訖,留候潮應。錢清江者,東自三江口來,西過諸暨約三十餘里,闊十餘丈,運河午貫其中,高於江水丈餘,故南北皆築堰止水,别設浮橋度行旅。大舟例剥載,小舟則拖堰而過。往歲祐陵之役,南北爲閘,俟潮水與連河適平,乃啓閘泄水。其後雖强爲閘,而沙泥易壞。運副趙不流初議盤剥,無何,頓遞使洪邁前奏:“恐内人等登車暴露,但當減節閑之舟。”上徑批依。紹興帥張杓深憂梓宫涉橋危,雖頗拆民居陰爲之備,終不敢任責。至是潮水平慢,日暮猶低四尺,漕遷延不敢開閘。杓窘甚,密餌御舟篙梢,乃以爲可過。漕令責狀,舟人笑曰:“踈脱立死,何以狀爲?”於是與主管官内侍都知劉慶祖等議,止放梓宫船。閘開,水勢奔注,久之方稍緩。兩岸以索牽制,令水手扶輿而過。將達南岸,而大升轝不受約束,相繼而往,微觸御舟,賴篙梢善其事,遂得入閘。轝舟不能入,横於南岸。册寶又往,江流湍急,舟人力不能加,直衝其腰簮,幸轝不損耳。既而虞主亦來,江水滋急,復衝册寶腰簮,勢尤可畏。不流頓足垂涕,欲赴水。予約蕭參及宇文步導梓宫舟至錢清鎮宿頓。册寶幸無他,惟腰舁脚并竿杖各損其一,乃招帥、漕令語劉慶祖具奏。慶祖等初不知其詳,欲抹殺其事。予不可,竟以奏。夜宿薛氏店。

可見當時過堰情狀:大舟不得過,例須剥載(即分裝貨物於小舟),“小舟則拖堰而過”,又因水勢變幻不定,舟與舟發生觸碰,險成大禍,終因衆人沉著應對而有驚無險,其間運使趙不流憂懼慟哭,甚至想投江一死了之。錢清新堰建成後,規模較舊堰爲大,一直使用到明朝中期,浦陽江下游復歸舊道後廢棄。

鑑湖灌溉紹興兩縣,面積廣闊,儲水量大,一時圍墾,可見效益極佳。然而所得者固小,所失者終大。正因爲鑑湖規模巨大,將其堙廢成田後所失去的水利效益將無以彌補。吴越國時,雖已有小民圍墾,政府猶能嚴加管理,疏挖淤泥,整治堤防,修建涵閘,禁民盜湖。曾鞏《越州鑑湖圖序》所謂"錢鏐之遺法最詳,至今尚多傳於人者"。北宋時,中央朝廷不關心,地方政府不作爲,甚至官府帶頭"廢湖爲田"(如前述越州太守王仲嶷)而自以爲得計。北宋早期即有頭腦清醒的官員主張廢田還湖,如景祐三年(1036)越州知州蔣堂、嘉祐八年(1063)越州知州張伯玉、熙寧二年(1069)越州通判曾鞏。至南宋時,時局劇變,豪强盜湖爲田與鄉民私自放水已難以遏止。紹興二十九年(1159)高宗語宰相王綸曰:

> 往年宰臣嘗欲盡乾鑒湖,云歲可得十萬斛米。朕謂若遇歲旱,無湖水引灌,即所損未必不過之。(《宋會要輯稿》方域十七之二十五)

可謂有先見之明,然而并未能扭轉鑑湖的頽勢。乾道元年(1165),朝廷索性:

> 詔:"紹興府開濬鑑湖,除……放生池水面外,其餘聽從民便,逐時放水,依舊耕種。"(《宋會要輯稿》食貨八之七)

鑑湖終於堙廢(次年乂議廢湘湖,因蕭山縣丞趙善濟痛陳利害,事遂寢)。邱志榮(2012)統計,北宋166年間,紹興有記載的旱災1次,水災7次;南宋143年,旱災16次,水災38次,已數倍甚至十數倍於前。其時紹興府簽判王十朋及其後慶元二年(1196)會稽縣尉徐次欽均撰文呼籲恢復鑑湖,仍於事無補。

唐朝中後期,杭州灣南岸山會海塘的修築和增修已在一定程度上分擔了鑑湖的蓄淡、灌溉以及釋鹹功能,至明朝時,建三江閘,山會海塘全綫封閉,蕭紹平原内河運河水系形成,鑑湖的堙廢才不至於造成後世紹興地區水利上的灾難。然而陸游所謂"自漢無旱蝗"的太平紹興終已隨鑑湖的消失而一去不返。

鑑湖堙廢,湖内外水位差消失後,原東湖以下的山陰故水道出露,再次成爲浙東運河的會稽段(紹興城東至上虞)。其後,同樣因爲水位差的消失,臨湖水城門都賜(宋代稱"都泗")堰、東郭堰、南堰、陶家堰等擋水堰壩失去作用,反成障礙,遂漸次廢棄,至明朝山會海塘封閉後完成全部拆除過程。於是,沿紹興府城周邊形成環城西河、環城南河及環城東河,與城内運河相溝通。紹興城遂有城内自迎恩門至都泗門與城外迎恩門外至五雲門外兩條運河航綫，爲明代形成蕭紹内河運河水系奠定了水道基礎（邱志榮，陳鵬兒，2014）。

《宋史·食貨志》謂兩浙：

> 大抵南渡後，水田之利富於中原，故水利大興。

南宋因爲定都杭州，一反北宋大體上聽之任之的態度，對蕭紹平原水道的治理可謂不遺餘力。

紹興元年（1131），因淤積嚴重，全面修浚都泗堰至曹娥塔橋段運河及夾塘（運河南北岸堤塘）。

乾道三年（1167），因錢塘江北移，疏浚西興至大江沙河二十里，并浚閘裏運河三十里，便通綱運，又專置一吏撈西興沙河，并撥五十名士兵專浚沙浦（見《宋史·河渠志》）。

運河西興段今貌（胡月霞攝）

開禧年間（1205—1207），紹興知府趙彦倓修復山陰海塘，并築西小江塘（《宋史·趙彦倓傳》稱"築捍海石塘"）。

嘉定十四年（1221），紹興知府汪綱主持大規模修整紹興府城城牆、城門、河、湖、街、坊，重新規劃并修建城内道路、河道及橋梁，紹興城内厢坊、街衢、河渠的格局最終定型，延續至民國。其中南宋時所建紹興城内橋梁多有留存至今，位於浙東運河上者即有八字橋、廣寧橋、古小江橋等。同年，汪綱又對城外西興運河展開疏通，以自籌與上補相結合，斥資一萬三千貫，清除潮泥，并全面修整運道塘（古縴道），使運河上：

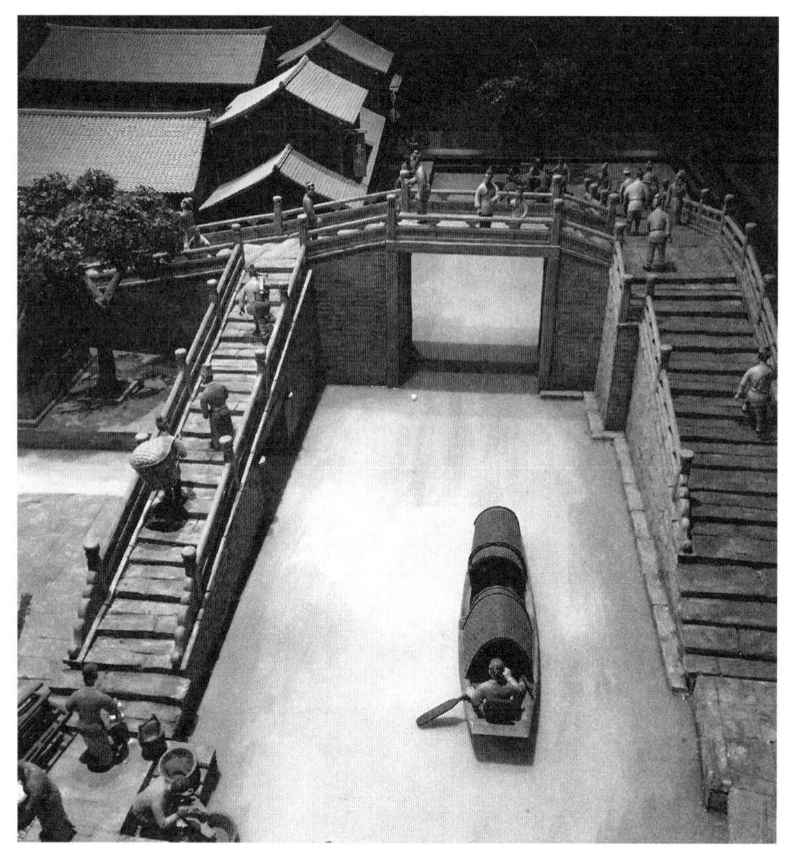

八字橋模型(紹興博物館,胡月霞攝)

> 徒行無褰裳之苦,舟行有挽綍之便,田有畔岸,水有儲積,其利已博矣。(《寶慶會稽續志》卷四)

三年後,汪綱又疏浚西興堰外沙河,開浚八千余丈,於江口建閘,防淤泥入運河及運河水外泄(見《宋史·汪綱傳》),并以五萬餘樁條於閘外修沙路,以濟行人。

其時,浙東運河已升格爲南宋的國家級航道(邱志榮,陳鵬兒,2014),其漕運功能再次凸顯,浙東漕糧運至杭州須由運河,而東南沿海地區(如福建、兩廣等)的漕糧及貢物也往往由海路運抵明州後再經浙東運河至國都,或者由明州經後海(杭州灣)至紹興,再入西興運河至杭州(前述紹興至杭州的錢塘江航綫自北宋時已絶)。西興運河成爲南宋的經濟命脉,再次迎來輝煌,且其繁榮與重要性更遠勝於唐朝中後期。當時運河運送的不僅限於漕糧,還包括軍隊、軍需品、御用品、帝后梓宫、外商貨物、外國使節等(邱志榮,陳鵬兒,2014)。浙東運河東端的明州港繼續發揮唐朝及吴越國時對外交流的功能,主要面向日本、東南亞及西亞諸國。南宋政治相對寬鬆,文化繁榮,國民生活安定,國力昌盛,經濟實力雄厚。有國力作背書,南宋商品行銷全世界,浙東運河功不可没。令今人難以想像的是,在當時,宋朝銅錢本身以其上乘的品質和可靠的信用,成爲南宋出口貨物中最受各國歡迎的一款商品,各國爭相流通宋錢,日本歷史上甚至因此而極少自主鑄行本國貨幣(阪本太郎,2008),當時南宋的市井情態可見一斑。浙東運河沿途地區也因此受益,任意一個貨船集散地都能形成興旺的集鎮,如明末顧炎武《天下郡國利病書》卷八十五《會稽縣》引《浙江通志》載:

> 且又往時運道,一在湖中,一在江海上。在湖中者,東自曹娥循湖塘,經城南至西興;在江海上者,宋都錢塘時,凡閩廣漕運入錢塘者,必經紹興北海上。凡塘下泊處,輒成大市。今皆廢矣。

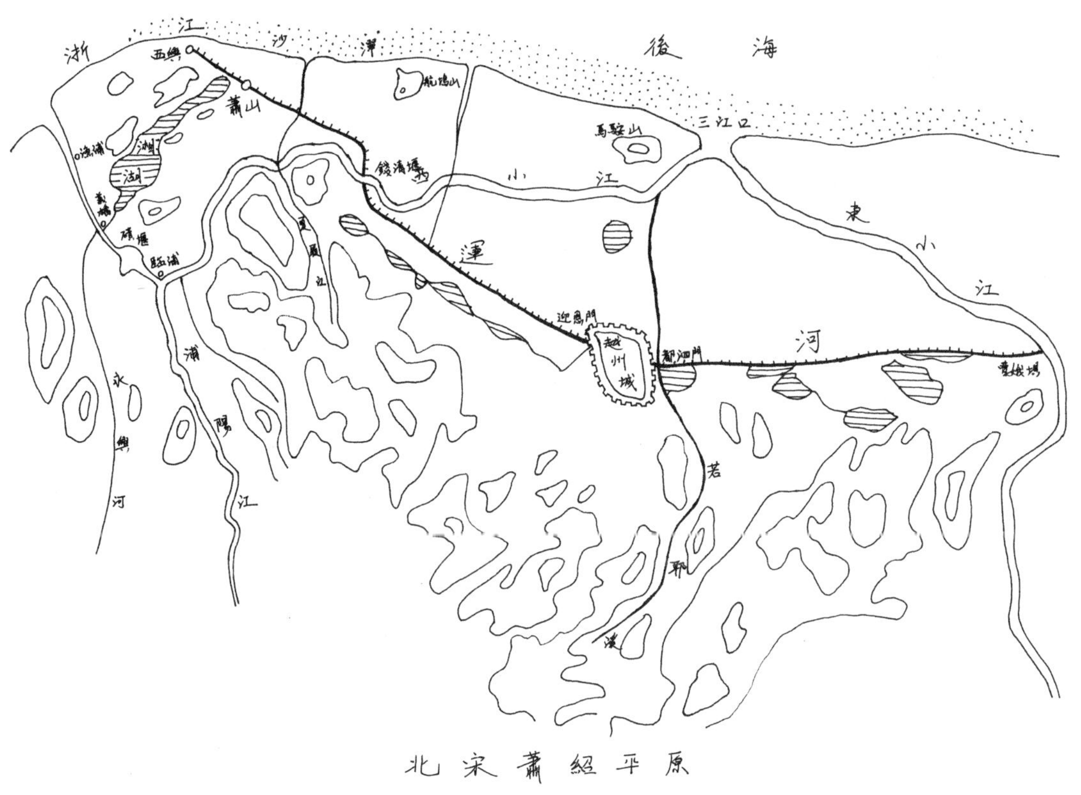

北宋蕭紹平原圖(吴斌繪)

第五章　存續：近古至今時

第一節　元朝

端平元年(1234)，南宋聯合蒙古，出兵攻滅金國，隨後與蒙古交惡。次年，蒙古大舉南侵，宋朝軍民殊死抵抗，蒙古不得進。此後蒙、宋相持四十年，蒙古一籌莫展，雙方損失慘重。咸淳九年(1273)，襄陽失守，此後宋軍節節敗退。景炎元年(1276)，蒙古軍攻入臨安，俘宋恭帝。南宋朝廷一路南奔。祥興二年(1279)，宋軍在廣東崖山海面與蒙古决戰，宋軍戰敗，宰相陸秀夫親負八歲少帝投海殉難，皇室八百餘人及軍民十餘萬人亦赴海殉國。

北宋是中國第一個人口過億的朝代，金人入侵，北宋損失慘重，北方户口十不存一，南方損失亦不下千萬人。紹興五年(1135)，南宋僅存約 1086 萬户 5650 萬口。嘉定十六年(1223)，在籍有 12670801 户 28320085 口(馬端臨《文獻通考》卷十一)，考慮到隱户，實際應爲 1550 萬户 8060 萬口左右(吴松弟，2000)。

元朝時，疆域數倍於南宋，而全國僅有 12831269 户(北方 1435360，南方 11395909) 56386886 口(北方 4558235，南方 51828651)(錢穆，1996)，可證四十餘年南宋抗蒙，傷亡之慘烈。此後直至清乾隆初年，五百年間，中國人口再未恢復至宋朝規模。且元朝時北方户口已僅爲南方的十分之一(可對比：唐朝天寶元年北 493 萬户，南 257 萬户；北宋元豐三年北 459 萬户，南 830 萬户)，可見遭金、元兩度屠戮後，北方已徹底敗壞，從此一蹶不振。

蒙古人不事稼穡，税收全賴漢民，而中國北方人口凋零，農田水利整體荒廢，糧食唯有仰給於南方，其中尤以江浙爲最。錢穆(2014)統計，元政府歲收中國各地糧總計 12114704 石，其中江浙 4494783 石(占天下總數之 37.1%)。

宋朝以前，統一王朝或都長安(秦、西漢)，或都洛陽(東漢、西晋)，或兼兩都(隋、唐)而終不近海。北宋有西(洛陽)、東(開封)、南(應天)三京，而以東京爲主，各都亦不近海。因此中國王朝一向對海運不感興趣，也因此而有了早於世界其他地區的人工運河體系：

事實上,發達的運河體系所反映的正是一種内陸國家思維,中國各個南北一統的大王朝對東部綿長的海岸綫幾乎一致采取了一種視而不見的態度。蒙古人建立元朝後,忽必烈定都於近海的大都(北京),且朝廷中多阿拉伯、波斯等擅長航海的胡人,影響元朝國政。於是,元朝首次在中國嘗試性地建立起一個以海運爲主的南北漕運體系。錢穆(2014)叙述元朝海漕云:

> 元代海漕以 30 隻船爲一綱,以大都船 900 餘艘,運漕米 300 餘萬石,有船户 8000 餘户。每綱設押官二名,行船時招募水手,先在揚州受訓,設專官加以教習。元世祖至元二十八年,曾海運 250 餘萬石,其後增運至 350 餘萬石。

可見其海運規模大體已經達到北宋運河漕運的規模,唐代則更完全無法望其項背,於是運河漕運遂幾乎廢棄不用。

浙東運河因漕運而興,則終將因漕運而衰。元朝改行海漕後,運河被剥除其首要功能,再度轉爲地方民用爲主,元政府對其不再加以特殊關注,無甚作爲,只因明州港的對外貿易功能仍在,運河尚能保持基本的活力。

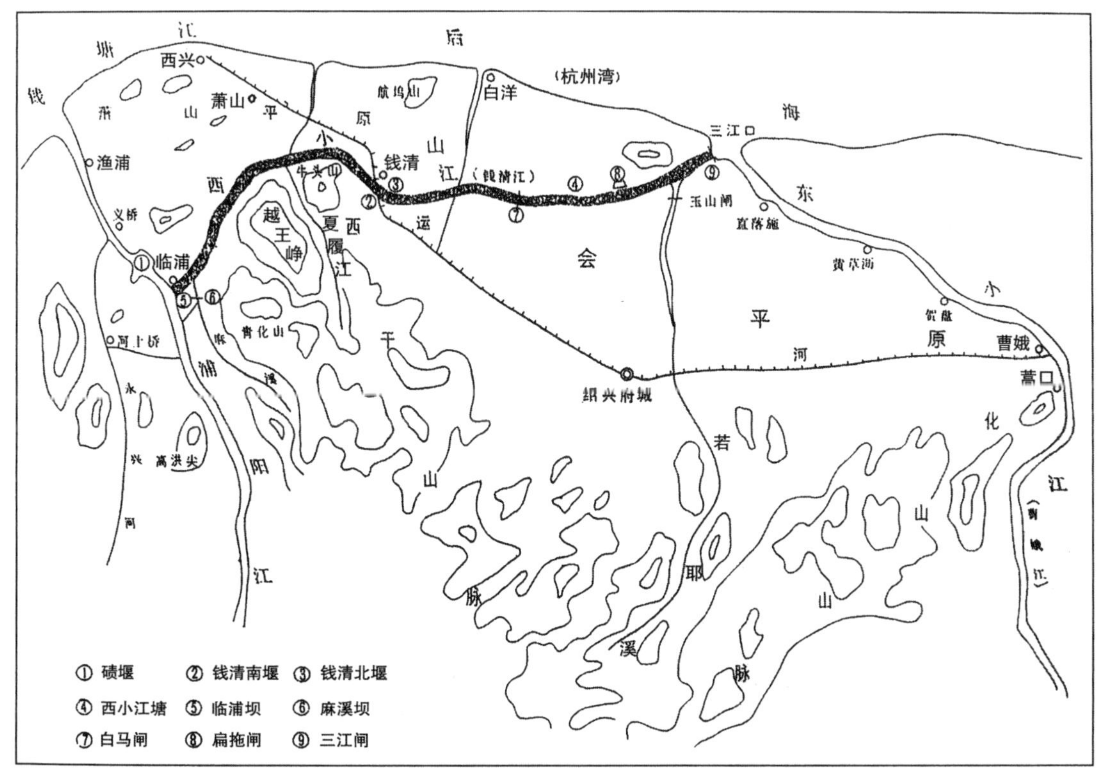

南宋初至明嘉靖浦陽江改道錢清江示意圖(據邱志榮、陳鵬兒,2014)

第二節　明朝

元朝近百年，政治混亂，至後期，民變四起。1353 年，泰州興化鹽商張士誠率衆起兵反元，此後逐步控制江南地區，建立政權，國號周，都蘇州，其疆域南至紹興。張士誠政權無野心，能與民休息、爲民置産、穩定經濟、振興文化，保江南不受元末亂世荼毒，於江浙深得民心。1366 年，朱元璋在逐步兼併各路反元武裝後集結大軍進攻張士誠政權。次年，張士誠力戰不敵，被俘自縊。1368 年，朱元璋稱帝，國號明，都南京。同年，攻克元大都。

明朝早期行屯田（衛所制），類似唐朝府兵制，財政壓力較宋朝爲輕（宋朝行募兵制），國家崇尚輕徭薄賦，然而由於政治欠佳，總體狀況雖好於元朝，社會活力却已難及宋朝。終明之世，南北（兩京十三布政使司）人口再未恢復至宋朝水平，經濟、文化亦遠不如宋。明朝盛期，人口不過六千萬——承平三百年後仍不過與元朝時期持平。如萬曆六年（1578），北方（山東、山西、河南、陝西、北直）共 3421256 户 24944025 口，南方（浙江、江西、湖廣、福建、四川、廣東、廣西、雲南、貴州、南直）共 7200180 户 35748831 口，南北合計 10621436 户 60692856 口（錢穆，1996），較之元朝，北方有顯著恢復，而南方反而出現大規模衰退（浙江人口僅占全國 8.5%，南直 17.3%）。儘管如此，明朝對南方漕糧的需求不減。同年全國實徵夏税秋糧總數，北方夏税 293 萬 3831 石、秋糧 694 萬 6978 石（合計 9880809 石），南方夏税 167 萬 1669 石、秋糧 1508 萬 6174 石（合計 16757843 石）（錢穆，1996），南方占全國總數（26638652 石）的 62.9%，其中浙江占 9.5%，南直占 22.57%。即意味著明朝後期國力全盛（以及北方已顯著恢復）的情況下，東南江浙皖仍須以全國四分之一的人口納天下三分之一（以及南方之半）的税糧，其中以蘇州、松江、常州三府尤重。而明朝早期，北方尚未恢復，北京朝廷甚至全賴南糧（永樂時南北糧比約爲五比一，見錢穆，2014）。

明朝漕運每年定額在 300 萬至 500 萬石之間，與北宋、元朝時期大體相當。明初（洪武、建文）定都南京，在當時天下最富庶的地區，可就近收取税糧供給朝廷，基本不存在漕運問題。永樂後，遷都北京，南京僅爲陪都，漕運方見其重要。永樂時曾先後嘗試河、陸、海以及三者兼用的漕運方式，最後確定由民間運至淮安、瓜洲，後由國家統一北運。因此，明朝時期浙東運河的漕運功能再未恢復至唐朝及南宋時的水平，朝廷對其缺乏關注，運河已完全轉爲民用與商用，對運河及其相關水系的維護與建設完全轉由地方政府甚至民間自行承擔(如明初僧湛然主持捐修官塘)，且其效用已更多地傾向於農田水利。

洪武五年(1372)，改錢清北堰爲壩，以阻擋錢清江水及潮水入西興運河。天順元年(1457)，紹興知府彭誼於錢清東北修建白馬山閘，使錢清江不入海，潮水不能入江，錢清堰逐漸廢棄，其南堰撤壩建橋，稱錢清壩橋。

弘治年間(1488—1505)，山陰縣令李良主持修築西興運河沿河石坎，於縴塘上砌青石板，架築橋梁。弘治以後，西興運河(運河紹興以西段)南岸縴塘和紹興至上虞段(運河會稽段)北岸堤塘均成石塘，總長約二百里。

嘉靖三年(1524)紹興知府南大吉大舉整治西興運河、紹興城河及若耶溪，并因此而得罪當地豪强，受誣告貶官。

嘉靖十六年(1537)，紹興知府湯紹恩力排衆議，築三江閘。次年，三江閘成，錢清江不復入海。又開磧堰，使浦陽江復歸故道入錢塘江而不入蕭紹平原，至今不復改道，錢清南、北堰遂廢。蕭紹内河水系成形，於是撤除紹興城阻水堰壩，使都泗、東郭、植利、偏門、迎恩、三江六水門暢通。紹興城内水道由是與環城水道及蕭紹平原河網暢通無阻，三江閘成爲内河水系的主要入海調控設施。閘成同年，又於附近建新塘，以保障三江閘安全，新塘長 200 餘丈，闊 20 餘丈(邱志榮，2012)。

明朝不同於宋朝，對海外商貿興趣不大，永樂時期鄭和七下西洋起因複雜(一説爲昭告萬邦明朝立國，一説爲尋覓惠帝下落)，并非單純爲了貿易，且曇花一現，對中國歷史影響甚微。明朝對外采取朝貢制度，外邦與中國貿易，須以朝拜爲名，納土産以换取天子賞賜，獲利極厚。當時日本等國使者均須由明州港入華，經浙東運河至杭州，然後北上朝覲天子，交通極爲便利，運河因此而生機尚存。其時甚至有日本各藩爲争奪朝貢權而在寧波、杭州大打出手并演變爲對當地人及官府燒殺搶掠的事件。然而朝廷主導的朝貢貿易量畢竟十分有限，中外各地人見海上貿易有利可圖而朝廷不許，於是紛紛入海走私，華夷勾結，亦商亦寇，遂有明朝中期(嘉靖年間)倭寇之患，浙江境内及蘇南爲主要受害地區，其爲害之劇不下於一場曠日持久的大規模戰争。於是明朝海禁更爲嚴密，禁絶民間對外貿易，以斷絶倭寇補給來源。後期又於江浙各城修築城防，組織抗倭。嘉靖三十二年(1553)，蕭山知縣施堯臣築蕭山城，以禦倭寇。此前蕭山并無城垣，施堯臣築城，將運河納入城中，開四陸門(東達台，南拱秀，西連山，北静海)與三水門(東“派入三江”，南“清比郎官”，西“越台重鎮”)。三水門毁於抗日戰争時期。

南宋時，知府汪綱於西興堰建閘(見第四章第四節)，元、明之際，閘壞，又改建爲堰，稱“大堰”。萬曆十五年(1587)，蕭山縣令劉會改築西興塘，將大堰改建爲閘，稱“永興閘”，至今閘槽與過塘行遺迹猶存。

永興閘遺址(西興,胡月霞攝)

太平橋(紹興柯橋,胡月霞攝)

明朝晚期,運河興作不多。天啓二年(1622),於紹興柯橋建太平橋。該橋於1858年重建,留存至今。又天啓六年(1626),於迎恩門外西興運河入城口建迎恩橋,亦留存至今。

明朝時期,南方森林遭受大規模砍伐,浙江自然環境開始惡化(見高羅佩,2015)。至晚期,吏治隳敗,天災人禍相乘,北方本已脆弱的社會經濟崩潰,由是大亂。其時南方尚未受其害。崇禎十七年(1644),李自成軍攻入北京,思宗殉國。福王朱由崧於南京登基。同時,吳三桂延清兵入關擊李自成軍,李自成兵敗南撤,清軍遂據北京。次年,清軍大舉南侵,攻入浙江,明軍潰。浙東軍民群起抗清。時魯王朱以海避難在台州,毅然受延至紹興,被浙東義軍擁戴監國,領導浙東軍民。次年,浙東相繼淪陷,魯王在將領張名振保護下入海,後據守舟山。杭州、紹興、金華、義烏等城失守被屠。鄞縣人張煌言時年廿四歲,投筆起義,繼續於浙東組織抗清。其後李自成所部與張獻忠所部相繼投誠,加以義軍、原明軍以及各路反正部隊,與清軍展開拉鋸,不屈不撓,抗争十數年,原有領土失而復得,得而復失。魯王監國與張煌言則率衆浮海南下與鄭成功軍聯合。1659年,張煌言、鄭成功聯軍揮師北伐,入長江,摧枯拉朽,克復夾江數十府縣。鄭成功大軍包圍南京城,清順治朝廷震恐,不知所爲。張煌言深入長江腹地,縣官出郭五十里迎降,百姓争持牛酒迎勞,長者泣謂不見衣冠十五載;張軍撫循士民,秋毫無犯。其後南京清軍詐降,鄭成功中計兵潰,南撤回閩。張煌言孤軍失援,無奈撤退,途中數遇清軍阻擊,苦鬥至浙,徒行二千里,

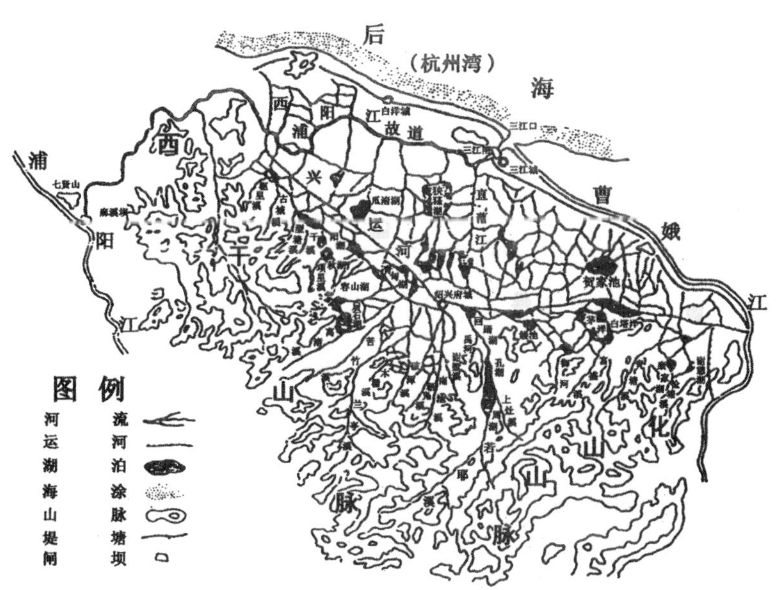

嘉靖十六年(1537)以後山會水系示意圖(據車越喬、陳橋驛,2001)

僅以身免。1661年,鄭成功軍取臺灣,次年鄭成功卒,魯王監國亦薨。西南張獻忠所部李定國軍及夔東李自成所部與明軍殘部亦先後戰敗,抗清力量式微,鄭成功軍轉至臺灣據守。1664年,張煌言遣散所部,至舟山隱居,爲隨從出賣,於舟山懸山島被俘,經浙東,押至杭州就義。1683年,清軍攻臺灣,鄭成功孫鄭克塽投降。

第三節　清朝

清廷與鄭成功及張煌言等東南沿海明軍對峙多年,一籌莫展。1656年,鄭成功下屬黄梧降清,向清廷獻遷海之策以困沿海明軍(鄭成功因此攻取臺灣以謀出路)。遷海令施行二十餘年,北至山東,南至廣東,數千里沿海空無人烟,以距海岸三十至五十里爲界,小民敢越雷池近海岸者輒捕殺之,而被遷者倉促之下衣不蔽體、食不果腹,又無内陸謀生之手段與産業,可謂慘絶人寰,對當時沿海民生造成毁滅性打擊。又清軍入關後,肆意圈地,擄士民爲奴,且在南方四處屠城,揚州、嘉定只是滄海一粟。江南從此不復如前。

清朝定都北京。前述北方在明朝時已有顯著恢復,至萬曆朝,天下税糧南二北一。明清之際,南方受清軍之禍深,北方受戰亂之禍則更深。於是清朝税收仍賴南方,一如元朝。清代漕運定額爲年400萬石,初定南四北一,1753年爲南八北一,1779年已爲南十北一(錢穆,2014),可見北方從此一蹶不振,日益衰敗,清廷對江南的依賴程度有增無減,直至清末。清朝初期,孟德斯鳩在《論法的精神》(2012)中即斷言,歐洲人眼中所見清朝表面上的繁榮全靠“江南(即今浙江、蘇南、上海、安徽部分地區)”一地,脱離“江南省”,中國將是一副完全不同的面貌。清朝中後期,西方國家逐漸開始與清朝接觸,證實了孟德斯鳩所言非虚。清朝時中國人的生存狀態已全方位落後於明朝,遑論宋朝,而政治則更江河日下,唯一值得一提的是人口的激增[清初殺戮多,已不足2000萬,1711年增至2462萬,至1732年又至少增1000萬,1749年劇增至1億7749萬,1783年2億8403萬,1793年3億746萬,1812年3億6169萬,此後直至民國,維持在4億上下,資料見錢穆(2014)]。清朝中期中國人口激增的原因衆説紛紜,其中一個重要原因爲明朝晚期從新大陸引入衆多作物(如土豆、玉米、辣椒、南瓜等),顯著降低了糧食種植的難度,提高了糧食的産量,增加了營養的豐富度,改善了中國人的飲食,加以政治高壓,人爲營造出一種萬馬齊喑的長期穩定狀態,於是國内多年無戰亂,人口遂出現指數級增長,而人口的劇增又加重了中國人生存狀況的惡化。這一系列狀況直接導致農田水利基礎設施的失修與荒廢。

清初,民間尚能自發捐修浙東運河蕭紹段二百里石塘。其時山陰人余國瑞首倡其事,并親捐家財,於是遠近回應,募得萬餘金,八年内修復二百里危塘(見嘉慶《山陰縣志》),堪稱壯舉。

1712 年,紹興知府俞卿主持大規模搶修山會海塘,并開浚紹興城内河道。

1790 年,紹興知府李亨特主持整治、疏浚紹興府城河。

此後一百餘年,官府對浙東運河蕭紹段即不復有所作爲。

清朝後期内外交困,官府對浙東運河這樣一條不具備國家級戰略意義的運河已失去大規模修整與建設的能力與興趣。唯民間偶有自發集資進行小規模修繕,至今運河各處刻石仍可見其年其事。1860 年,太平天國攻占浙北、浙東及浙中。太平天國對所占江南地區一味盤剥,對農田水利設施則不管不顧,導致運河淤堵失修,田地大量荒廢,農業與商業遭受毁滅性打擊,人口損失慘重,民生凋敝。1864 年,太平天國兵敗,江南則一時難以恢復。1911 年,武昌起義,隨後浙江獨立光復。次年,清帝下詔遜位。

紹興城内運河(胡月霞攝)

第四節　民國至今

浙東運河蕭紹段直至 20 世紀早期仍是溝通蕭紹平原的一條交通要道,自紹興至杭州與自紹興至上虞(以及由此至寧波),該段運河都是必由之路,過往船隻繁忙。1925

年，蕭紹公路建成，一定程度上分擔了運河的交通功能。然而因爲其時蕭紹公路并無分支直達各鄉各村，不及舟行便捷，且舟行成本相較更廉[如周作人回憶乘舟自紹興城至西興，每人僅費100文，見周作人(2008)]，運河的重要性并未受到影響。

1928年，始於錢塘江建浙江第一碼頭，其南岸碼頭稱南星橋輪渡碼頭或南星橋客運碼頭。

1929年，蕭山縣政府成立整治河渠道路委員會，募捐疏浚西興閘至錢清堰段運河。

1936年，浙江省建設廳楊健撰寫《浙東運河之重要性與整理意見》，提出整治運河的方案。次年，中日開戰，事遂不行。

1950年、1955年及1958年對蕭山段運河有過疏浚和整治（方晨光等，2012）。1958年，蕭山臨浦峙山閘建成。1955年、1970—1973年對紹興城河有過整治（邱志榮，陳鵬兒，2014）。聞堰小礫山翻水站建成後，可取富春江水入運河。

1958年，於紹興城區運河上建紹興港。

1959年，蕭山縣劃歸杭州，從此運河蕭山段與紹興段的治理不復相統屬。

1977年，紹興建新三江閘，1981年竣工。

1981年，運河紹興段（含紹興縣與上虞縣兩段）溝通工程開工，1983年全綫通航。

數十年來，紹興與蕭山的公路網以及鐵路逐漸完善，很大程度上取代了運河的航運功能，運河的地位有所降低。近期的整治，更多側重於其防洪以及歷史人文與環境審美價值。

1999年，紹興市對運河連通紹興城的環城河實施綜合治理，形成稽山園、治水廣場、西園、百花苑、河清園、都泗門、迎恩門、風則江廊橋等一系列景點。

2002年，紹興市對運河東起紹興城西郭立交橋往西4.5公里長河段展開水環境整治，建設"運河園"，設運河紀事、運河風情、古橋遺存、浪槳風帆、唐詩之路、緣木古渡六景。

2003年，運河蕭山段改造工程開工，按四級航道標準改造，航道底寬40米，面寬60米，保證500噸級船舶通行（方晨光等，2012）。

2004年，紹興開建龍横江景區，2006年建成開園。景區包含鹿湖園、永和園、環翠園三園區。

2007年，蕭山義橋鎮新壩船閘建成，連通錢塘江、浦陽江與運河。

1995年、1999年、2007年，紹興市數次開展全面清水工程。

2010年，紹興市實施浙東古運河紹興段環境治理三年行動。

2006年，開展大運河申報世界遺産工作。因爲浙東運河與大運河在實體以及歷史人文上的密切聯繫,浙東運河於 2008 年被納入大運河世界遺産申報項目。2014 年 6 月 22 日,大運河(包含浙東運河)被第 38 届世界遺産大會列入世界文化遺産名録,成爲中國境内第 46 個世界遺産項目。

都泗門

大運河世界遺産碑石(紹興越城,胡月霞攝)

第六章　運河今貌

第一節　水體及設施現狀

蕭紹平原的河流(包括天然河流與人工河渠)縱橫交錯,東西以曹娥江(東小江)與浦陽江爲界,形成一個内河水系,其中紹興部分水網較蕭山部分密集,設施也更成熟。浙東運河蕭紹段是蕭紹平原内河水系的重要組成部分,其水體與相關水利設施是保障運河正常使用的基礎,也是歷代整治的主要對象。古代運河水利設施有堰、埭、閘、壩及堤塘等,今多數已廢棄甚至消失,取而代之者爲各種現代水利設施。

1959年蕭山劃歸杭州後,運河蕭山段與紹興段的管理與維護不復相統屬,歷數十年,兩段運河在面貌與狀態上已出現明顯差異。

浙東運河蕭紹段屬於蜀山平原河網水系,除匯集自然降水外,主要接受錢塘江水源補給,總進水位於三江口小礫山引水樞紐(見第五章第四節),於此引水由南向北、自西向東流動。小礫山排灌站引配水主要由兩條綫路流入運河:其一自小礫山排灌站過小礫山新開河、南門江、西河入運河,配水流量 $20m^3/s$;其二自小礫山排灌站過上下湘湖,經下湘湖閘入運河,配水流量 $10\ m^3/s$。(資料見杭州市蕭山區規劃研究院,杭州天元建築設計研究院,《濱水空間的復興:浙東運河"蕭山段"保護與利用研究》)

此外,2011年竣工的曹娥江引水工程於上虞小舜江附近四峰山設泵站,經總長約15公里的隧洞,由曹娥江引水至紹興平水東江,入紹興城河,引水量 $10\ m^3/s$,年均引水2.5億 m^3(邱志榮,陳鵬兒,2014)。

在蕭山段,近年對水體污染的治理力度有所加强。運河沿岸污染企業的排污受到控制,排河生活污水納管率逐漸提升,部分河段已采用生物自然净化法。蕭山城區段運河水質狀況在逐年改善,現僅有萬壽橋等部分失管住宅區有生活污水直排現象。城區外主要在東段密布村莊與工業廠房,生活污水甚至垃圾直排運河的情况較多,缺乏管理

運河西興段今貌(胡月霞攝)

與維護。

在紹興段,自 1995 年以來,市政府對以運河水系爲主體的河道開展清草、清淤、清障工作,1999 年又實施城市防洪河道綜合整治工程。2007 年,市政府决定開展以清淤、截污、整治和引水爲主要内容的"清水工程",至 2012 年,該工程已實現河道水質檢測達成率的提升以及水環境的明顯改善。同時,紹興市於 2010 年開始實施浙東古運河紹興段環境整治三年行動。

截至 2016 年,蕭山段運河沿綫水閘主要集中於西段,有西興閘、青口閘、西門閘站、燕子河泵站、虎山路閘等。在閘門泵站的控制下,水流方向可分三段:西門閘站以東,主要由南門江來水,目前閘門基本處於關閉狀態,靠泵站抽水進入蕭山老城區運河,流向自西向東;西門閘站和青口閘之間的運河段處於兩個來水綫路之間,流向隨來水量及青口閘的開閉情况而有變化;青口閘以西運河段由於西興節制閘的關閉而基本淤滯,流通性較差。與運河相溝通的河道存在因城市建設而被阻斷的現象,如西山道口運河與牛角灣、工人河的通水僅以涵管暗河的形式相連,倉橋段運河與燕子河的水系也以涵管相溝通,且須附加抽水泵站方能維持水流。相較之下,運河紹興段經過紹興政府的幾輪大規模整治,總體狀况較蕭山段爲佳。

蕭山段運河各段石砌駁岸與自然駁岸并存,河道總體保持原樣,河道寬度一般不超過 50 米,老城區段河道寬度最窄僅約 10 米。蕭山老城區段在河岸建設維護及河道清淤

運河蕭山衙前段今貌（胡月霞攝）

運河紹興柯橋段今貌（胡月霞攝）

過程中存在侵占河道的現象,沿岸碼頭、埠頭等亦被壓占。城區外沿河村落多見緊貼河岸建設甚至侵占古縴道遺迹的農宅。河岸親水性普遍不足,石砌駁岸往往高出水位數米,缺少埠頭、碼頭等近水設施,自然駁岸缺乏維護與步行設施。目前,蕭山段河道的航運功能已相當薄弱,新建跨河大型道路橋梁時基本不考慮充足的航運高度,又有沿河水閘等設施阻隔,航運已趨衰落,恢復難度較大。該問題尤以西段更爲嚴重,其上跨河大型橋梁如風情大道橋、金城路橋、蕭杭路橋、青年路橋、老浙贛鐵路橋等均未充分考慮河道通航需要,高度抬升不足,僅可通小划船,尤其如西山鐵路道口,因大型跨鐵路立交橋建設,運河河道空間被道路、橋樑、人行通道等擠占,短期内已難以恢復正常航運功能。相較之下,東段河道寬度一般超過 20 米,其上跨河大型城市道路與橋梁建設較少,與運河空間關係較佳,對航運影響較小,然而目前航運功能依然較弱。

較之蕭山段運河,紹興段河道更寬,河岸寬度在 20 至 250 米之間。1981～1983 年,紹興市分紹興縣與上虞縣兩段開展浙東運河紹興段溝通工程,紹興縣段徵用土地 32.5 畝,拆遷房屋 2900 平方米,築土壩 12 處,疏浚拓寬 12 處,砌岸 5.33 公里,新建或改建橋梁 12 座,以利通航,更改造 42 號鐵道橋,使其符合航道標準,并對其南北兩端河道截彎取直。目前紹興段河道總體適宜通航。

紹興安昌古鎮(吴斌攝)

第二節　沿綫歷史文化遺存現狀

2014年，浙東運河作爲大運河東南端的自然延伸，隨同大運河被列入世界文化遺産名録。在當下大規模城市化的基調下，運河沿綫的歷史遺存被各類建設所隔離，分布較散，總體保護狀況不佳，尤以蕭山段爲甚。

運河沿綫古橋存留至今者爲數衆多，多數依然有跨河交通功能。蕭山段古橋有永興橋、市心橋、倉橋、夢筆橋、惠濟橋、東暘橋、回瀾橋、文昌橋、畢公橋等，紹興段有題扇橋、光相橋、八字橋、廣寧橋、古小江橋、太平橋、迎恩橋等。

紹興八字橋(胡月霞攝)

古縴道(官塘)今存於浙東運河蕭山至紹興柯橋段，與運河河道本體、八字橋及八字橋歷史街區并爲世界文化遺産的四個點段。位於柯橋的古縴道今已開發爲景點，保存狀況較佳。位於蕭山的古縴道主要留存於城東段運河，被農居侵占，受到改造替換，同時自然風化損壞等現象較爲普遍，總體狀況不佳，唯行頭、姑娘橋、吟龍、衙前等局部河段保存狀況相對較好。

以運河爲軸，今存有衆多寺廟遺迹。蕭山段有老岳廟、祇園寺、江寺、小城隍廟、三神廟等，其中祇園寺(始建於東晋)與江寺(建於南朝)保存狀況較佳，近年進行了大規模的修繕。紹興段寺廟有龍華古寺、馬太守廟、静修庵等,其中龍華古寺始建於南朝宋元嘉二十四年(447),歷史悠久,馬太守廟則專爲紀念築鑑湖者東漢會稽郡太守馬臻而建。

紹興龍華古寺,始建於南朝宋(胡月霞攝)

沿河民居商街已隨運河的衰敗而没落,大部分在近年的快速城市化過程中被拆除,有保留者,生存狀况亦普遍不佳。

運河沿綫舊時見於文獻的驛站、倉儲、閘、堰、埭等實體建築多數已被拆除或毁敗,近年陸續有相關遺址、遺物挖掘出土。

紹興城内運河沿岸歷史街區(胡月霞攝)

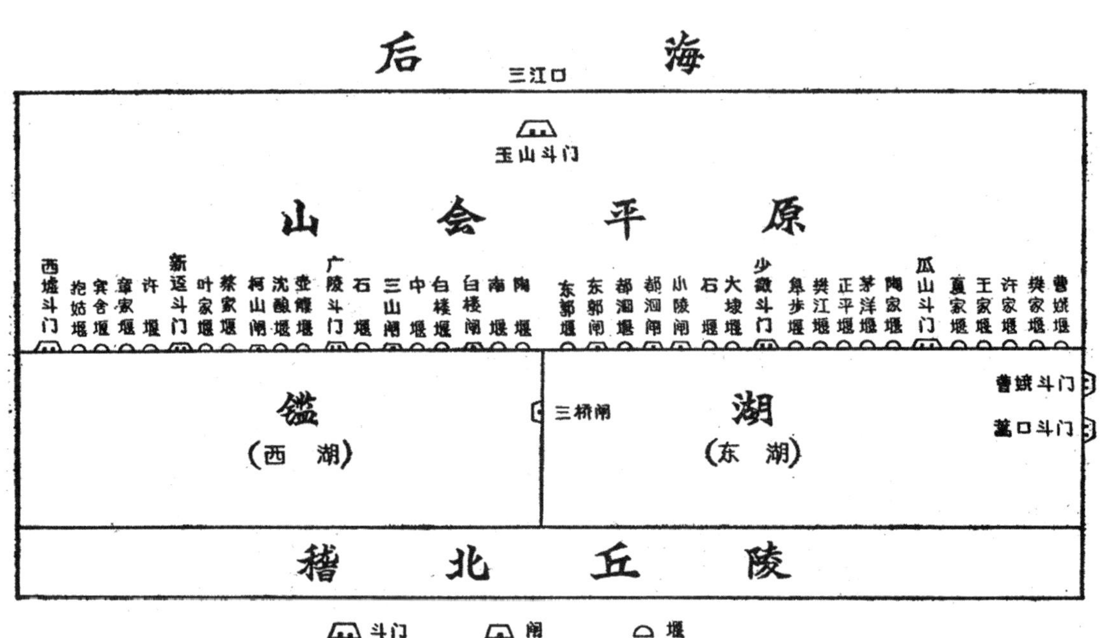

鑑湖斗門、閘、堰示意圖(據邱志榮、陳鵬兒,2014)

大事年表

年代	事件	人物	章節
古生代 5.41 億—2.541 億年前	浙江長期處於華南板塊海平面以下。		1.1
白堊紀 1.45 億—0.66 億年前	浙江中南部爲陸地。		1.1
約 3000 萬年前	地球氣候開始冷却,直至今日。		1.1/1.2
上新世 533 萬—258 萬年前	非洲出現大片草原,由離開森林的古人科動物演化出人類。	南方古猿	1.1/1.2
第四紀 258 萬年前至今	地球進入冰川期。人類多批次遷出非洲,進入歐亞大陸,遠至中國。	直立人 智人	1.1/1.2
約 30 萬—6 萬年前	金牛山遺址、大荔遺址、馬壩遺址、許家窑遺址等	丹尼索瓦人(?)	1.2
約 75000 年前	多峇火山爆發引起全球生態災難。晚期智人絶處逢生,開始向非洲之外擴散并導致其他人類物種、亞種全部滅絶以及動物界的“更新世大滅絶”。	晚期智人	1.2
約 5 萬年前	建德烏龜洞遺址,浙江最早的晚期智人活動,顯示當時浙江氣候暖濕。	晚期智人	1.1/1.2
約 1.2 萬年前	地球進入間冰期,冰川消融,大規模海侵。	現代智人	1.1/1.2
約 10000—5000 年前	人類開始嘗試農牧業生産。小黄山遺址、跨湖橋遺址、河姆渡遺址等。	夷人(?)	1.2
5500—4240 年前	大汶口文化,有段石錛。	夷人	2.2
約 5500 年前	南島語民族(夷人支系)由中國大陸東部沿海進入臺灣,隨後開始向太平洋諸群島擴散,持續數千年。	夷人	2.2
約 3000 年前	泰伯讓位南奔,吴國形成。	泰伯、仲雍、越人	2.3/2.4

續表

年代	事件	人物	章節
前 506	吴伐楚，入郢，楚王出奔；越襲吴，吴、越交惡。	闔閭、允常	2.4
前 497	允常死，勾踐即越王位。木客大塚（印山王陵）約成於此時。	允常、勾踐	2.5
前 496	闔閭伐越，負傷而亡。	闔閭、勾踐	2.5
前 494	夫差平越，勾踐降吴。	夫差、勾踐	2.4/2.5
前 486—前 484	吴開邗溝，是爲中國史籍所載第一條運河。	夫差	2.4
前 473 年前	越國修建吴塘、苦竹塘、富中大塘、練塘、山陰故水道、山陰大小城、石塘、防塢、杭塢、固陵等。	勾踐	2.5
前 473	越滅吴，夫差自盡。越遷都琅琊，稱霸中原。	勾踐、夫差	2.4/2.5
前 373	越國遷都至吴（蘇州）。	翳	2.5
前 363—前 345 間	越國遷都回會稽。	無顓	2.5
前 306	越伐楚，大敗，無彊戰死，越國殘部分崩離析，以東海王與閩越王二部爲强。會稽從此爲楚所有，當地越人楚化。	無彊	2.5
前 223	秦滅楚，得楚地，會稽爲秦所有。	嬴政	3.1
前 222	於故吴越地置會稽郡。越國殘部降秦，去王號，秦於其地置閩中郡。	摇、無諸	3.1
前 221	秦滅齊，嬴政稱皇帝，分天下爲三十六郡。	嬴政	3.1
秦漢時期	越人西甌支系南遷，形成今日壯侗語民族。江浙、閩、粤、桂地區越人先後漢化，融入漢族。	越人	3.1
前 210	秦始皇南游至會稽山，立石刻頌秦德，於返途中病死。	嬴政	3.1
前 209	陳涉反，天下群起叛秦，項羽、劉邦及越東海王、閩越王亦起兵。	摇、無諸	3.1
前 206	秦亡，項羽分封天下而不王摇與無諸。劉邦反項羽，摇、無諸率越人應之。	摇、無諸	3.1
前 202	漢復封無諸爲閩越王。前會稽郡屬楚國、荊國。	漢高祖、無諸、韓信、劉賈	3.1
前 195	漢平英布，封劉濞爲吴王，會稽郡屬吴。劉濞由是浸强。	劉濞	3.1
前 192	漢復封摇爲東海王。	漢惠帝、摇	3.1
前 154	吴王反，閩越不從，東甌從之。漢平七國之亂，除吴國，復置會稽郡。不誅東甌。	劉濞、周亞夫	3.1

續表

年代	事件	人物	章節
前 138	閩越圍東甌;東甌徙居江淮間,後融入漢族。	漢武帝、莊助	3.1
前 135	閩越分爲東越、閩越二國。	餘善、繇	3.1
前 111	東越叛漢。徙東越人至江淮間,東越地遂虚。	漢武帝、餘善、繇	3.1
前 85	漢滅閩越。	漢昭帝	3.1
9	王莽稱帝,推行改革。	王莽	3.2
25	劉秀稱帝,建立東漢。	漢光武帝	3.2
129	吴會分治。	漢順帝	3.2
140	開鑑湖。	馬臻	3.2
196	孫策取會稽。	孫策、王朗	4.1
229	孫權稱帝,國號吴。	吴大帝	4.1
230	孫吴遣人入海尋求夷洲(臺灣)、亶洲。	衛温、諸葛直	2.2
280	吴降晋。	孫皓	4.1
307	開漕渠(西興運河)。匈奴稱兵,其後永嘉之亂,衣冠南渡。	賀循、劉淵	4.1
318	司馬睿於建鄴即皇帝位,晋室南遷。	晋元帝	4.1
326	許詢捨永興宅建崇化寺(今祗園寺),捨山陰宅建祗洹寺。	許詢	4.1
383	淝水大捷。	謝安	4.1
420	劉裕稱帝,國號宋。南朝始。	宋武帝	4.1
589	陳降於隋。南朝終。	楊廣	4.2
591	楊素至會稽平叛,築羅城,建迎恩門。	楊素	4.2
605	隋開通濟渠(汴河),後五年,開江南運河。	楊廣	4.2
686	築蕭紹海塘。	楊德裔	4.2
722	築會稽防海塘。	李俊之	4.2
738	析置明州。		4.2
743	鑒真和尚始東渡日本。	鑒真	4.2
755	安史之亂起。	安禄山、史思明等	4.2
787	置浙東道,治越州。		4.2

續表

年代	事件	人物	章節
804	日僧最澄、空海來唐求法，於明州登陸。空海經浙東運河赴長安；最澄留天台、越州。	最澄、空海	4.2
814	孟簡任越州刺史，築運道塘，開州城新河。	孟簡	4.2
879	錢鏐却黄巢軍於臨安。	錢鏐	4.3
896	錢鏐討董昌，遂得兩浙大部，鎮杭州，以越州爲東府。	錢鏐、董昌	4.3
907	朱温篡唐，加封錢鏐吴越王。	朱温、錢鏐	4.3
910	築捍海石塘與西興海塘。	錢鏐	4.3
978	吴越國納土歸宋。	錢弘俶	4.3
北宋初	後海岸北移，多潬，杭州至明州海路衰，轉由浙東運河爲主。		4.4
北宋時	蕭山臨浦、湘湖、漁浦堙廢，紹興鑑湖亦被圍墾。		4.4
1112	開湘湖，使通西興運河。	楊時	4.4
1127	靖康之變，徽、欽二帝爲金人所俘。高宗即位於應天府，都揚州。	宋徽宗、宋欽宗、宋高宗	4.4
1129	金人南下，高宗移蹕越州，至明州入海。	宋高宗	4.4
1131	改越州爲紹興府，次年正式遷都臨安府。	宋高宗	4.4
1165	詔廢鑑湖，其後臨湖水城門都賜、東郭、南、陶家等擋水堰壩漸次拆除。次年議廢湘湖，因蕭山縣丞趙善濟痛陳利害，事遂寢。		4.4
南宋初	浦陽江下游借道錢清江入海。		4.4
1188	發宋高宗喪，自臨安由運河至紹興下葬。	宋高宗	4.4
1201	置錢清新堰(南北堰)。		4.4
開禧年間 1205—1208	築西小江塘。	趙彦倓	4.4
1221	大規模修整紹興府城城牆、城門、河、湖、街、坊，增築新堤。	汪綱	4.4
1234	南宋聯合蒙古攻滅金國，隨後與蒙古交惡。次年，蒙古南侵。	宋理宗	5.1
1276	蒙古軍攻入臨安，俘宋恭帝。	宋恭帝	5.1
1279	崖山戰敗，南宋君臣十餘萬人赴海殉國。	陸秀夫、宋少帝	5.1
1353	鹽商張士誠起兵反元，逐步控制江浙，所領南至紹興。	張士誠	5.2

續表

年代	事件	人物	章節
1366	朱元璋伐張士誠。	朱元璋、張士誠	5.2
1457	建白馬山閘。	彭誼	5.2
弘治年間 1488—1505	山陰令李良主持修築沿河石坎,於縴塘上砌青石板,架築橋梁。	李良	5.2
1523	整治西興運河、紹興城河及若耶溪。	南大吉	5.2
1537	建三江閘成,錢清江不復入海。開磧堰,使浦陽江復歸故道入錢塘江。錢清南、北堰廢。蕭紹内河水系成形,遂撤紹興城阻水堰壩。	湯紹恩	5.2
1553	築蕭山城抵禦倭寇,開三水門。	施堯臣	5.2
1587	改築西興塘爲石塘,改建大堰爲永興閘。	劉會	5.2
1622	建太平橋。		5.2
1626	建迎恩橋。		5.2
1627	浙江颱風海嘯,沿海七府受灾十餘萬人。		5.2
1645	清軍南侵。魯王於紹興監國,浙江抗清義軍風起雲涌。次年,義軍不敵清軍,魯王轉戰海上,據舟山,杭州、紹興、金華、義烏等城失守,張煌言於浙東組織抗清。	魯王監國、張煌言、張名振	5.2
1659	東南沿海明軍北伐,復沿江諸多府縣,功敗垂成,竟南撤。	張煌言、鄭成功	5.2
1664	張煌言於舟山懸山島被俘,就義於杭州。	張煌言	5.2
清初	民間自發捐修二百里石塘。	余國瑞	5.3
1712	搶修山會海塘,開浚紹興城内河道。	俞卿	5.3
1790	整治、疏浚紹興府城河。	李亨特	5.3
1860	太平天國攻取浙北、浙中及浙東。		5.3
1925	蕭紹公路建成。		5.4
1928	建浙江第一碼頭。		5.4
1929	募捐疏浚西興運河。		5.4
1958	建紹興港。		5.4
1959	蕭山縣劃歸杭州。		5.4
1977	建新三江閘,三年後竣工。		5.4
1981	浙東運河紹興段溝通工程開工,三年後通航。		5.4
1999	紹興環城河綜合整治。		5.4

續表

年代	事件	人物	章節
2002	建紹興“運河園”。		5.4
2003	運河蕭山段改造工程開工。		5.4
2004	建紹興龍横江景區。		5.4
2007	義橋新壩船閘建成。		5.4
2010	實施浙東古運河紹興段環境治理三年行動。		5.4
2014	浙東運河隨大運河被列入《世界遺産名録》。		5.4

參考資料

一、古籍文獻

班固. 漢書[M]. 北京:中華書局,1962.

陳壽. 三國志[M]. 北京:中華書局,1959.

戴聖. 禮記[M]. 北京:中華書局,2017.

董誥等. 全唐文[M]. 上海:上海古籍出版社,1995.

杜佑. 通典[M]. 北京:中華書局,2016.

范曄. 後漢書[M]. 北京:中華書局,1965.

房玄齡等. 晋書[M]. 北京:中華書局,1974.

顧炎武. 天下郡國利病書[M]//顧炎武全集:第12—17冊. 上海:上海古籍出版社,2011.

顧祖禹. 讀史方輿紀要[M]. 北京:中華書局,2005.

計六奇. 明季北略[M]. 北京:中華書局,1984.

李百藥. 北齊書[M]. 北京:中華書局,1972.

酈道元. 水經注[M]. 北京:中華書局,2016.

李昉等. 太平御覽[M]. 北京:中華書局,1960.

李心傳. 建炎以來繫年要録[M]. 北京:中華書局,2013.

李延壽. 南史[M]. 北京:中華書局,1975.

劉向等. 説苑校證[M]. 北京:中華書局,1987.

劉昫等. 舊唐書[M]. 北京:中華書局,1975.

馬端臨. 文獻通考[M]. 北京:中華書局,1986.

錢儼. 欽定四庫全書:吴越備史[M]. 北京:中國書店出版社,2018.

沈約. 宋書[M]. 北京:中華書局,1974.

施宿,張淏撰,李能成點校. 會稽二志點校·嘉泰會稽志[M]. 合肥:安徽文藝書版社,2012.
司馬光. 資治通鑑[M]. 北京:中華書局,2011.
司馬遷. 史記[M]. 北京:中華書局,1982.
宋祁,歐陽修,范鎮,吕夏卿. 新唐書[M]. 北京:中華書局,1975.
蘇軾. 表忠觀碑[M]. 杭州:西泠印社,2000.
脱脱等. 宋史[M]. 北京:中華書局,1985.
王鏊. 姑蘇志[M]. 明正德元年刊,嘉靖間增修本.
蕭子顯. 南齊書[M]. 北京:中華書局,1972.
徐松. 宋會要輯稿[M]. 上海:上海古籍出版社,2014.
許嵩. 建康實録[M]. 北京:中華書局,1986.
徐元梅等. (嘉慶)山陰縣志[M]. 嘉慶八年刊.
袁康,吴平. 越絶書校釋[M]. 武漢:武漢大學出版社,1992.
曾鞏. 越州鑑湖圖序[M]. 南京:鳳凰出版社,2020.
張淏. 寶慶會稽續志[M]. 1926 年影印本.
張華. 博物志[M]. 北京:中華書局,2019.
趙曄撰,周生春輯校彙考. 吴越春秋輯校彙考[M]. 北京:中華書局,2019.
周必大. 思陵録[M]. 歐陽棨介卿重刊本.
左丘明. 左傳[M]. 上海:上海古籍出版社,2016.

二、今人論著

阿蘭·特納,莫西奥·安東. 進化伊甸園:揭秘非洲大型哺乳動物的演化[M]. 閆春輝,譯. 南京:江蘇科學技術出版社,2013.
安娜莉·内維茨. 第 6 次大滅絶:人類能挺過去嗎[M]. 徐洪河,蔣青,譯. 上海:上海科學技術出版社,2014.
阪本太郎. 日本史[M]. 汪向榮,武寅,韓鐵英,譯. 北京:中國社會科學出版社,2008.
本頓. 古脊椎動物學(第四版)[M]. 董爲,譯. 北京:科學出版社,2017.
車越喬,陳橋驛. 紹興歷史地理[M]. 上海:上海書店出版社,2001.
陳文錦. 走近印山越國王陵[J]. 文化交流,1999,(1):45—46.
陳志富. 蕭山水利史[M]. 北京:方志出版社,2006.
陳志富等. 蕭山水利志[M]. 杭州:浙江人民出版社,2019.

鄧濤. 中國新近紀犀牛[M]. 上海:上海科學技術出版社,2016.
范宏貴. 同根生的民族[M]. 北京:民族出版社,2007.
方晨光等. 湘湖史[M]. 北京:中國社會科學出版社,2012.
付琳. 吴越之迹:江南地區早期國家形態變遷[M]. 厦門:厦門大學出版社,2020.
富田幸光. 滅絶的哺乳動物圖鑒[M]. 張穎奇,譯. 北京:科學出版社,2013.
蓋志琨,朱敏. 無頜類演化史與中國化石記録[M]. 上海:上海科學技術出版社,2017.
高羅佩. 長臂猿考[M]. 施曄,譯. 上海:中西書局,2015.
顧誠. 南明史[M]. 北京:光明日報出版社,2011.
國家林業局野生動植物保護和自然保護區管理司,中國科學院植物研究所. 中國珍稀瀕危植物圖鑒[M]. 北京:中國林業出版社,2013.
杭州市蕭山區規劃研究院,杭州天元建築設計研究院. 濱水空間的復興:浙東運河"蕭山段"保護與利用研究[Z]. 2016.
霍爾迪·阿古斯蒂,摩西奥·安東. 猛獁、劍齒虎、人類、揭秘歐洲哺乳動物 6500 萬年的演化[M]. 陳瑜,譯. 南京:江蘇科學技術出版社,2013.
賈雷德·戴蒙德. 槍炮、病菌與鋼鐵:人類社會的命運[M]. 謝延光,譯. 上海:上海譯文出版社,2006.
賈雷德·戴蒙德. 崩潰:社會如何選擇成敗興亡[M]. 葉臻,江瀅,譯. 上海:上海譯文出版社,2011.
賈雷德·戴蒙德. 第三種黑猩猩[M]. 王道還,譯. 上海:上海譯文出版社,2012.
李志剛. 論唐代後期藩鎮對漕運的保障[J]. 江南大學學報,2014,13(5):60—65.
梁棟. 倭寇戰争全史[M]. 北京:中國長安出版社,2015.
劉叔新. 粵語壯傣語問題[M]. 北京:商務印書館,2006.
馬學良等. 漢藏語概論[M]. 北京:民族出版社,2003.
孟德斯鳩. 論法的精神[M]. 許明龍,譯. 北京:商務印書館,2012.
倪大白. 侗台語概論[M]. 北京:民族出版社,2010.
彭善池等. 中國的全球層型[M]. 上海:上海科學技術出版社,2016.
錢穆. 國史大綱[M]. 北京:商務印書館,1996.
錢穆講述,葉龍記録整理. 中國經濟史[M]. 北京:北京聯合出版公司,2014.
邱志榮. 上善之水:紹興水文化[M]. 上海:學林出版社,2012.
邱志榮. 浙東古運河[M]. 杭州:西泠印社出版社,2006.
邱志榮,陳鵬兒. 浙東運河史(上卷)[M]. 北京:中國文史出版社,2014.

薩洛蒙・克羅寧博格. 人類尺度:一萬年後的地球[M]. 殷瑜,譯. 上海:上海文藝出版社,2011.

王强等. 浙江天台恐龍蛋化石群[M]. 上海:上海科學技術出版社,2017.

文榕生. 中國古代野生動物地理分布[M]. 濟南:山東科學技術出版社,2013.

吴健琴. 中國吴氏通書[M]. 南寧:廣西人民出版社,2002.

吴松弟. 中國人口史・第三卷・遼宋金元時期[M]. 上海:復旦大學出版社,2000.

吴新智,崔婭銘. 過去十萬年裏的四種人及其間的關係[J]. 科學通報,2016,61(24):2681—2687.

楊興. 唐代中後期江南漕運與藩鎮研究[J]. 凱裏學院學報,2011,29(4):50—53.

袁家驊等. 漢語方言概要[M]. 北京:文字改革出版社,1960.

曾思奇. 臺灣南島語民族文化概論[M]. 北京:民族出版社,2005.

張鵬,渡邊邦夫. 靈長類的社會進化[M]. 廣州:中山大學出版社,2009.

張如安. 賈舶交至氣象新——唐代明州港的崛起[J]. 中國港口,2014(9):10—12,15.

周魁一,蔣超. 古鑑湖的興廢及其歷史教訓[J]. 中國歷史地理論叢,1991,(3):203—234.

周作人. 知堂回想録[M]. 合肥:安徽教育出版社,2008.

鄒志方. 浙東唐詩之路[M]. 杭州:浙江古籍出版社,1995.

Tertius Chandler. *Four Thousand Years of Urban Growth: An Historical Census*[M]. Lewiston New York: St. David's University Press, 1987.

Fahu Chen, et al. *A late Middle Pleistocene Denisovan mandible from the Tibetan Plateau*[J]. *Nature*, 2019, 569: 409-412.

三、博物館

杭州博物館

良渚博物院

紹興博物館

紹興古橋展覽館

蕭山鳳凰村史館

浙江省博物館

浙江自然博物館

後　編

語言文字間的吳越古史

緒　論

1. 兩浙沿革

兩浙地區(即唐代浙東道與浙西道連稱,又稱“吴越地區”,大體對應今日吴語區,今稱“江南”)地處中國東部平原丘陵地帶,現今分屬浙江、江蘇、上海、安徽、江西、福建等數省市。

西周時期,無錫、蘇州一帶形成越民族國家吴國(約 3000 年前)。春秋時期,紹興一帶形成越民族國家越國(約 2500 年前)。周代吴國與越國(今江蘇、浙江及其附近地區)即爲兩浙地區行政史的發端。

前 506 年,吴伐楚,入郢,楚王出奔,越踵其後襲吴,吴、越兩國遂交惡。前 496 年,吴王闔閭伐越,負傷而亡。後二年,闔閭子夫差平越,越君勾踐降吴。前 473 年,吴北上伐齊,越乘虚滅吴,夫差自盡。越遷都琅琊,稱霸中原。前 373 年,越王翳遷都至吴(今蘇州)。前 363 至前 345 年間,越王無顓遷都回會稽(今紹興)。前 306 年,越伐楚,大敗,越王無彊戰死,越國殘部分崩離析,以東海王與閩越王二部爲强。吴越之地從此爲楚所有。

前 223 年,秦滅楚,得楚地,吴越爲秦所有。次年,秦於故吴越地置會稽郡。又越國殘部(越王摇、無諸)降秦,去王號,秦於其地置閩中郡。會稽遂爲秦朝三十六郡之一。

前 209 年,陳涉反,天下群起誅秦,項羽、劉邦及越東海王摇、閩越王無諸亦起兵。後三年,滅秦,項羽分封天下而不王摇與無諸。劉邦反項羽,摇、無諸率越人應之。前 202 年,漢復封無諸爲閩越王。前會稽郡則屬楚國、荊國。前 195 年,漢平英布,封劉濞爲吴王,會稽郡屬吴國。前 192 年,漢惠帝復封摇爲東海王。前 154 年,吴王反,閩越不從,東甌從之。漢平七國之亂,除吴國,復置會稽郡。不誅東甌。前 138 年,閩越圍東甌;東甌徙居江淮間,後融入漢族。前 135 年,閩越分爲東越、閩越二國。前 111 年,東越叛漢,漢武帝徙東越人至江淮間,東越地遂虚。前 85 年,漢滅閩越,江南越人政權遂絶,其地盡入會稽郡,郡治在吴縣(今蘇州)。當時會稽郡幾乎成爲漢朝境内面積最大的一個郡,吴縣集中一郡資源,遂發展爲東漢時期東南一大都會,可與京師洛陽相伯仲。

129 年,會稽郡二分,以浙江(錢塘江)爲界,北置吴郡,治吴縣,南爲會稽郡,治山陰縣(今紹興),史稱“吴會分治”。於是山陰縣日漸崛起。此後直至三國東吴時期,因重要性不斷上升,會稽郡屬縣愈分愈細。

196 年,孫策取會稽。229 年,孫權稱帝,國號吴,都建鄴(今南京)。280 年,吴降晋。西晋末年,匈奴稱兵,永嘉之亂,衣冠南渡。318 年,司馬睿於建鄴即皇帝位,晋室南遷。其後吴越地歷屬東晋、宋、齊、梁、陳,五朝皆都建康(今南京),吴越遂爲華夏中心。

589 年,隋大舉南下伐陳,陳朝拒戰不利,軍潰,後主陳叔寶降隋,江南再度歸屬北方政權。

唐德宗貞元三年(787),以越、睦、明、台、温、婺、處、衢八州置浙東道,治越州,於是後世將此八州(大致爲今紹興市、蕭山、桐廬、建德、淳安、寧波市、舟山市、台州市、温州市、金華市、麗水市、衢州市)統稱爲“浙東”,以别於浙江西道(大致包含今杭、嘉、湖、上海、蘇南、徽州)。後世將“浙東”與“浙西”連稱爲“兩浙”,即今之所謂“江南”。

唐朝末年,天下分崩離析,變亂四起。875 年,臨安人錢鏐應董昌募,從軍平王郢亂,嶄露頭角。879 年,黄巢軍進犯浙東,鏐設計於臨安挫其前鋒,杭州賴是得全。886 年,鏐奉董昌命進取越州,大捷。昌遂據浙東,鎮越州,以杭州予鏐。次年,浙江西道及淮南道兵變,鏐率軍平亂,得浙西道數州地。893 年,昭宗拜鏐爲蘇杭觀察使、鎮海軍節度使、潤州刺史,鏐遂有浙江西道全境。895 年,董昌於越州自立。次年,鏐奉詔討昌,遂得兩浙大部,鎮杭州,以越州爲東府。907 年,朱温篡位滅唐,加封鏐爲吴越王。923 年,封鏐爲吴越國王,都杭州,領兩浙十三州(杭、越、湖、温、台、明、處、衢、婺、睦、秀、蘇、福,即今浙江、上海、江蘇東南部及福建東北部)。978 年,吴越國納土歸宋。宋以其地爲兩浙路。

1127 年,靖康之變,高宗即位於應天府,都揚州。後二年,金人南下,高宗移蹕越州,至明州入海。1131 年,改越州爲紹興府,次年正式遷都臨安府。1276 年,蒙古軍攻入臨安,俘宋恭帝。元朝以兩浙與福建爲其江浙行省。1353 年,鹽商張士誠起兵反元,逐步控制江浙,所領南至紹興。1366 年,朱元璋吞張士誠。明朝於兩浙地設江南與浙江兩承宣布政史司,南京爲明初國都,後爲兩京之一。

1644 年,明北京失守,皇帝殉國;福王即位於南京。次年,清軍南侵,魯王於紹興監國。又次年,浙東義軍不敵清軍,魯王轉戰海上,據舟山,杭州、紹興、金華、義烏等城失守,張煌言於浙東組織抗清。1659 年,鄭成功、張煌言率東南沿海明軍北伐,復沿江諸多府縣,功敗垂成,竟南撤。清朝恢復行省,於兩浙地設浙江省與江南省,康熙朝又分江南省爲江蘇省與安徽省。

太平天國時,江南大部爲其所有,都南京。

1911 年,武昌起義,浙江隨後宣布獨立光復,江蘇亦在上海帶動下反正光復。

2. 民族、文化與起源

居住在兩浙地區的第一個有確切史料可考的民族是越民族，其出現於中國史籍的時間上起春秋，下迄漢代。境內更早的史前人類活動（如建德烏龜洞遺址、嵊州小黄山遺址、蕭山跨湖橋遺址、餘姚河姆渡遺址、餘杭良渚遺址等）與越人在時間上相距太遠，且無語言文字資料留存，是否爲越人祖先，尚難斷定。

考古學、語言學與人類學的證據顯示，與越人存在同源關係的族系是古夷人，其後裔即今日的南島語民族（如十幾個臺灣"原住民族"、他加洛人、馬來人、馬達加斯加人、毛利人、夏威夷人等）。越人與夷人皆習水，居干欄式建築，斷髮文身，飯稻羹魚，有别於華夏人與戎、狄、蠻、胡諸族系。在夷、越分異後，夷人的文化轉爲典型的海洋文化，而越人則保留了一種陸上的淡水文化。

越人的直系後裔爲今日的侗台語（壯侗語）民族，如國内的壯、布依、傣、侗、仫佬、毛南、水、黎，國外的岱、儂、泰、熱依、佬、泐、山齋、拉基、普標、普泰、潤、央、石（賽克）、撣、阿含（阿洪）等計二十餘個大小民族。

越民族的歷史開始於周代的吴國與越國。春秋時期，吴國亡於越國，後越國又敗於楚國。此後江蘇與浙江北部的越民族經歷了長期的漢化（實爲"楚化"），逐漸趨同於楚人，其後秦朝與漢朝在故吴越地設置會稽郡與吴郡，對當地越人展開進一步的漢化。越國殘部則向南逃竄，經浙江南部山區、福建而入嶺南，最後進入東南亞，先後建立過一系列獨立於中國的政權，其中部分存續至今（如泰國、老撾）。

漢朝之後，兩浙越人主要曾有兩次與北方華人發生大規模融合，撚成今日江南人的血統和語言文化。

第一次融合爲東漢末年至東吴、兩晉，北方持續戰亂，中原漢民陸續大量逃往南方避亂，尤以西晋末期"永嘉之亂"時爲最。三國時所謂"漢末大亂，徐方士民多避難揚土"。（《三國志・吴書・張昭傳》）東晋時所謂"中原冠帶隨晋渡江者百家，故江東有百譜"。（《北齊書・顔之推傳・觀我生賦》注）其時江南土著（如賀循、許詢、孔靈符等）與北人南下者（如王導、王羲之、謝安等）并爲世人所重，於天下整體的衰世中開創了江南三百多年的盛世。

第二次融合爲金人攻滅北宋後中原士庶隨南宋朝廷大舉南逃，所謂"中原士民扶携南渡幾千萬人"（屯田郎中樊賓言），其中大量因爲南宋定都杭州而被就近安置於江浙地區，所謂"四方之民，雲集二浙，百倍常時。"（《建炎以來繫年要録》）南宋一百多年的經營將兩浙的繁華推向鼎盛。

兩浙的人文融合、持續繁華與其3000年的歷史(自春秋吴、越至今)爲今人留下了豐厚的文化遺産。

3. 語言遞嬗與現狀

語言的歷史比較研究及文化的對比可以證明越人與中國史籍中所載另一古民族——夷人——存在密切關聯,兩者之間應當存有親緣關係。越民族的語言(侗台語)似乎可以視作一種經過一定程度漢化以及單音節化的夷人語言(南島語)。從來源上看,越人的語言完全不同於華語,越民族與華夏民族之間不存在學術界公認的親緣關係。侗台語和漢語族之間的共通性,更有可能是相互滲透、影響與同化的結果。也就是説,它所反映的可能只是一種相似性與關聯性,而非同源性。

江浙與福建一帶的越人漢化時間最早,漢化程度最深,在漢代即已形成一種夾雜越語成分的地方性漢語——江東方言(當時亦稱"吴語"),後世以江東方言爲基礎,形成今日的吴語(又稱"江浙話")與閩語。嶺南兩廣地區漢化時間較晚(約爲唐宋時期),漢化程度較淺,形成粵語。今日的吴語、閩語和粵語都是保留有大量古越語特徵的漢語族語言。

4. 研究路徑與目標

語言文字是民族文化的人文載體,也是民族得以實現認同的文化基因。兩浙居民在文化上是古越人的後代,中古以來兩浙接受的持續漢化塑造了近代獨具特色的江南文化。兩浙人的地方語言文字中遺留有爲數衆多的越民族語言成分。本編旨在探究并梳理漢化之前越民族語言文字的形態,俾有益於進一步解讀兩浙早期文化史。

兩浙早期越民族語言文字的載體主要有三:

一爲古籍文獻與考古文獻,尤其是出土青銅器銘文與傳世文獻中對越族語言的模擬記録與漢譯;

一爲現存百越民族語文,如泰語、侗語、黎語、老撾語、傣語、壯語等;

一爲江南話(吴語)各地方言以及閩語中保留的越族語言底層詞彙、音系及語法。

本編即擬對此三種載體進行歷史學、歷史比較語言學、方言學的研究與系統梳理,并對特徵性的現象嘗試展開文化學闡釋,以期在一定程度上釐清越民族在漢化前後的來龍去脉,還原漢化前兩浙越民族的語言文字面貌,并對留存於今日江浙的越民族語言文化殘留進行總結闡釋。在此過程中,一些關於上古史的普遍性成見將得到重新解讀與更正,一些新的且切實可靠的思路將被提出。本編可算作是一種藉由語言文字探究上古史的方法論嘗試。

第一章　文字

第一節　金文、鳥蟲篆源流

1. 商文字

中國境内迄今可考的成體系且可釋讀的文字，最早當屬甲骨文與金文，其年代在商代（早於 3000 年前）。商代青銅器銘文與龜甲獸骨（含人骨）卜辭所用文字形體相互之間略有差異，整體則屬於同一系統，造字構件基本相同，造字、用字邏輯符合後漢許慎在《説文解字》中總結的六書規則（象形、指事、會意、假借、形聲、轉注），顯然是其後西周與戰國文字的早期形式，與今日仍然通行的漢字一脉相承。

商代晚期小臣艅犀尊及内底銘文拓片

鑑於目前出土的商代甲骨卜辭與青銅器（如小臣艅犀尊）多限於商代晚期，而所得文字材料已具備相當規模，能用於記録日常事物，且已比較成系統，學界推測中國文字的發端恐未必限於商代，商代之前即已萌發漢字的雛形亦并非不可能。

當然，這一推測基於兩個前提假設，即中國的漢字系統是中國本土獨立發生的文化現象，且文字的創設成形須經歷漫長的演進過程。

如果商代的文字來源於文化交流，而非自然發生，即商代金文、甲骨文是其他文明的“舶來品”，則漢字確實就起源於商代，商代之前即便有文物上刻畫有類似於文字的符號，也與漢字無直接關聯。這一假設并非無中生有。

首先，商代的諸多文化要素即并非起源於本土。商代是典型的青銅器文明，在青銅的冶煉與鑄造技術方面，商代僅與希臘同期（甚至此時的希臘已開始使用鐵器），并不屬於最早的青銅器製造者，兩河流域和埃及進入青銅器時代的時間遠早於商朝。在器型上，商代青銅器也與位於四川的三星堆青銅器存在神似之處，并非獨一無二。類似的還有馬拉戰車。現今出土的商代墓葬多有馬車殉葬，可知戰車在商代已較爲普遍，西周至春秋時期更將車戰發展爲主要的作戰形式。然而，商代亦非最早的馬車使用者，至少同時期的埃及、赫梯等國已使用雙輪馬拉戰車進行作戰，而埃及在非洲其實屬於較晚引入戰車的民族（羅莎莉・戴維，2017）。更有意思的是，地處歐亞大陸東端的中國和位於另一端的歐洲同時使用六十進制（中國的干支計時法）。這是一種天文計數法，多用於幾何、曆算與星相觀測。目前認爲，最早開始使用六十進制的地區是兩河流域，該地區的古文明在天文學上具有遠超同時期其他文明的成熟度（與之相對，古埃及文明的幾何學、天文學則一直停留在實用階段）。商人在天文學上有極高的造詣，并塑造了後世中國人對天文、歷史極度關注因而非常重視文史資料整理、存檔的良好習慣。這一點很難説不是兩河流域文明啓發的結果。受過兩河流域文明影響的文明往往都有類似的存檔偏好與習慣，而同樣屬於古代文明的埃及和印度則似乎大異其趣。

其次，商代文字材料中已出現難以望文生義的外來詞。六十進制同樣給中國的語言帶來了一批難以理解其本義的詞彙，即十天干（甲、乙、丙、丁、戊、己、庚、辛、壬、癸）與十二地支（子、丑、寅、卯、辰、巳、午、未、申、酉、戌、亥）。通過這些字的甲骨文或金文字形可以看出，至少其中一部分有明確的本義（如“甲”爲龜甲形象，“丁”爲圓點形象，“辛”爲尖刺形象，“子”爲頭頂叢生毛髮的嬰兒形象，“辰”爲蜷曲的蟲、蛇形象，“亥”爲走獸形象），可以想見讀作這些字的詞在商人的語言中確有實指。然而，在干支計數中，這二十二個字僅表示順序，不帶其字形所指的實義。如果這些詞是商人自己的發明，則常人完全會用自己語言中已有的數字一、二、三、四來表示順序，没有必要再生造一套脱離口語的同義詞體系。用一套意義不明的詞彙來替代口語同義詞，背後往往暗示其來源不在本民族。也就是説，這是一套音譯詞，只不過目前尚難鎖定其具體來源。這好比今日所稱的“麥克風”，三字確有實義，然而該詞并非指“農作物麥克制住自然現象風”，而是指話筒這一外來事物，僅用於模擬英語讀音。現代日本語中并行兩套數字讀音，一套是日語發音，一套是漢語發音，從中可以窺見商人并用數字與干支的情態。既然六十進制來源於西方（中東），那麼伴隨六十進制而來的干支表達很可能也來自西方。

鐫刻在甲骨上的干支表，由右上“甲子”至左下“癸亥”（據董作賓，董敏，2015）

而且，漢字的造字規則（六書）在其他早於商代文字的古文字中已普遍存在，且極其完備。埃及最後一批僧侶被東羅馬皇帝驅散後，埃及文字失傳，此後一千多年間，西方人多嘗試從圖形寓意或神秘主義的角度解讀埃及象形文字，却始終徒勞無功。19世紀，法國人商博良（Jean-François Champollion）據稱受漢字啓發，認爲埃及文字并非完全的象形文字，并通過歸納表音符（聲旁）與表意符（形旁）的路徑成功地將其破譯，使埃及文字重新成爲一種可釋讀的信息載體（而非僅爲美術欣賞對象）。今日我們已知埃及文字有象形、指事、假借、形聲等造字方式，且假借字、形聲字占比極高，類似於當今的漢字。采用同樣的思路，學界也破譯了兩河流域的楔形文字，并且發現楔形文字在由原創者蘇美爾人向阿卡德人、赫梯人等異民族傳播的過程中，形聲字的占比愈來愈高，一種表意文字在“轉手”過程中變得愈來愈像一種表音文字，直至變成像古波斯文那樣的純表音文字。同樣，中美洲的瑪雅文、阿兹特克文等表意文字儘管尚未被完全解讀，其六書的造字原理則已被學界普遍認可。很難由此斷定是商人啓發了其他民族（何況其中不少民族比商人更早掌握書寫技能），也很難斷定是各民族各自不約而同的發明（從輪子始終未在美洲出現而歐亞大陸的輪子其實都起源於中東地區這一例證可以看出，即便一個簡單的文明要素也不易在信息隔絶的環境中自發産生），倒不如推測是商人借用了其他民族的造字思路。

既然一個民族的生産、生活、祭祀、戰争用具（青銅器、馬拉戰車）與天文、數學知識（六十進制、干支表達）這些極爲重要且高度複雜的文明要素（《左傳》：“國之大事，在祀與戎。”）都受外邦影響，那麽，完全可以設想，同樣作爲文明要素的文字不可能未受任何外來影響。

即便是一點并不明顯的外來啓發也可以點燃一族文字的爆炸式發生。西亞的腓尼基人就是在觀察到埃及文字後自主創製了一套腓尼基象形文字。腓尼基文字并未“抄襲”埃及文字，只是借鑒了埃及文字的造字邏輯。後來，正是這套“二手”的腓尼基文字簡化成了希伯來字母、希臘字母、拉丁字母、西里爾字母、回鶻文與阿拉伯字母等一系列純拼音文字。而這種并不直接的外來影響是很難留下明確證據的，因此，即便可以排除直接模仿或者照搬的可能性，也很難排除商文字受到過這種外來啓發的可能性。最早的商文字證據出現之前的數千年間，歐亞大陸即已出現衆多掌握書寫能力的民族，在如此漫長的時間區間中，一個通過陸路即可在數年甚至數月之間抵達這些民族所在地的東方農耕民族竟然從未眼見或至少耳聞過任何一種現成的書寫體系，反而是一樁小概率事件。

此外，愈來愈多來自兩河流域的早期象形或指事文字，字形本身即與商代文字高度

由上至下：埃及文字、腓尼基文字、希臘字母、拉丁字母

相似。與商代同時期而不同地域的三星堆文明出土文物中也發現了形似商代文字的圖形符號。這些當然可以是巧合，也當然可以不是巧合。

退一步而論，即便商代文字是本土獨立發生，也未必需要商代之前一個漫長的“助跑”階段。出乎多數人意料的是，放在歷史的尺度上看，文字體系確實可能是“一夜之間”創設成形的。因爲文字是一套圖形符號（Icon）或象徵性符號（Symbol）系統，它只有一套約定俗成的極簡的底層邏輯，就像棋牌類的游戲規則，只要這套底層邏輯設定完畢，千變萬化的玩法便會自然生成。所以，創設一套文字可能真的只需要一個人的聰明才智，而古人的個體智慧往往容易被今人低估。《說文解字·序》中描述的倉頡造字故事殆非虛言。

現實也證明了這一點。像埃及文字、兩河流域文字、中美洲文字這樣極早出現的被公認爲獨立形成的文字，其最初的文獻即已擁有完備的系統，幾乎難以觀察到一個由簡單至複雜的緩慢演進過程。這可能是因爲文物證據的不足。但也很可能是因爲文字的出現與演變路徑根本没有遵循常人先入爲主的進化論範式：我們幾乎觀察不到任何一種由簡變繁的文字，反而處處是由繁變簡的例證。

所以，外部文明輸入也好，本土自發生成也好，我們姑且認爲中國文字的發端在商代。這也是在考古證據進一步出現之前所應抱持的一種審慎態度。

2. 西周金文

商人自稱“商”，周人則稱商爲“殷”，與商人屬於不同族系。商爲東方夷系（白川静，2018；吴安其，2009），周爲西方羌系，兩者種族不同，言語各異。周滅商，并非後世習見的改朝换代，而是文明上的後進民族對先進民族的征服與取代，是羌系華夏人的一場拓殖運動（錢穆，1996）。周滅商後，封商遺民於宋國，至前 286 年爲齊、楚、魏所滅。宋國延續

800 餘年，國情民風整體有異於華夏周人爲主體的諸邦（如魯、衛、晋、燕等），顯得更富浪漫氣息與俠義精神（周人諸邦則相對更謹嚴務實、沉悶保守）。這種差異普遍存在於文明先進民族與作爲征服者的後進民族之間（如波斯之於阿拉伯、意大利之於德意志、西域之於突厥、希臘之於土耳其）。

周人所操語言爲羌系漢藏語（Sino-Tibetan languages），是上古漢語的原始形式，與藏語、緬甸語、羌語、彝語、景頗語等現代羌系語言（即藏緬語族，Tibeto-Burman languages）同源。商人屬於夷系，則所操語言當爲南島語（Austronesian languages）的一種原始方言。

商文字（甲骨文、商代金文）基本上是一種表意文字，表音功能尚不突出，造字以象形、指事、會意爲主，假借爲輔，形聲、轉注不多，今人難以通過其文字還原商人語言的本來面貌。换言之，即能識商字，難聞商音。

周人長期作爲商的臣屬藩國，數百年間必定會受到一定程度（甚至可能是相當程度）的“商化”（對比日本、朝鮮、越南所受的漢化），文字借用自商文字，語言或許亦受到商人所操夷語的强烈影響，所以，周人所代表的華夏人很可能是一批受到過“夷化”的羌人。後人將未受漢化的文明後進民族稱爲“生番”，受到一定程度漢化的稱爲“熟番”，則站在商人角度看，周人亦未始不是一種“熟羌”。後來的漢語族（Sinitic languages），從《詩經》時代的上古漢語到現今的衆多漢語方言，其根源可能就是一種“夷化羌語”。因此，周人接受商文字爲己所用，其難度恐怕并不大，只需全盤引入商字後再爲那些周語所獨有而用商語難以替代的語詞創造一批新的字符即可。通常，對於文化後進民族而言，假借、形聲、轉注這三種側重文字表音功能的造字、用字手段是創製新字符時更爲便利的方法。我們看到，相比於商文字，西周金文中的形聲字占比猛增，至今日，漢字中的形聲字已超過常用字的八成，而轉手借用漢字的日本甚至又進一步創製了兩套完全用於表音的漢字（平假名、片假名），使漢字成爲一種字母體系。民國時期，國人又借鑒日本的假名，以漢字形體創製了一套漢語注音字母體系（注音字）。

類似的情況也發生在兩河流域。楔形文字在原創者蘇美爾人手中主要是一種表意文字，造字以象形、指事、會意爲主，假借、形聲爲輔。游牧民族阿卡德人（巴比倫人）征服蘇美爾諸邦并借用其文字後，楔形文字中的形聲字占比劇增。之後波斯人又征服巴比倫人，借用其文字，終於使楔形文字變成一種拼音字。

西周金文大體繼承了商文字的字形與文字基本構件，未出現風格上的明顯斷層。商文字中已有爲數不少的假借字（如小臣艅犀尊銘文中“子”指“巳”，“且”指“祖”，“易”指“賜”，“隹”指“唯”）與一定量的形聲字（如尹光方鼎銘文中“邐”爲麗聲從辵），很多都在西周金文中得到繼承。假借字與形聲字是表音爲主的文字,所表自然是商音,周人借爲己用,并不一定説明商周同語。如前文所述,推測周人在數百年間吸收了大量宗主國商國的語音、詞彙甚至語法符合情理。既然這種現象近代普遍可見(如印度語言中夾雜大量英語詞彙,印度尼西亞馬來語中夾雜衆多荷蘭語詞彙,現代波斯語中夾雜大量阿拉伯語詞彙),則不必認爲唯獨古代例外。所以,周人不僅可以全套借用商文字中的象形、指事、會意字,而且吸收衆多商文字中的假借、形聲字也不會有太大困難。

西周青銅器保卣及其器内銘文。注意器上一對獸頭形象,極其寫實,形似某種長頸鹿科動物,或許即爲史書所載的“麟”。

問題是,周人畢竟不曾完全“商化”,其語言始終有别於商人的語言,用於描寫其語言的文字也就不可能照搬商文字的每一個字符。因爲今日的漢語是周語言的後裔,商語言事實上已經失傳,後世的漢字其實源於周文字,那麼,那些未被周人吸納的商文字字符便容易成爲難以釋讀的“天書”。私以爲,語言與文字既然互爲表裏,則那些今日尚無法破譯的商文字(迄今已被正確釋讀的甲骨文僅有一千餘字,見《甲骨文編》),或許應借助商語言(即夷系南島語)本身進行釋讀,一味經由漢語(周語言)思維進行研究,恐怕已難有重大突破。這就好比一個只懂日本語的人固然可以識讀不少中國漢字,在識讀完那些中日共通的字後,爲要有進一步的進展,勢必須學漢語。

3. 鳥蟲篆

越民族最早於西周時期出現在可靠的歷史記載中,至春秋時期(約 2500 年前),舊吴國與越國疆域内出現確鑿的文物證據。吴越地區第一批帶文字的文物亦大約出現於此時,地上、地下之材料適可相互爲證,可謂得天獨厚。其中尤以紹興(故越國王都)所得爲多。

吴越地區出土文字材料,目前以青銅器銘文爲主。不同於中原出土的大量商周帶銘青銅禮、樂器,吴越地區的文字材料以青銅兵器銘文爲最多,其内容往往是千篇一律的"某人之某物",因此相對缺乏可供語音、詞彙、語法等語言學分析的長篇材料,其價值更多在於字體的研究。

作爲今日侗台語民族祖先的越民族所使用的語言顯然不是周人的上古漢語,出土的吴越器物銘文則完全借用周人的金文,文字構件與同時期華夏諸邦的地方文字(今統稱"戰國文字")大同小異,屬於漢字體系。其中,爲數不少的銘文筆劃帶有鳥形(偶爾也有其他動物形象)裝飾,飾筆不拘一格,可上可下可左可右。許慎《説文解字·序》中稱此種文字爲"蟲書""鳥蟲書",今人亦稱其爲"鳥書""鳥篆""鳥蟲篆"。

鳥蟲篆"戉王鳩淺自乍用鐱(越王勾踐自作用劍)"

侯福昌《鳥蟲書匯編·自序》(2020)云:

> 鳥蟲書起於何代,已無可考,徵之傳世古物,僅玄婦壺銘始具鳥形,壺乃商器,殆鳥篆之嚆矢歟,迨至春秋戰國,諸侯各自爲文,於是鳥蟲奇字盛行,尤以吴、越、楚、蔡、南方諸國爲最,動武、者沏、郤原諸鐘,越王、吴王、蔡侯、宋公諸劍戈,其銘或作鳥首魚尾,或具鵠頭蚊脚,或故作波磔,或多加點飾,鳥蟲書於斯爲盛。

可知鳥蟲篆并非某種獨特的文字系統,而僅是商周金文的一種書體,可視爲當時的"美術字"。且其使用範圍并不局限於吴越地區(主要通行於南方各非華夏邦國),其起源恐怕也并不在吴越。今日吴越(尤其是越國)被非正式地視爲鳥蟲篆之鄉,主要緣於該地區出土的鳥書文物最多。這種文化傳播現象在世界範圍内十分普遍：作爲文化學習者的後進民族往往更容易接納先進民族中偶爾出現的流行時尚，并將其發揚光大，其在異邦的流行程度往往勝過其發源地。可對比唐代草書、宋代茶道、花道、禪宗等在日本的廣泛傳播，顯然有勝於中國本土，德國的啤酒文化也遠盛於輸出地羅馬（意大利），發源於印度的佛教在本土式微，在東南亞、西域、東亞則影響深遠。越人、楚人等南方異族在吸收中原華夏文化時應該也抱有同樣的心理，遂使鳥蟲篆這種中原的偶然現象躍升爲本國的必然規律。

吴越鳥蟲篆文物中，屬吴國者較少，主要有三件兵器，其銘文爲：

王子于之用戈（戈銘）
吴季子之子逞之元用鐱（劍）（劍銘）
攻敔太子姑發劍（劍銘）

越國帶鳥書銘文的青銅器十分豐富，如兵器銘文有：

戉王（劍銘）
戉王鳩淺自乍用鐱（劍銘）
戈忿具丸之子越王者旨於睗（劍銘）
戉王者旨於睗（劍銘）
戉王亓北古，自乍用□自，戉王亓北自乍元之用之僉（劍）□（劍銘）
越王州勾自乍用僉（劍）（劍銘）
越王州勾自乍用矛（矛頭銘）

其假借字用法（如"戉"指"越"，"鳩淺""戈忿"指"勾踐"，"乍"指"作"，"僉"指"劍"等）與商周金文如出一轍，表音功能完全照搬中原語言。可以由此斷定，越人不僅引入了金文，甚至一併引入了周語（即上古漢語）——他們是在一邊默念華語，一邊書寫著漢字，吴越地區的金文始終未能本地化、融入當地口語，越人僅僅通過金文書寫了一種外語外文。

越國出土的"越王者旨於睗鐘"器身上有難得的長篇鳥蟲篆銘文，可證實這一點。其銘爲：

隹（惟）正月王春吉日丁亥，戉（越）王者旨於睗睪（擇）禾（厥）吉金，自乍（作）禾（和）□□，以樂□□，□而賓客。日以鼓之，夙莫（暮）不貣。□余子孫，萬枼（世）亡彊，用之勿相。（引自容庚，1964）

儻不問出處，僅論詞彙、語音、語法與文風，這完全就是一篇標準的商周金文範文，其出自侗台語民族越人之手，堪比今人得見一西洋人以漢字賦成一篇通順曉暢的華語文章。

這不免使人感到失望，因爲這樣的文字材料（即便是地下挖掘的一手材料）對於還原古越語的原貌其實幫助不大，它所反映的更多是越人對上古漢語的掌握情況，其語言學價值與波斯比斯通銘文、埃及羅塞塔石碑、突厥文闕特勤碑等不可同日而語。

當然，事情不止於此。即便這批少得可憐且語言學價值有限的文字材料，至少也保留下了大量的人名，尤其是王名。商博良破譯埃及文字的切入點即爲王名的埃及文與希臘文對譯。王名是限定性極强的一類詞彙，一國一時通常僅有一王在位，且史籍對一國歷史上的帝王世系記載時常極爲詳備，吴越地區出土金文銘文中的王名理論上在傳世史料中都可以找到印證（年代比吴國、越國更爲久遠的商代天子世系即實現了出土甲骨文與傳世史料的相互印證）。越人取名，使用的語言自然是古越語，在將越語名字轉譯成華夏語言時，古人與今人采用的思路相同，即或則音譯，或則意譯，且當以音譯爲主（也不排除存在意譯的情況）。銘文中出現的“（王子）于”“（吴季子之子）逞”“（攻敔太子）姑發”“（戉王）鳩淺”“戈忿具丸”“（越王者）旨于”“（戉王）亓北”“（越王）州茍”等，包括吴王“闔閭”“夫差”等人名，其意義多晦澀難曉，儻望文生義强爲之説，反而不能自洽。按諸史册，可證“鳩淺”“戈忿”即“勾踐”，“旨于”即勾踐之子“鼫與”（《史記》：“句踐卒，子王鼫與立。王鼫與卒，子王不壽立。王不壽卒，子王翁立。王翁卒，子王翳立。”），用字變幻不定，各字的上古漢語讀音則近似，此非音譯而何？（對比今人之譯“米開朗基羅”與“彌蓋朗其羅”。）

人以母語取名，必有實義，轉爲音譯則本義失。今人儻能藉由侗台語知識逆推得吴國、越國人名的實義，可爲學術上之一大突破。若能進一步推知某些詞彙或語法手段，則更有功焉。

如勾踐既作“鳩淺”而又有劍銘“戈忿具丸之子越王者旨於睗”。“戈忿”古音同“鳩淺”，則此“具丸”二字何義？是否可能是某種構詞或語法語素？抑或者，既然稱其子爲“越王者旨於”，則旨於固爲今王，那麽“具丸”是否爲古越語中“先王”或類似意義的頭銜？與漢語文法相反，侗台語的偏正短語通常爲正前偏後，如“泰國”在泰語中稱“國泰”，“泰式菜餚”稱“菜餚泰式”。類似表達在江浙吴語中亦有遺留，如“人客（客人）”“菜乾（黴乾菜）”“鬧熱（熱鬧）”。那麽，由今推古，“先王勾踐”在古越語中當稱“勾踐先王”，對應“戈忿具丸”，此“具丸”其非頭銜歟？

又如“戉王亓北古，自乍用□自，戉王亓北自乍元之用之僉（劍）□”同一器中既稱“亓北”，又稱“亓北古”，則此“古”字應非筆誤或羨餘，更非同物異名，是否爲某種格助詞？

反之，史籍中記載的越王人名，少數似有實義，如鼫與之子“不壽（短命義）”，又如不壽之孫“翳（目失明義）”，若能在出土銘文中考證其對應的音譯形式，豈非又得一羅塞塔石碑？

總而言之，越人書寫的第一種文字——金文——的使用情况幾乎預演了後世漢字在日本的經歷。同樣作爲一個非漢語母語民族，日本人在六朝時期引入漢字，一并學習漢語，用漢字書寫漢語以記録日本土地上的萬事萬物（即完全以外語外文寫作）。此時期日本人寫下的文章，中國人完全能讀懂。遇到日語特色詞彙（如地名、人名）時，早期日本人也同樣大量采用漢字音譯日本語的方式，書寫下一批漢語母語者能識其字却難明其義的"暗語"（如地名"邪馬臺"）。日本人甚至更進一步，采用漢字諧音的方式寫作成篇的日本語文章，最後發展出純粹表音的漢字——假名（如紫式部《源氏物語》即爲全假名作品）。由於江南越人過早亡國（漢昭帝時期）與後期全盤漢化，日本漢字的最後一步蜕變未能在兩浙地區上演。當然，既然前期路徑相同，則研究早期日本文字材料的方法也同樣可以用於江南金文材料的研究（况且侗台語仍然留存有衆多現代語種，它們都是古越語的現代形式，類似於現代日本語）。將來儻若有更多長篇材料出土，則這種研究思路必能帶來巨大的收穫。

第二節　其他文字

1. 漢字體系

江南古越人引入金文、周語（上古漢語）作爲自己的書面語文之後，并未進一步磨合出本民族母語的文字化方案。古越語始終是一種無文字口語，只在少量用漢字漢音模擬的音譯專有名詞中保留下一些堪稱吉光片羽的語言材料。

以華文華語書寫的《吴越春秋》與《越絶書》二書，其作者至今尚無定論，成書年代衆説紛紜，一般認爲係兩漢時期江南本地人所作。此二書詳細記載了吴越地的民族、風俗、歷史與地理，材料翔實，可與地下所得文物互爲印證，是不可多得的地方文史一手資料。研究吴越者必深研此二書。

西漢揚雄所著《方言》搜集有大量方國的土語表達，其所收吴越地區的衆多詞彙以漢字書寫，散見於全書。其時越國政權甫滅，越民族尚未完全漢化，揚氏當可親耳聆聽江南越音，其所記録的吴越方言詞多數顯然并非漢語。如"信"字條稱"荊吴淮汭之間曰展，西甌毒屋黄石野之間曰穆"。此"展（上古音端元切，音 tǐan）"與"穆（上古音明覺切，音 mǐəuk）"意爲"信（作副詞，誠，洵）"，儻望文生義寧非晦澀難明？毋寧説是以漢字漢音音譯外語詞而已。此書可謂研究古越語以及早期江東方言詞彙的一座富礦。

清朝時期，樸學興盛，漢語語言學（音韻、訓詁、文字）取得前所未有的進展。晚清會稽人范寅搜集當時的紹興方言詞彙習語（以漢字書寫），與其子親刻雕版，成《越諺》一書，可謂越中語言文獻的一座里程碑。

同時期或稍後江浙其他地區的字書、諺語歌謡集又不勝枚舉。

越人政權在西漢後期滅亡後，江南越人漸次漢化，僅由南遷的一部——駱越支系——較爲完整地保留下越民族的語言文化，成爲後世所稱的百越諸民族（范宏貴，2007），俾今人有幸得窺古越人真實風貌之一斑。

漢代之後，江南越人（包括閩越）漢化太深，其語言已成漢語方言（江東方言），秦廢諸國文字而獨推秦文（小篆、隸書），江南所用文字遂完全跟從中央潮流，通行秦文字（後世所有漢字演變都只是在風格、審美上對秦文字展開的小修小改，商、周、戰國文字竟失傳），再無本土特色。南遷的百越民族則幾乎脱離漢化，逐漸轉變成風俗、言語皆不通中國的“蠻夷”，反而因此形成了與本民族口語相匹配的文字，且種類繁多，形態各異。

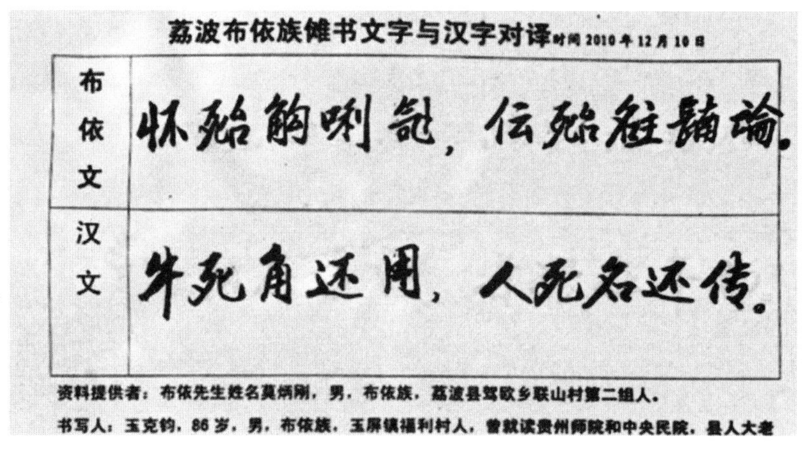

方塊布依文

值得一提的是，仍有部分百越民族借用漢字發展出了自己的一套本民族文字體系，典型者如壯族的壯字（壯族人自稱“生字”）與布依族文字。這兩種文字外觀與書法近似漢字隸書，采用漢字基本構件，以象形、指事、會意、假借、形聲的思路造字，用本民族語言的讀音書寫本民族口語。其發展路徑有别於日本漢字（借用漢字而不創造新字），而類似於契丹大字（模仿漢字以創造新字）。據稱，壯字形成於唐代早期（7 世紀）。這批民族化的漢字爲今人留下了大量寶貴的文史材料。

2. 婆羅米字母體系

南遷入東南亞後，百越的傣族支系借用印度的婆羅米字母體系（確切地説是其東南亞變體高棉文）創造出了傣文，并因不同方言與地域而演變出七種字體：暹羅傣文（泰文）、瀾滄傣文（老撾文）、蘭納傣文（傣仂文）、越南傣文（傣端文）、南方大傣文（傣繃文）、北方大傣文（新傣那文）與阿薩姆傣文（阿洪文）。據傳，最初的暹羅傣文（泰文）創製於13世紀晚期，創製者爲素可泰王朝的蘭甘亨王。

中國境内的傣族主要使用傣仂文（西雙版納傣文）與新傣那文（德宏傣文），少數沿邊地區的傣族亦使用傣繃文與傣端文。中國官方對傣仂文與新傣那文作了一定程度的修改與統一，爲其添加聲調符號，成爲現在的西雙版納傣文與德宏傣文。

德宏傣文

婆羅米字母是一種典型的音節文字（主字母表示一個"單輔音＋元音 a"音節，附加符號置於其上下左右表示元音或複輔音，由左至右横向書寫），歷史悠久，最初用於書寫印度的吠陀梵語（古梵語），後隨著印度教與佛教的傳播而廣泛使用於南亞、中亞與東南亞。印度的天城體字母、孟加拉字母、僧伽羅字母、泰米爾字母、泰盧固字母、中亞的佉盧文、吐火羅文、東南亞的緬甸文、傣（泰）文、高棉文、古馬來文、藏族的藏文、蒙古拔思巴文以及朝鮮諺文等都是其變體。中國的佛教藝術通常會使用婆羅米字母（悉曇體）作裝飾。日本的假名字母表（五十音圖）亦借鑒婆羅米字母表設計，縱列、横行分别按照輔音、元音規整排列。

中國傳統音韻學的反切法也是六朝時期在婆羅米音節文字體系（隨佛教傳入）影響下的直接産物（反切上字對應於婆羅米文的主字母，反切下字對應於婆羅米文的附加符號，兩者結合切出一個確定的音節）。

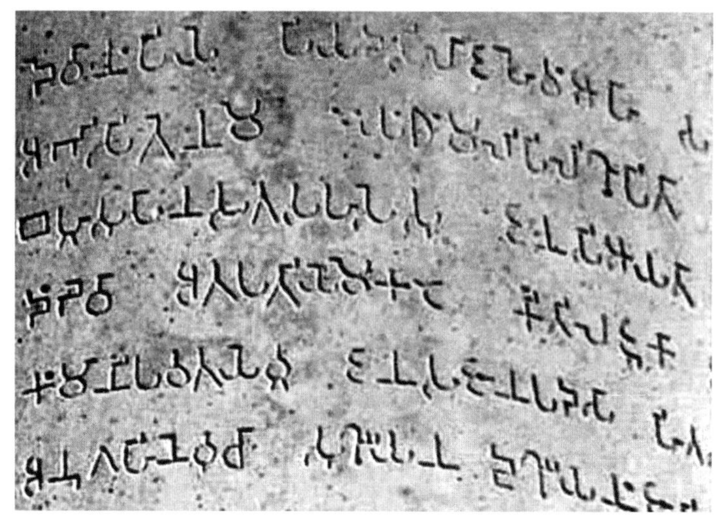

婆羅米文刻石

3. 拉丁字母體系

拉丁字母源於希臘字母,希臘字母則源於腓尼基文字。不同於婆羅米字母、楔形文字、日本假名等音節表音文字,拉丁字母與希臘字母均爲音素表音文字。音素文字的每一個字符表示一個特定的音素(音位),多個字母相拼構成一個音節(而不是一個字表示一個音節)。各種語言中的音節量通常較多,而音素(音位)量則十分有限,因此,音素文字的字符數往往少於音節文字(如拉丁文 21 個字母,而音節文字梵文則有 60 多個基本字母與大量的複合字母),較音節文字更簡單易學。

近代以來,衆多西洋傳教士來華傳教,爲學習當地語言以及傳播基督教經典之便,根據本國各自使用的拉丁字母拼讀習慣爲所到之處的各侗台語族語言以及吴語方言設計了各色拉丁化拼寫方案,有些甚至一度在民間得到推廣。如布依族在清代即至少使用過兩種拉丁字母拼音文字,一種仿照伯格里苗文(傳教士爲苗語設計的仿拉丁文字體,沿用至今),一種爲 18 世紀晚期天主教傳教士所創。

吴語方言中,1850 年 Benjamin Jenkins 出版 *Lessons in the Shanghai Dialect*,使用了一套拉丁化注音方案標注上海話發音(游汝傑,2016)。又有法國人爲 19 世紀晚期的上海話設計拉丁化拼音文字并記録下了大量的口語語篇材料,1908 年成書《土話指南》(錢乃榮,2015)。丁韙良的《算法開通》(*Sön-fah K'æ-t'ong*)全書使用 19 世紀晚期的寧波話羅馬字書寫。英國傳教士蘇慧廉(W. E. Soothill,1861—1935)在温州設計羅馬字并推廣 20 年,1903 年翻譯出版《新約聖書》(*Sang Iah Sing Shi*)并出版數種讚美詩(Tsa

Mi Sz)。此類事例不勝枚舉，總體上看，因爲江浙人整體文化水平較高，漢字使用普及，西洋傳教士爲江南吴語設計的拉丁化拼音方案在推廣度上均不如其爲西南少數民族設計的拼音文字，可謂曇花一現。

又晚清以來，西學東漸，百餘年間，漢字拉丁化的呼聲一度甚囂塵上，至有《漢語拼音方案》問世。幸而漢字終未亡於當代，拼音方案僅作注音、教學之用。時代風尚之下，江浙學者多有爲其本鄉吴語方言設計拉丁化拼音文字者。如鄭張尚芳(2008)記載徐賢議於 1937 年、鄭家駿於 1938 年各自發表《温州話新文字草案》，楊端毅與鄭嘉琛 1938 年合著《永嘉話新文字》，謝用卿於 1938 年出版《中國文字拉丁化南方草案》，倪海曙於 1949 年出版《拉丁化新文字概論》，趙屬民 1950 年油印《甌鰲話拉丁化新文字字母和拼法(草案)》，鄭張祥芳(尚芳)於 1950 年編著《温州話新文字講座》，1952 年温州速成識字運動設計《温州區方言注音》等，僅温州一地即有如此衆多的拉丁化方案問世。

此種拉丁化書寫或者注音的嘗試在整個吴語區至今未絶，而其功能與目的則已轉爲吴語文化在民間的搶救與傳承。

同時，官方也爲境内的各少數民族設計了拉丁化拼音文字。有些百越民族因此獲得第一種可書寫本民族口語的文字(如侗族、黎族)，有些民族則適因此而使本民族原本傳承的文字幾乎失傳(如壯族、布依族)。

Mwngz ndei! Mwngz heuh gijmaz coh
佲匇！佲嗃佡庅勬？

壯族新舊文字對照

在學術界，隨著一個多世紀以來現代語言學(尤其是結構主義語言學)的興起與成熟，以漢字書寫并結合國際音標記音(即中國音韻學結合西洋語音學)的文字記録方式成爲吴語研究的一般範式。趙元任 1928 年出版的《現代吴語的研究》是該領域的開山之作。以現代語言學手段對侗台語各民族語言的調查研究與記録在近數十年也積累了大量的語言資料。

4. 其他文字體系

文明後進民族在創製新文字時，爲簡便計，通常會引入或創造表音文字(字母文字)，如藏族在創製文字之初即派遣留學生前往印度學習婆羅米字母，歸國後設計了符合自身音韻特點的音節文字(藏文字母)。南亞、東南亞衆多民族都借鑒婆羅米字母設計出了屬於本民族的字母文字。很少有民族願意從頭設計一套字符數衆多的表意文字。當然,或許是受漢字文化的影響,歷史上確實有部分生活在漢族周邊的民族創造出過不同於漢字的表意文字體系,典型者如納西族的東巴文。在百越民族中,壯族、布依族、水族也曾經使用過獨特的表意文字,其字形類似於某種象形文字,圖形相當寫實(有甚於甲骨文與金文)。這些文字如今面臨失傳的危險。

水族文字水書碑文

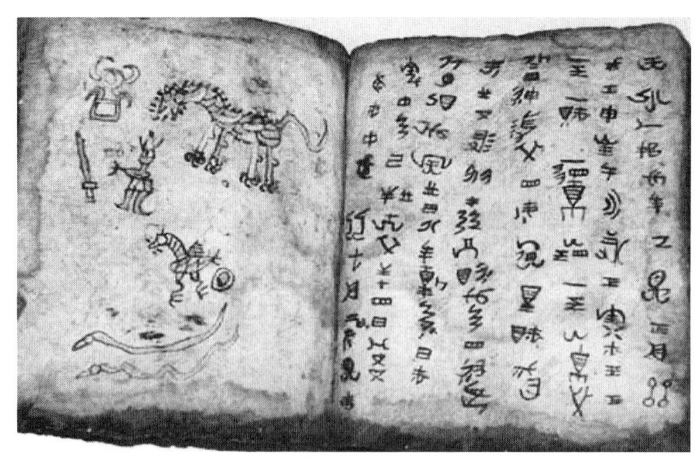

布依族古書抄本

西方傳教士也爲吴語方言設計過一些拉丁字母體系之外的文字。如美國新教傳教士高第丕(Tarleton P. Crawford,1821—1902)爲上海話設計過一種形體仿照漢字的音節文字(類似於朝鮮諺文)。

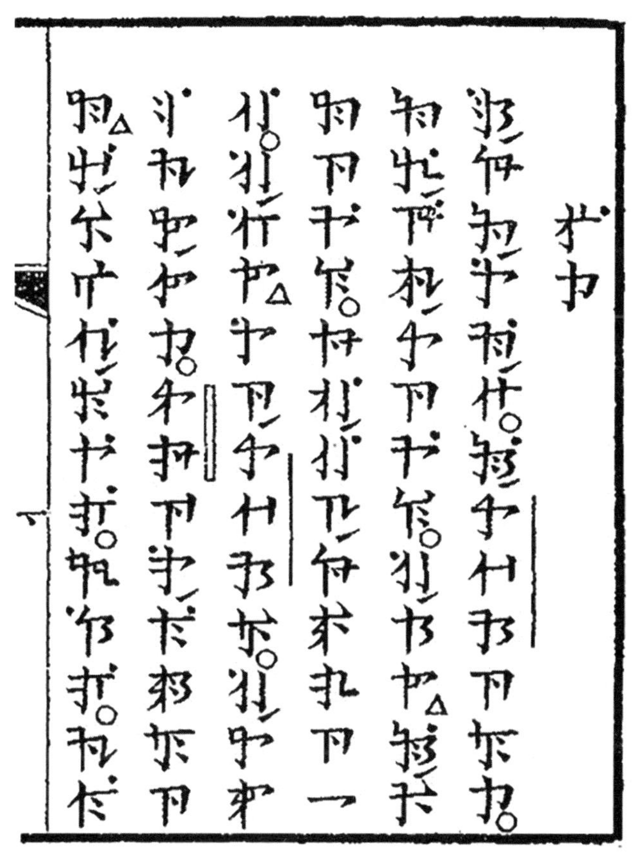

美國人高第丕設計的上海話音節文字

近代,國外的表音文字也反過來啓發國人,使其設計出一系列表音文字以書寫母語,江南即不乏其例。如清末瑞安陳虬編著《新字甌文七音鐸》與《甌文音匯》,自創一套仿篆體反切式拼音文字,拼瑞安音。又有清末平陽宋恕擬仿日文假名創造音節文字,拼平陽音(鄭張尚芳,2008)。

第二章 古越語探源

第一節 侗台語與南島語

1. 侗台語

20世紀20年代,語言學界依照19世紀研究印歐語系的思路,提出“漢藏語系”假説,認爲各種漢語(方言)同藏語及其親屬語言之間存在可考的同源關係,并由此建立了其下的“漢語族”和“藏緬語族”。其後,國内的語言學家又根據田野調查所得的資料建立了“苗瑶語族”和“侗台語族(Kam-Tai languages,又稱‘壯侗語族’)”,認爲這兩個語族同樣與漢語存在同源關係,在較多方面表現出同漢語的一致性(如語素皆以單音節爲主,具四聲八調系統,韻尾分開音節的陰聲韻、鼻音結尾的陽聲韻與塞音結尾的入聲韻三類,語法手段皆以分析語法手段爲主,爲數衆多的基礎詞彙存在疑似同源關係等),於是建立了一個涵蓋漢、藏緬、苗瑶和侗台四語族的大漢藏語系(馬學良等,2003)。國外語言學界則一向對該假説持保留意見,認爲苗瑶語族和侗台語族與藏緬語族之間不存在成體系的同源證據,三者互相之間亦未表現出令人信服的一一對應關係,苗瑶語族與侗台語族和漢語族在較多方面的相似性與其認爲是同源的證據,毋寧解釋爲歷史上長期相互同化、借用造成的結果。這一點可類比日本語:日本語長期受漢語影響,歷史上曾借入大量漢語表達方式和語言習慣,甚至語音結構也向漢語靠近(如原初的日本語中并不存在的韻尾-n的出現、本不出現在詞頭的顫音r的出現等),晚清以來,又有大量日本語詞彙和表達習慣傳入漢語,成爲漢語中不可或缺的組成元素,致使兩者表現出極强的相似性——然而這種相似性并不能説明漢語和日本語同源(情況近似的還有朝鮮語、越南語等）。較之日本人，苗瑶語民族、侗台語民族與漢民族交往的時間更長，相互影響的程度也更深，因此，其相互之間的相似性作爲同源證據的可靠性也更低。所以，目前國外語言學界認爲苗瑶語族和侗台語族宜分别獨立成與漢藏語系無明顯親緣關係的語系，漢藏語系僅包含漢語族和藏緬語族。

操侗台語的民族來源於駱越（西甌）人，是古越人的一個南遷支系，因族群衆多，互相之間語言、文化又極爲相似，曾被統稱爲"百越"，主要分布於中國西南及嶺南，近數百年間又進一步南遷，進入東南亞，遠至越南、老撾、泰國及印度阿薩姆邦，是越人中漢化程度最輕的一支（范宏貴，2007）。

據范宏貴（2007）統計，今日操侗台語的民族有如中國境内之壯、布依、傣、侗、仫佬、毛南、水、黎，南亞之岱（岱依）、儂、泰、熱依、佬、泐、山齋、拉基、普標、普泰、潤、央、石（塞克）、撣、阿含（阿洪）等計二十餘個大小民族。范宏貴（2007）對其語言和文化展開細緻的考察，同時考證漢文史籍，確定該族係發源於江浙的越人，確切地説是秦漢時期受迫于華夏人的擴張而南遷的越人西甌支系。該支系在嶺南繁衍成駱越，分化成衆多族群，漢人將其統稱爲"百越（百粤，'粤'同'越'）"。其與越人主體分化時間較早，所至之處華夏文明影響較晚，遂得保留較多越民族語言文化傳統，相較其他越族支系，屬於漢化最淺的一支。

現代侗台語族使用人口約有 9000 萬（倪大白，2010），分爲如下幾個語支：

（一）台語支（Tai/Dai Languages），亦稱壯傣語支，如壯語、布依語、傣語、海南臨高話、泰語、撣語、老撾語、岱語、儂語、石語、黑泰語、白泰語、坎梯語、阿含語等。台語支是現存侗台語中分布最廣、使用人口最多、最强勢的一個語支。

（二）侗水語支（Kam-Sui Languages），如侗語、仫佬語、水語、毛南語、佯僙話、莫話、甲姆（錦）話、拉珈語等。

（三）黎語支（Li Languages），如黎語、海南村話等。

（四）另外，仡佬語、拉基話、普標語、布央語、耶容語、木佬話等語言互相之間同源性明顯，整體與前述三語支具有一定程度的相關性，部分學者認爲其係侗台語中前三個語支的姊妹外類群，被歸入侗台語族，合稱仡央語支（吴安其，2009）。

（五）學界尚有一種觀點，認爲此前歸入南亞語系的越芒語族（越南語、芒語、俫語等）似應歸入侗台語，稱其爲"越芒語支"（韋樹關等，2019），姑備一説。

侗台語同於漢語的特徵主要有以下幾點，這些特徵暗示該語族在形成之初或之後可能受到過至少一輪漢化（也可能并非如此，見本節後文詳述）：

（一）語素以單音節爲主，音節可分爲聲母、韻母、聲調三部分。

（二）聲母以單輔音爲主。

（三）塞音聲母區分清濁，清塞音聲母又區分送氣與不送氣（仡央語群布央語甚至濁塞音亦有送氣與不送氣之對立），故構成三組對立，如 b-p-p^{h}、d-t-t^{h}。現代漢語中吴語和湘語仍保留有完整的三組對立。

（四）顫音 r 可出現在聲母（音節頭）位置（這一點區别於阿爾泰語，阿爾泰語的 r 只能出現在詞中兩音節之間或詞尾）。如泰語 rim2（邊緣）、ra:k10（根）、rɯ:n2（家）。現代漢語中顫音 r 幾乎已經完全消失，上古漢語中則很可能仍有大量 r 聲母字（可對比藏語）。

（五）韻母分爲陰聲韻（開音節）、陽聲韻（韻尾爲鼻音 m、n、ŋ）與入聲韻（韻尾爲塞音 p、t、k 或其弱化形式 ʔ），無其他輔音作韻尾（這一點區别於阿爾泰語與南島語，阿爾泰語與南島語的音節末尾輔音極其豐富）。泰國的石語尚有一個輔音韻尾-l，應該是後起現象。

（六）具有可與漢語對應的四聲八調系統，且聲調的分布與聲母、韻母的類型嚴格相關。

（七）語言類型屬於孤立語（分析語），以詞序、虚詞爲主要的語法組織手段，詞綴多僅用於構詞，罕見屈折變化。

（八）具有完備的量詞體系。侗台語典型的數量結構短語爲“名＋數＋量”，如傣語 pa1 sa:m1 to1（魚＋三＋條）“三條魚”。數量爲一時，數字“一”後置，如傣語 xim1 lim3 nɯŋ6（針＋根＋ ·）“一根針”。

（九）大量詞彙相通（多數顯然屬於借用）。

（十）存在大量的四音格結構短語（類似於漢語的四字短語或成語）。

（十一）普遍存在語音交替現象，用於派生新詞。如漢語“買”與“賣”、“種（籽）”與“種（植）”、“上（方）”與“上（課）”爲聲調交替，“長（大）”與“長（度）”、“背（面）”與“背（叛）”、“（猪）肚”與“肚（腸）”爲聲母交替，“毒（藥）”與“毒（死）”、“角（度）”與“角（色）”、“作（爲）”與“（叫）作”爲韻母交替；佯僙話 tui4（碗）與 tui3（盛飯）、壯語（武鳴話）rui^{55}（淌水）與 rui^{13}（滴水）、水語 xən^{33}（撈）與 xən^{35}（推）爲聲調交替，水語 ka:i^{55}（釘耙）與 k^{h}a:i^{55}（用釘耙耙）、saŋ^{31}（懸垂）與 zaŋ^{53}（上翹）、faŋ^{31}（邊沿）與 vaŋ^{35}（岸）爲聲母交替，水語 qaŋ^{13}（閂）與 qa:ŋ^{53}（擋）、lən^{53}（結束）與 lət^{35}（完）、ɕem^{33}（繼續）與 ɕep^{35}（接著）爲韻母交替。

侗台語也具有一系列不同於典型漢語的特徵，兹舉例如下：

（一）具有相當數量的複輔音聲母，主要是雙輔音，其構成爲塞音/鼻音＋l/r，如 bl、br、pl、pr、p^{h}l、p^{h}r、tl、t^{h}l、tr、t^{h}r、kl、k^{h}l、kr、k^{h}r、ml、mr 等。

(二)塞音(或鼻音)聲母除濁、清不送氣、清送氣三組對立外,尚有一組縮氣濁音(舊稱"先喉塞音"或"緊喉音"),構成四組對立,如 b-ɓ-p-p^h、d-ɗ-t-t^h。此種現象亦廣泛存在於越南語、吴語與閩語中(詳見第三章第二節)。

(三)主元音區分長短。如傣語(西雙版納)tsu:p9(嘬),kup7(斗笠)。不同於多數現代漢藏語,現代壯侗語通常没有鼻化元音。

(四)偏正短語中正在前,偏在後,與漢語相反。如布依語 po1 sa:ŋ1(山高)"高山",傣語 nok7 sɔŋ1 to1(鳥雙隻)"兩隻鳥"。

(五)句子結構以"主＋謂＋賓(SVO)"爲主,不同於漢語的謂語後置結構(SOV 或 OSV,當代漢語白話文因爲模仿歐式語法而改爲"主＋謂＋賓"結構,不屬於典型的漢語特徵,反而類似於侗台語)。

(六)存在反復疊音的語法現象。量詞、名詞疊音表示"所有"或"每一",如布依語 pu4 pu4(每一個),毛南語 ɗat7 ɗat7(每一個)。動詞疊音表示某種語氣,如傣語(西雙版納)sak8(洗),sok8 sak8(快洗),傣語(德宏)tse6(泡),tse6 tsa6(隨便泡一下)。形容詞疊音表示程度加深,如佯僙話 t^ham1(酸),t^ham1 nam1(很酸),水語 qam5(黑),qam5 qaŋ1(較黑)。此現象在吴語和閩語中亦極其常見。

這些語言現象均有異於典型的漢語,其中相當一部分至今留存於吴語和閩語中(詳見第三章),又因吴語、閩語在現代漢語中的影響力而遂使當代漢語使用者對之習焉不察。

2. 南島語

今日臺灣仍有十多個"原住民族",操各自的民族語言,典型者如泰雅語、阿美語等。這些語言雖然各異,相互之間却存在著明顯的親緣關係。所有臺灣"原住民族"語言都屬於同一個語系,語言學界將該語系稱爲"南島語系(Austronesian languages)"(曾思奇,2005)。今日已可確證南島語民族即古夷人,與商人應屬同一族系。

已知南島語包含近 1000 種語言,是目前語言種類最多、分布最廣的一個語系(吴安其,2009),其中多數語種使用人口僅數百至數萬,極少愈千萬者(如他加洛語、馬來—印尼語、爪哇語、巽他語、馬都拉語等)。爪哇語使用人口最多,1995 年統計爲 7500 萬。不少被學界研究、記録過的南島語已在最近數個世紀間消亡。

該語系語言的特點爲多音節語素、黏著語法手段等,明顯區別於漢藏語系。屬於南島語系的語言還有他加洛語(菲律賓)、馬來語(馬來西亞、印度尼西亞)、馬達加斯加語、毛利語(新西蘭)、夏威夷語等,廣泛分布于太平洋諸群島,其分布範圍大致與中國大陸之外的"有段石錛文化"分布點相一致。南島語民族分布地區的史前文化多爲"繩紋文化",與日本史前文化相近似,暗示日本民族有部分南島民族淵源。

現代南島語系的支系劃分較爲複雜,依據吴安其(2009)分爲如下四個語族:

(一)泰雅—賽夏語族,分布於臺灣,如泰雅語、賽德克語、賽夏語。該語族爲南島語中最先分化出去的一個支系。

(二)鄒—卑南語族,分布於臺灣,下分鄒—魯凱語支(鄒語、卡那卡那富語、沙阿魯阿語、魯凱語、排灣語等)和卑南—布嫩語支(卑南語、邵語、阿美語、布嫩語等)。

(三)馬來—他加洛語族,分布於東南亞大陸沿海及其周邊群島,下分馬來語支(馬來—印尼語、巴厘語、爪哇語、巽他語、巴塔克語、馬達加斯加語等)、占語支(占語、哈羅伊語、扎德語、羅格萊語、亞齊語、三亞回語等)、他加洛語支(他加洛語、巴拉望語、摩爾波格語、臺灣雅美語等)。

(四)美拉—密克羅尼西亞語族,主要分布於巴布亞新幾内亞、美拉尼西亞、所羅門群島、瓦努阿圖、新喀里多尼亞、密克羅尼西亞等太平洋島嶼地區,下分巴布亞(莫圖—大瓦拉)語支、波利尼西亞語支、密克羅尼西亞語支、新喀里多尼亞語支等。

南島語民族分布與遷徙路綫(據吴安其,2009)

南島語的典型特徵舉例如下:

(一)語義語素多數爲多音節,以雙音節爲主。

(二)無聲調(受周邊漢語和侗台語强烈影響的三亞回語除外),有詞重音,重音多在末音節或次末音節(各語種僅取其一,重音無辨義功能,僅爲一種發音習慣,且在接續後綴時轉移至後綴音節)。

(三)輔音有清濁對立,清輔音通常無送氣與不送氣對立,濁輔音無縮氣音("先喉塞音")。後兩點不同於侗台語。值得一提的是,位於中南半島因而深受南亞語系影響的占語支諸語中輔音存在送氣與不送氣對立(甚至濁輔音也區分送氣與不送氣,類似於南亞語系的孟—高棉語族,如佤語),且具有一整套縮氣音(包括縮氣鼻音),可謂南島語的例外。

(四)除占語支諸語外,南島語輔音普遍以單輔音爲主,缺乏複輔音。語流中出現的複輔音僅爲前音節元音臨時省略的結果(如臺灣噶瑪蘭語 səpat→spat"四",占語支的複輔音成因亦同於此),情況類似於侗台語複輔音的成因(詳見本節後文)。元音亦以單元音爲主,通常不區分長短。

(五)韻尾輔音豐富,除 m、n、ŋ、p、t、k、ʔ 外尚有 h、x、s、ʃ、r、ɬ、ð 等。南島語類似於侗台語,通常無鼻化元音韻母。

(六)語言類型屬於黏著語,以附加前綴、中綴、後綴(詞綴可相互疊壘)爲主要的構詞和語法組織手段,以詞序、虛詞爲輔,極少屈折變化。

(七)偏正短語中通常正在前,偏在後,類似侗台語(然而不如侗台語嚴格),與漢語相反。如馬來語 pakajan baru(衣服新)"新衣服",臺灣鄒語 ua(鹿)+tsəhumu(水)→uasəhumu(水牛),臺灣布嫩語 sumsuman(膜拜之處)+s+ʔakia(鬼神)→sumsumasʔakia(廟宇)、uhahaivan(沉落之處)+s+vaɬi(太陽)→uhahaivasvaɬi(西方)。

(八)句子結構以動詞前置爲主(VOS 或 VSO,馬來語支爲 SVO),類似侗台語,不同於漢語的謂語後置結構(SOV 或 OSV)。

(九)强調複數或"每一"概念時慣用單詞反復疊音的手段,如馬來語 oraŋ-oraŋ(衆人)、tiap-tiap hari(每日),臺灣賽德克語 qali-qali(衆兒童)、tasaw-tasaw(歷年)。動詞、形容詞等詞類亦可反復,表示某種語氣、情態或加深程度,如布嫩語 aiða-aiða(到處都有)、vistu-vistu(不停掙扎),臺灣阿美語 awa-awa(一無所有)、kəliŋ-kəliŋ(叮噹作響)。詞中部分音節或音位反復疊音亦可用於構詞或表示某種語法意義,如布嫩語 masnava(教)→masna-nava(教師),噶瑪蘭語 sikaw-kawma(一直講)、tia-tiana(哪些人)、ki-kirim(一直尋找)、pi-pir(打聽)。

(十)具有完備的量詞體系(以名量詞爲主,缺乏動量詞)。"數+量"結構短語通常位於所修飾的名詞前,如馬來語 dua həlaj pakajan(二+件+衣服)"二件衣服"。

(十一)具有獨特的焦點系統。"焦點系統"指的是爲了呼應句子主語語義角色而在謂語動詞上附加一系列相應詞綴的語法現象(曾思奇,2005)。如阿美語 sətiʔ(打)、wawa(兒童)、watsu(狗)、kuni(此)、awtal(屋外)、kasuj(木柴)可構成以下語句:

mi-sətiʔ ku wawa tu watsu.(兒童打狗。助詞 ku 表主語,tu 表賓語,前綴 mi-表

主動。)

ma-səti? nu wawa ku watsu.(狗被兒童打。助詞 nu 表被動句中的施動者,前綴 ma-表被動。)

səti?-ən nu wawa ku watsu.(狗是被兒童打的。後綴-ən 强調施動者。)

pi-səti?-an nu wawa tu watsu kuni awtal.(屋外是兒童打狗之處。前綴 pi-表施動,後綴-an 表處所。)

sa-pi-səti? nu wawa tu watsu kuni kasuj.(兒童打狗用的是這根木柴。前綴 sa-表工具。)

3. 越夷源流

倪大白(2010)以歷史比較語言學的方法提供了一系列的證據證明南島語(夷人語言)與侗台語(越人語言)之間的同源性,并指出南島語的特徵更爲古老。在詞彙和音韻方面,侗台語在南島語的基礎之上受漢語的影響,已經發生一定程度的變化,如語素的單音節化、複輔音聲母單輔音化、韻尾的簡化、出現聲調、由黏著語變爲孤立語等。從這一研究可以得出越人發源於夷人(或至少和夷人有共同祖先而與漢人關係更遠)且越人在上古時期就已經發生過一輪漢化的推論。事實上,國際語言學界(以白保羅爲首)就有一種觀點,認爲應該將南島語和侗台語歸入同一個語系,并稱該語系爲"澳泰語系(Austro-Thai languages)"。如果語言學上的這一推論成立,那麼越人的真實身份就可能是江浙一帶受到過一定程度漢化後的夷人。這一點反過來也可以解釋越人和夷人在文化上的相似性(比較夷人"被髮文身"和越人"斷髮文身",以及兩者同樣高超的水性和相似的有段石錛遺物)以及越人何以能繼續與漢人比鄰而夷人則不得不徹底退出中國大陸。

侗台語與南島語之間同源的可能性可以通過以下幾個方面得到初步證實:

(一)首先是爲數衆多的(可能的)同源詞。詞彙的同源性是證實語言之間親緣關係的第一證據。同源詞通常需要從基本詞彙(如代詞、親屬稱謂、數詞、常見動植物、器官、日常器物、自然現象、動詞、形容詞等)中去尋找。一種語言的基本詞彙不多,語素量通常在 2000 以下(可參考日本確定的當代常用 2000 漢字),且其中已夾雜有大量外來成分。考慮到這一事實,目前學界爲侗台語和南島語找到的約 300 個同源詞(倪大白,2010)可謂已經具有相當强的説服力。兹舉例如下:

【月】:南島馬來語 bulan,阿美語 fulaɬ,布嫩語 buan;侗台壯語(武鳴)dɯ:n1,布依語 di:n1,傣語(西雙版納)d ɤn1,傣語(德宏)lən1,侗語 ȵa:n1,仫佬語 njen2,水語 nja:n2,

毛南語 njen2，拉珈語 lie:ŋ6，黎語 ȵa:n1。

【水】：阿美 nanum，布嫩 danum，原始鄒—卑南語 ＊ɖəɳum，原始南島語 ＊ɖanum；壯（龍州）nam4，布依 zam4，臨高話 nam4，傣（西）năm4，傣（德）lam4，侗 nam4，仫佬 nəm4，水 nam3，毛南 nam3，拉珈 num4，黎 nom3/nam3，侗台共同語 ＊rnam。

【火】：馬來 api，布嫩 ʃapuð，三亞回語 pui^{33}，原始泰雅語 ＊sapuj，原始鄒—卑南語、原始馬來—他加洛語 ＊apuj，原始美拉—密克羅尼西亞語 ＊labi，原始南島語 ＊sapuj；壯（武）fei2，壯（龍）fai2，布依 fi2，臨高 vəi2，傣（西）făi2，傣（德）fai2，侗 pui1，仫佬 fi1，水 wi1，毛南 vi1，拉珈 pu:i1，黎 fei1，侗台共同語 ＊cbuj。

【田】：馬來 tanah，阿美 umah，回 na^{55}；壯 na2，布依 na2，臨高 nia2，傣（西）na2，傣（德）la2，黎 ta2。

【村】：馬來 kampuŋ，布嫩 piai；壯 ba:n3，布依 ba:n4，傣（西）ban3，傣（德）ma:n3，仫佬m̥a:n3，水 ba:n3，毛南 ba:n4，拉珈 ba:n3，黎 fa:n1。

【門】：馬來 pintu；壯（武）tou1，壯（龍）tu1，布依 tu1，臨高 dəu2，傣（西）tu1，傣（德）tu6，侗 to1，仫佬 tɔ1，水 to1，毛南 tɔ1，拉珈 to1，黎 t^{h}iu1。

【兒童】：馬來 anak，回 na^{24}；壯（武）lɯk8，壯（龍）luk8，布依 lɯk8，臨高 lək8，傣（西）luk8，傣（德）luk7，侗 la:k10，仫佬 la:k8，水 la:k8，毛南 la:k8，黎 ɬɯ:k7。

【猪】：馬來 babi，阿美 fafuj，布嫩 babu，回 p^{h}ui^{11}；黎 pou1，壯（武）mou1，壯（龍）mu1，布依 mu1，臨高 mo1，傣 mu1，毛南 mu5，仫佬m̥u5，水m̥u5。

【熊】：阿美 tumaj，布嫩 tumað，回 mui^{11}；壯（武）mɯi1，壯（龍）mi1，布依 mɯ:i1，臨高 mo1hui2，傣 mi1，侗 me1，水^{ʔ}mi1，毛南 moi1，黎 mui1。馬來 biruaŋ；仫佬 pwa2mɛ1。

【骨】：馬來 tulaŋ，阿美^{ʔ}ukak，布嫩 tuhnað，回 la:n^{33}；壯（武）do:k7，壯（龍）duk7，布依 do5，傣（西）duk7，傣（德）luk7，侗 la:k9，水 da:k7/la:k7，毛南 da:k7。

【墜落】：馬來 dzatuh，阿美 matərak；壯（武）tok7，壯（龍）tuk7，布依 tɔk7，臨高 dok7，傣（西）tok7，傣（德）tok9，侗 tok7，水 tok7，毛南 tok7，黎 t^{h}ok7。布嫩 mapunanaʃtu；拉珈 pla5。

【食】：馬來 makan，阿美 kumaən，布嫩 maun，回 baŋ^{33}；壯（武）kɯn1，壯（龍）kin1，布依 kɯn1，臨高 kɔn1，傣（西）kin1，傣（德）kin6。

【死】：馬來 mati，阿美 pataj（殺），布嫩 matað，回 tai^{ʔ42}；壯（武）ta:i1，布依 ta:i1，臨高 dai1，傣（西）tai1，傣（德）ta:i6，侗 təi1，仫佬 tai1，水 tai1，毛南 tai1，拉珈 plei1，黎 ɬu:i4。

【洗】：馬來 basuk，阿美 fatʃa^{ʔ}，布嫩 mapaʃ^{ʔ}ah，回 za^{33}；壯（武）sak8，壯（龍）ɬak8，布依 sak8，臨高 dak8，傣（西）săk8，傣（德）sak8，侗 sak7，仫佬 suk7，水 lak7，毛南 zak7，黎

to:k7。

【一】:馬來 satu,阿美 tʃətʃaj,布嫩 taʃa,回 sa33;壯(武)deu1,布依 deu1,侗 la:u3,仫佬n̥a:u3,水 to2,毛南 tɔ2,黎 tsɯ2。

【右】:馬來 kana,阿美 kawanan;壯(武)kwa2,布依 kwa2,傣(西)xwa1,傣(德)xa1,侗 wa1,拉珈 wa2,仫佬 fa1,水 fa1,毛南 fa1。布嫩 tanaʃkaun;黎 tən2。

【此】:馬來 ini,阿美 uni,回 ni33,原始泰雅語 * sini,原始鄒—卑南語、原始馬來—他加洛語、原始南島語 * ini,原始美拉—密克羅尼西亞語 * inai;壯(武)nei4,壯(龍)nai3,布依 ni4,臨高 nɔi4,傣(西)niˀ8,傣(德)lai4,侗 na:i6,仫佬 ni5,水 na:i6,毛南 na:i6,拉珈 ni2,黎 nei2,侗台共同語 * cni(ˀ)。

【我】:馬來 aku,阿美 kaku,布嫩 ȶaku,回 kau33,原始泰雅語 * jaku,原始鄒—卑南語、原始南島語 * ku,原始馬來—他加洛語 * aku,原始美拉—密克羅尼西亞語 * ŋaku;壯(武)kou1,壯(龍)kau1,布依 ku1,臨高 hau2,傣(西)ku1,傣(德)kau6,仫佬 hɔi2,黎 hou1,侗台共同語 * ku。

【你】:馬來 kamu,原始泰雅語 * ˀisu,原始鄒—卑南語、原始南島語 * su,原始馬來—他加洛語 * sikah,原始美拉—密克羅尼西亞語 * iku;壯(武)mɯŋ2,布依 mɯŋ2,壯(龍)maɯ2,臨高 mə2,傣(德)maɯ2,拉珈 ma2,黎 mɯ1,侗台共同語 * su(你們)。

【黑】:馬來 hitam,原始泰雅語 * qalus,原始鄒—卑南語、原始南島語 * quɖam,原始馬來—他加洛語 * hitam;壯 dam1,臨高 lam1,傣(西)dam1,傣(德)lam6,侗 nam1,仫佬 nam1,水ˀnam1,毛南 nam1,拉珈 lam1,黎 dam1,侗台共同語 * qdam。

【紅】:原始泰雅語 * talas,原始鄒—卑南語、原始南島語 * madaraŋ,原始馬來—他加洛語 * mirah,原始美拉—密克羅尼西亞語 * makaru;泰 ɗɛ:ŋ2,老撾、岱—儂語 ɗɛ:ŋ1,普標語 nja:ŋ1,侗台共同語 * greŋ。

【多】:原始泰雅語 * saparu,原始美拉—密克羅尼西亞語 * pulu,原始馬來—他加洛語 * lubah,原始南島語 * paru;黎語(通什)ɬai1,壯語(彬橋)、布依語、傣語(芒市)la:i1,侗台共同語 * plar。

【坐】:原始鄒—卑南語、原始南島語 * maɭuŋ,原始馬來—他加洛語 * mduk;泰、岱—儂 naŋ3,老撾 naŋ5,黑泰、白泰 naŋ6,普標語 taŋ3,侗台共同語 * mlaŋ。

【舌】:馬來 lidah,回 la55;壯 lin4,布依 lin4,臨高 lin4,傣 lin4,黎 ɬi:n3。阿美 ʃəma,布嫩 maˀmaˀ;侗 ma2,仫佬 ma2,水 ma2,毛南 ma2,拉珈 ŋwa2。

【新】:馬來 baru,阿美 faəluh,布嫩 bahɬu,回 pʰiə11;壯(武)mo5,壯(龍)maɯ5,布依 mo5,傣(西)mǎi5,傣(德)maɯ5,侗 məi5′,仫佬m̥ai5,水m̥ai5,毛南 mai5,黎 pa:n1。

以上例詞表明單音節的侗台語詞往往是雙音節的南島語詞的簡化形式，其簡化手段通常是去除第一音節，留取第二音節（亦有留取第一音節者，如前例“舌”、“新”）。

【眼】：馬來 mata，阿美 mata，布嫩 mata；壯（武）ta1，壯（龍）ma:k7ha1，布依 ta1，臨高 da1，傣（西）ta1，傣（德）ta6，侗 ta1，水^{n}da1，毛南^{n}da1，黎 ts^{h}a1，仫佬l̥a1/mja1，拉珈 pla1。

【肩】：馬來 bahu，阿美^{ʔ}afala，布嫩 vau，回 p^{h}ia^{11}；壯 ba5，布依 ba5，臨高 via3，傣（西）ba5，傣（德）ma5，黎 va2，仫佬 ha1，水 ha1，毛南 ha1。

【腿】：馬來 paha，布嫩 pinaʃah，回 p^{h}a^{33}；壯（武）ka1，壯（龍）k^{h}a1，布依 ka1，仫佬 ka1，傣 xa1，黎 ha1，水 qa1/pa1，臨高 va2，侗 pa1，毛南 pja1。

【屁】：馬來 kentut，回 tu^{ʔ42}；臨高 dut7，傣（西）tot7，傣（德）tot9，侗 tət7，水 tət7，毛南 tət7，黎 t^{h}u:t7，仫佬 k^{h}ət7。

【螞蟥】：馬來 lintah，阿美 ɬaɬinta^{ʔ}，布嫩 vini，回 a^{11}ta^{55}；壯（武）pliŋ1，拉珈 bliŋ1，壯（龍）piŋ1，布依 piŋ1，臨高 biŋ1，侗 mjiŋ2，仫佬 miŋ2，毛南^{m}biŋ3，水^{m}bi3，傣（西）piŋ6/tak8，傣（德）piŋ6/ta:k8。

【鴉】：馬來 gagak，布嫩^{ʔ}ak^{ʔ}ak；壯（龍）ka1，傣（西）ka1，傣（德）ka2，侗 qa1，仫佬 ka1，水 qa1，毛南 ka1，拉珈 tu2ka1，黎^{ʔ}a:k7，臨高 mai4^{ʔ}ak8，布依 tuə2^{ʔ}a1，壯（武）ɣok8ka1。

以上六例表明不同的侗台語在簡化其多音節原始語時分别脱落了不同的音節，僅考察語族内部似各不同源，參照南島語則實爲同源。

【芝麻】：馬來 ləŋa，阿美 ɬaŋka，回 ŋa^{33}；傣 ŋa2，壯（武）lɯk8ɣa2，布依 lɯk8za2，水 la:k8^{ʔ}ŋa1。

【箭】：馬來 panah，阿美 pana^{ʔ}，回 na^{55}，原始美拉—密克羅尼西亞語＊pana，原始南島語＊panaq；壯（龍）na5，傣（德）na3，毛南 na5，水n̥a5，侗 pa5na3′，侗臺共同語＊^{ʔ}na^{ʔ}。

【喜鵲】：馬來 kutɕitsa，阿美 talatafatsaj，布嫩 ɬaɬinutað，壯 kalɕa:k7，臨高 kia2siak7，傣（西）ka1tsak9，傣（德）ka6tsa:k9，侗 qa1ɕa:k9，水 qa1ɕa:k7，拉珈 ka3tsa:k7。

以上三例甚至顯示有侗台語保留了整個多音節詞（對比漢語中的連綿詞，如“顢頇”、“窈窕”、“不律”、“蹣跚”，其來源可能與侗台語中此三例雙音節詞相同，是原始漢藏語多音節詞的遺留）。

（二）其次是兩者之間在分化路徑上存在明顯的理據性。如同源詞中，單音節的侗台語詞往往是雙音節的南島語詞的簡化形式，其簡化手段通常是脱落第一音節，留取第二音節（見前文例詞）。

又如侗台語中複輔音聲母（南島語缺乏複輔音）的形成與簡化路徑。其複輔音聲母多數來源於對多音節原始語的單音節化縮合。如：

【雷】:原始大洋洲語(POC)＊pila;壯(武)、拉珈 pla3,石語 pʰra3。

【石山】:原始南島語(PAN)＊bulud;石 pʰra1,阿含語 pʰra。

【燒】:原始南島語＊pəlun 和＊perun;石 pʰrau(2),阿含 pʰreu,壯(武)plau,拉珈 ploŋ。

【蔬菜】:原始南島語＊biRaq;石 pʰrak(4),壯(武)plak7,壯(貴縣)prak7。

【末梢】:原始波利尼西亞語(PPN)＊potu;泰語、石、壯(武)pla:i1,壯(貴)pra:i1。

【芋】:原始南島語＊biɣah;壯(武)plɯak7。

【分離】:原始南島語＊bijak 和＊pijak;泰 pʰra:k(3),壯(武)pla:k8。

【竹篾】:原始南島語＊bətuŋ 和＊betuŋ;石 pro:k(4)。

【沸】:原始南島語＊bu(n)tun;拉珈 ploŋ6,壯(武)plou2。

【賣】:原始大洋洲語＊poli;拉珈 plɛ1。

【眼】:原始波利尼西亞語＊pula;石 pra1,拉珈 pʰla1。

【死】:原始南島語＊pataj,原始印尼語(PIN)＊patay;拉珈 plei1,石 pra:i1。

【香】:原始菲律賓語(PPH)＊bahuq;壯(武)、拉珈 pla:ŋ1。

【盲】:原始印尼語＊buta;黎 pla:u1。

【屋】:原始南島語＊bilik;黎 ploŋ3/poŋ3loŋ3。

【斷】:原始菲律賓語＊baliq,原始馬來坦語(PM)＊bota;石 pre:k(6),拉珈 plɛu5。

【蚱蜢】:原始南島語＊balaŋ 和＊bilalaŋ;拉珈(tu2)plak7。

【曬】:原始南島語＊perah;石 pra:k(6)。

【月】:原始南島語、原始印尼語、原始曼諾婆語(PMB)＊bulan,原始泰雅語＊bula,原始鄒—卑南語＊buɭan,原始馬來—他加洛語＊bulan;石 bliən1,侗台共同語＊blən。

【膽】:原始馬來坦語＊bulu,原始南島語＊pəru,原始安婆尼斯語(PAM)＊pĕlu;石 bli1,拉珈 blai1。

【花】:原始曼諾婆語＊bulak;石 blo:k(6),阿含 blâk。

【踢】:原始南島語＊bitit 和＊bintiq;石 bli:t(6)。

【鳥】:原始南島語、原始馬來—他加洛語、原始菲律賓語、原始美拉—密克羅尼西亞語、原始新喀里多尼亞語(PNC)＊manuk,原始鄒—卑南語＊qalam,原始泰雅語＊qəbasu;拉珈 mlok7,侗台共同語＊mnuk。

【口水】:原始鄒語(PTS)＊ŋalai;石 mla:i(4),壯(武)mla:i2。

【睁】:原始菲律賓語＊bulat;石 mlɔ:n(4),阿含 mlen。

【吞】:原始南島語＊tələn,原始印尼語＊tĕlĕn;石 tlɯ:n1,泰 klɯn1。

【星】:原始南島語＊tala(h)和＊tala(q);石 tra:u1。原始美拉尼西亞語(PMN)＊

(m)bitu(n);拉珈 blet7。

【雞距】:原始南島語 * dalu;石 tra1。

【栽】:原始南島語 * tələŋ;石 * tram1。又原始南島語 * biɣah 和 * biʀaq;石 plɔ:k(6),泰 plu:k(2),壯(龍)plj ɤ:k(5)。

【蜘蛛】:原始波利尼西亞語 * kalewe;壯(武)klwa:u1,石 t^hra:u2。

【鼓】:原始南島語 * gəndaŋ;泰 klɔ:ŋ1,壯(武)klo:ŋ1,石 tlɔ:ŋ1。

【臼】:原始菲律賓語 * galah;泰 k^hrok。

【近】:原始馬來坦語 * gara;泰 klai3,壯(武)klaɯ3,壯(貴)kraɯ3,石 tl ɤ3。原始波利尼西亞語 * pili;黎 plaɯ3,阿含 p^hriŋ。

【關閉】:原始南島語 * kulun;壯(武)klaŋ1,石 t^hraŋ(2)。

【頭】:原始南島語 * qulu 和 * huluo;泰、壯(武)klau3,石 t^hrau3。

【鹽】:原始中央巴布亞語(PCP) * kikimalu;泰 klɯa1,阿含 klu,壯(武)klu1,壯(貴)kru1,石 tlua1。

【蛋】:原始中央巴布亞語 * gatoi;阿含 k^hrāi。

又如侗台語聲調的形成路徑。聲調是侗台語較爲晚近形成的特徵。在早期暹羅傣文(泰文,最早的文獻大約來自 13 世紀晚期)中已能看出聲調的雛形,其文字中已有少數幾個附加符號用於標示聲調。老傣文(舊西雙版納傣文與德宏傣文)則缺乏清晰的聲調標記,當今通行的新傣文已爲其加上。現代侗台語通常具備四聲八調體系(某些語言——如侗語——又進一步發生分化,最終形成的聲調總數超過八個),其四聲[Fang-Kuei Li(1997)將其構擬爲 A 聲、B 聲、C 聲與 D 聲]的形成機制受制於韻母類型,同時很大程度上也取決於其在音節簡化過程中留取的是原始語的末音節還是首音節(多音節詞帶重音,南島語重音通常落在末音節或次末音節,輕重音往往伴隨不同的音高,故留取的音節不同,形成的聲調有别)。四聲形成後,又因爲後續聲母的濁音清化,各聲各自分化出高低有别的陰陽二調以補償消失的清濁對立,最終形成八調體系。這一演變過程與漢語如出一轍,由其形成過程中的制約因素則分明可見侗台語原始語中多音節的南島語影子(詳細論證見倪大白,2010)。

(三)加之語法上的相似性,如:句子結構以"主+謂+賓"爲主,不同於漢語的謂語後置結構(當代漢語白話文因爲模仿歐式語法而改爲"主+謂+賓"結構,不屬於典型的漢語特徵,反而類似於侗台語與南島語);偏正短語中通常正在前,偏在後,與漢語相反;反復疊音現象(此語法現象在吴語和閩語中亦極其常見)等。

以上三個方面的證據(尤其前兩點)足以證明侗台語和南島語之間存在可靠的同源

關係。今後的研究儻能在這幾點上進一步深入與拓寬，則夷越同源的假説或許會更具説服力。

越民族很可能不是一個歷史非常悠久的民族。史籍中最早可證實有越民族活動的時期爲春秋時期，其時同屬越民族的越國與吴國相互攻伐，其語言、文化也被記録并流傳至今。吴國王室的源頭據信爲姬泰伯，史籍所記載的傳説認爲泰伯南逃入越民族中隱居，以將君位讓予其侄姬昌（周文王）。如果該傳説屬實，則越民族可考的歷史可上推至商代末期（約 3000 年前）。至於越國王室爲大禹後代的傳説則因爲大禹本人亦不可考而顯得虛無縹緲，且古人多好附會，尤宜存疑。而後人又進一步訛傳大禹爲整個越民族之始祖，則如周人之認后稷爲始祖，只可作文學欣賞，不可據以爲歷史實證。考慮到民族的形成需經歷一個過程，則越人的起源時間似應從姬泰伯時期前推一段時間。當然，一個民族形成的過程可長可短，長可達千年，短則只需數十年，取其中位數，蓋需數百年，則江南古越人從夷人族系中分異、漢化成爲新民族（以周人視角可稱爲由“生番”變爲“熟番”）的事件大概率發生在商代的數百年間。

這一點推論實堪玩味，可以從兩個方面來看：其一爲商越關係，其二爲周越關係。

夷系商人崇拜玄鳥（《詩經·商頌》：“天命玄鳥，降而生商，宅殷土芒芒。”），後世文獻記載越人亦以鳥爲圖騰，且有地下出土文物爲證，尤其吴越鳥書更直接反映此種崇拜傾向。上古時期，圖騰往往是部族的專屬標志，不同部落共一圖騰即意味著相互之間同爲一系，同出一源（如北狄的狼圖騰即阿爾泰語民族延續始終的共同標志）。商越兩族在圖騰崇拜上的一致性使人不得不認真思考兩者的同源性問題。

越語所屬的侗台語與商語所屬的夷系語言（南島語）的密切關係如前述。如今學界一致相信，語言是民族的基因，血統反而次要（人可以被同化而改變民族屬性，如土耳其語顯然是一種突厥語，今日土耳其人自認爲屬於突厥族系，基因檢測結果則顯示其血統以希臘人爲主）。

如果上古商越同源（即夷越同源），則越語中衆多的夷語同源詞與雷同的語法現象自然在情理之中，且以同源成分的相似度之高、理據性之强，可以推測夷越兩族系的分異時間僅爲數千年（可對比印歐語族系内部分異時間約爲 7000 年，又可對比現代漢語和藏語的差異度之大，最近的分子生物學研究結果認爲兩者分異時間約爲 5000 年，則相似度更高的夷、越兩族系分異時間似當小於此數）。後世或者夷語發生變化，或者越語發生變化，或者兩者各自朝不同的方向變化，造成今日兩系語言的明顯差異。則這三種可能性各自的成因值得探究。

（一）若是夷語發生變化而越語基本未變（即侗台語更存古），則比現代南島語更古老的商語應具有更多侗台語的特徵,越人因爲居住環境長期穩定而較爲保守,夷人則因爲後世的大遷徙而受到更多的外來影響。侗台語相比南島語更爲顯著的類漢語特徵所反映的可能是一度發生過的“漢人越化(更確切地説是商化)”事件(其説詳見第一章第一節),而非多數人視作既成事實的“越人漢化”。是漢語因爲商化而變得像越語,而不是越語因爲被漢化而變得像漢語。

(二)若是越語發生變化,夷語大體未變(即南島語更存古),則商語應更類似於現代南島語,越語則是上古夷語經歷過一輪漢化的産物。那麽漢化的原因與時間將成爲主要問題:是周人在商代對越人祖先施加了影響,還是在更早的時候夏人(與周人同爲華夏族)即已經在塑造越人的祖先?

(三)若是越語和夷語同時分别發生巨大的變化(即侗台語和南島語皆不存古),則問題將變得錯綜複雜。

目前支持侗台語、南島語同源説的研究更多指向第二種可能性,即上古越語確實發生了明顯的變化,夷語則相對穩定,越、漢之間的相似性更可能是因爲越人的祖先獨自受到過一輪漢化(可能在商代),而與周人在同時期受到的商化無關——兩者是獨立事件。簡言之,即上古時期夷人中的佼佼者——商人——在語言、文字上對文明後進的羌系華夏族(周人)施加影響,同時日漸崛起的華夏族又對另一支相對弱勢的夷人施加了相當程度的影響,遂使這一支夷人成爲有别於其他夷人的一支——越人。越人的實質是一群受到過漢化的夷人,其民族形成的時間大概在商代。當然,在漢化的同時,越人也可能受到相當程度的商化,然而,從語系層面上看,本是同族的商人所帶來的影響終究不能算是典型的“外來影響”。

最後,必須補充的一點是:如果商越實非同源(從邏輯嚴密性上——即證實與證僞須同時滿足——看現有的材料,這種可能性確實無法被完全排除),則越語中爲數衆多的夷語“同源詞”仍是外語借詞(吴安其,2009),其一系列特徵性的語法現象也可能是被外語同化的結果,這種外來成分的主要來源應當是當時文化上更爲强勢的商人的語言(即越人的祖先經歷過一次“商化”,從而形成越民族),越語(侗台語)與東亞其他語言(如南島語、漢藏語、苗瑶語、南亞語等)的關係仍將是學界的一個謎題。既然越人祖先的身世再次變成一個開放性問題,則漢越同源的可能性將因此又一次變得不再虚無縹緲(至少與夷越同源一樣值得探討)。簡言之,即在這種可能性下,越人的祖先與華夏人(周人)可能同源,也可能不同源,兩者在商代分别各自經歷過一輪商化,形成後世的百越族與漢族,其關係類似於日本人與朝鮮人。

當然,文化交流不會是單向的,不論商越是否同源,作爲比鄰而居的兩個民族,越人的祖先可以吸收商人語言的成分，商人也可能吸收越人祖先的語言成分，這種雙向交流將使夷越兩種語言變得進一步趨同，同時使單個語言要素的來源問題變得更爲撲朔迷離。不過，按照文化傳播的一般規律，弱勢民族通常會更多地吸收强勢民族的語言成分，强勢民族則一般不會吸收太多弱勢民族的語言成分（可對比羅曼語與日耳曼語的相互借鑒情況，作爲拉丁語後代的羅曼語族極少吸收日耳曼語族的語言成分，曾經弱勢的日耳曼語則大量吸收了拉丁語及其他羅曼語的成分，拉丁語通常主要吸收希臘語的成分。類似的關係也可見於漢語和日本語、朝鮮語、越南語）。上位文化語言對下位文化語言即便要借鑒，其吸收的成分也往往集中在專有名詞（如地名、人名、土特産名稱）上。所以，如果越民族形成於商代，則其形成過程中想必吸收了大量商語成分，自身對商語的影響則不會太大。問題是，僅有只言片語、一面之詞作爲文字記録的商代數百年間，究竟是否始終是商强越弱，也仍然是一個不得而知的問題。畢竟，在後世的周代，越人也曾稱霸中原一百多年。

4. 疑似越漢同源詞

我們推測漢語和侗台語無明顯的同源關係，侗台語和南島語則有較爲可靠的同源關係。現代侗台語中有爲數不少的詞彙與漢語相似，其中有相當一部分是基礎詞彙，似乎可以用以證明漢越同源。然而，這部分詞與漢語詞（中古漢語）的相似度太高，顯而易見是侗台語直接借用自漢語的外來詞，其歷史通常不超過千年，如［本書上古音與中古音構擬均參照郭錫良（2017）音系］：

【人】：中古漢 ȵʑĭěn2；水 zən1。

【搽】：中古漢 ɖa2；壯 ta2，泰 t^{h}a2。

【舊】：中古漢 gĭəu6；壯 kau5。

【雞】：中古漢 kiei1；壯 kai5。

【父】：中古漢 bĭu4；壯 po6，泰 p^{h}ɔ6。

【獨】：中古漢 duk8；壯 to:k8，泰 t^{h}ɔ:k8。

【温】：中古漢 uən1；傣ˀun5。

【墨】：中古漢 mək8；布依 mak8。

【鴉】：中古漢 a1；壯ˀa1。

【塔】：中古漢 t^{h}ɑp7；壯 ta:p5。

【滅】：中古漢 mĭɛt8；壯 mi:t7。

【釘】：中古漢 tieŋ1；佯僙 tiŋ1。

【鐮】：中古漢 lĭɛm2；布依 liːm2。

【肥】：中古漢 bĭwəi2；布依 pi2。

【過】：中古漢 kuɑ5；布依 kwa5。

【都】：中古漢 tu1；布依 tu3，毛南 tu1。

【一】：中古漢 ĭĕt7；壯ˀit7，傣ˀet7，仫佬ˀjet7。

【二】：中古漢 ȵʑi6；壯 ŋei6，布依 ȵi6，仫佬 ȵi6。

【三】：中古漢 sɑm1；壯 saːm1，傣 saːm1，仫佬 taːm1。

【四】：中古漢 si5；壯 sei5，傣 si5，仫佬 ti5。

【五】：中古漢 ŋu4；壯 ha3，傣 ha3，仫佬 ŋɔ4。

【六】：中古漢 lĭuk8；壯 ɣok7，傣 hok7，仫佬 lɔk8。

【七】：中古漢 tsʰĭĕt7；壯 ɕat7，傣 tset7，仫佬 tʰət7。

【八】：中古漢 pæt7；壯 pet7，傣 pɛt7，仫佬 paːt7。

【九】：中古漢 kĭəu3；壯 kou3，布依 ku3，仫佬 cəu3。

【十】：中古漢 ʑĭəp8；壯 ɕip8，傣 sip7，仫佬 səp8，毛南 zəp8。

【雙】：中古漢 ʃɔŋ4；壯 soːŋ1，布依 soŋ1，傣 sɔŋ1。

對這部分詞可以不作考慮。

問題是，有少數侗台語（甚至南島語）疑似同源於漢語的詞彙則暗示著更久遠的歷史。它們與漢語詞既不完全相似，又能通過分析發現較爲可靠的源流關係（甚至都有對應的漢字）。如：

【熟】：上古漢 ʑĭəuk；壯（武）、布依 ɕuk8，壯（龍）ɬuk8，傣 suk7，侗 ɕok8，仫佬 sɔk8，水 sok3，拉珈 tsok8；馬來 masak，阿美 maətʃak，回 sa^{24}。

【他】：上古漢 tʰa；壯（武）、布依 te1，傣（西）to1tan6；馬來 dia。

【摘】：上古漢 tĕk；臨高 dək7；馬來 petik。

【飛】：上古漢 pĭwəi；壯、傣、布依、泰 bin1，石 bɯ1，臨高 vin1，侗 pən3，水 vjən3，仫佬 fən3，毛南 vin3，佯僙話 fan4，莫話 van3，甲姆話 ven3，拉珈 pon5，黎 ben1，村話 bin^{35}，拉基話 pʰan^{55}，仡佬語 pʰo^{21}；原始菲律賓語 ＊ləpad，馬來 tərban，阿美 maəfər，回 pan^{33}。

【殆】：上古漢 də；死亡，殺，壯（武鳴）、布依 taːi1，臨高 dai1，傣語（西）、佯僙、莫、甲姆 tai1，傣（德）taːi6，石 praːi1，侗 təi1，仫佬、水、毛南 tai1，拉珈 plei1，黎 ɬuːi4；馬來 mati，布嫩 matað，邵語 maθaj，沙魯阿語 matsiˀi，鄒語 mtsoi，原始占語 ＊matai，回 taiˀ^{42}。

【疾】:上古漢 dziĕt;病、痛,壯 ket7 或 tɕip7,泰 tɕep7,傣 tsep7 或 tsep9,侗ˀit9,水、佯僙、莫、甲姆 ȶit7,仫佬 cit7,毛南 ci:t7,黎 tsʰok7;原始菲律賓 * sakit,馬來 sakit,原始占 * sakiˀ,回 ki^{24}。

【酸】:上古漢 suan;壯 som3 或 ɬum3,傣、莫 som3,布依 səm3,侗 səm3′,毛南、甲姆 səm3,佯僙 tʰam3,水 xəm3,泰 som5,拉珈 kʰjom3,仫佬 khɣəm3,拉基 ɕo^{33};馬來 asam,阿美ˀatʃitʃim,原始占語 * masam,回 sa:n^{ʔ21}。

【濯】:上古漢 deăuk;洗,壯(武)、布依、傣(德)sak8,壯(龍)ɬak8,臨高 dak8,傣(西)săk8,侗 sak7,仫佬 suk7,水 lak7,毛南、莫 zak7,黎 to:k7,甲姆 zuk7,佯僙 ʐak7,村 tak^{33};馬來 basuk,阿美 fatʃaˀ,布嫩 mapaʃˀah,三亞回 za^{33}。

【針】:上古漢 ȶĭəm;壯 ɕim1,泰 kʰem1,傣 xim1 或 xem1,布依 tɕim1,侗 tʰəm1,水、甲姆 səm1,仫佬 tsʰəm1,佯僙 sam1,莫 som1;原始菲律賓 * da:ʀum,馬來 dʑarum,阿美 rinum,雅美 zajim/rajəm,泰雅 rom,原始占 * jurum,回 sun^{11}。

【吃】:上古漢 kʰĭət;壯 kɯn1 或 kin1,傣 kin1 或 kin6,泰 kin1,布依 kɯn1,臨高 kɔn1,拉基 go^{24},仡佬 ka^{55};他加洛 kain,馬來 makan,阿美 kumaən。對比日語 ku。

【盲】:上古漢 meaŋ;泰 bɔ:t7,黑泰、白泰 bɔt9,傣 bɒt9 或 mɒt9,擇 mɔt(9),水ˀmət7/ɓət7,毛南 bu:t8,佯僙 ɓut7,莫、甲姆 ɓət7,侗 pʰa1,拉珈 pʰa:ŋ3,壯(武)、布依 fa:ŋ2,黎 pla:u1;原始菲律賓 * bŭta,馬來 buta,原始印尼語 * buta,排灣 vutsa。

【錯】:上古漢 tsʰăk;壯 lok7,臨高 sɔk7,仫佬 tʰa:k7,毛南 tsʰɔ:k7;菲律賓 * sālaq,馬來 salah。

【牙】:上古漢 ŋeɑ;馬來 gigi,原始菲律賓 * ŋi:pən,布嫩 nipun,邵 nipun,雅美、賽夏 ŋəpən,巴澤海 ləpəŋ,賽德克 rupun,占 egɕi,回 u^{11}kʰai^{33}。

【芽】:上古漢 ŋeɑ;枝椏,壯(北部)ŋa1,仫佬 ŋa5,毛南ˀȵa5,侗ˀa5,傣 xa6,黎 kʰa1;他加洛、卡潘潘甘語、伊斯內格語、哈努努語、Bikol 語 săŋa。

【滴】:上古漢 tiĕk;壯 dik7,布依 dok7,毛南 dit8,拉珈 tek7,黎 dak7;菲律賓 * tu:duq,阿美 tərag,原始占 * ˀjoh。

【深】:上古漢 ɕĭəm;侗、仫佬、莫、甲姆 jam1,水、毛南、佯僙ˀjam1;原始菲律賓 * da:ləm,馬來 dalam,占 * dalam,回 lan^{ʔ11}。

【香】:上古漢 xĭɑŋ;壯、布依 ho:m1,傣 hɒm1;原始菲律賓 * ba:huq,馬來 harum,布嫩 ma:nʃum。

【那(哪)】:上古漢 na;侗 nu1′,仫佬 ȵau1,水n̥u/nau2,毛南 nau1,傣 nai;原始菲律賓 *ănu。

【歙】:上古漢 xĭəp;蓋,壯語(武)ko:m5,布依語 kəm5/həm5,傣語(德)hom5,水語 kəm5;原始菲律賓 * tăkəp。閉(口),壯(北部)、布依、傣(西)hap7,臨高 həp7,黎 tʰop7;馬來 tutup。

【騎】:上古漢 gĭa;泰 khi3,石 kʰo:i5,壯 kɯi6 或 kʰwi5,布依 koi6 或 kɯ:i6,臨高 xəi4,傣 xi5,水 ʈi5,毛南 ce6,村 kʰəi21;阿克蘭語、塞布安語 săkai,原始菲律賓 * săkai。

【餟】:上古漢 tĭwāt;吮,嘬,壯、布依 ɕup7,侗 sot9 或 ɕut9′,水 ɕut7,毛南 ɕu:t7,泰 su:t7,傣 tsu:p9;阿美 tsuptsup。對比日語 su。

【稼】:上古漢 keɑ;秧苗,壯(武)kja3,布依、佯僙 tɕa3,傣、侗 ka3,仫佬 kɣa3,水 ka3/ʈa3,毛南 ca3,莫 ʈi3。

【掠】:上古漢 lĭɑŋ;偷盜,壯(龍)、傣、仫佬 lak8,侗、毛南 ljak9,水 ljak7,布依 zak8,黎 zok7。

【眨】:中古漢 tsɐp7;壯(武)、布依、水ˀjap7,侗 jap7,毛南 djap7,黎 ȵap7,傣 pʰɛp8。

【拾】:上古漢 ʑĭəp;壯 kip7,傣(西)kep7,布依 tɕip7,侗 ʈəp7,仫佬、水、毛南 tsəp7,黎 tip7。

【嚎】:上古漢 ɣau;吠,壯(武)ɣau5,壯(龍)、傣(西)hau5,布依 zau5,傣(德)hau6,侗 kʰəu5′,仫佬 kʰɣau5,水 kʰau5,毛南 cʰau5。

【了】:上古漢 liau;完,壯(武)liu4,布依 leu4,侗、仫佬、水 ljeu4,毛南 ljəu4。

【於】:上古漢 ĭɑ;壯(武)ˀjou5,壯(龍)、傣 ju5,布依ˀjiu5,侗 ȵa:u4,仫佬、水、毛南 ȵa:u6。

【塘】:上古漢 dɑŋ;壯(武)tam2,壯(龍)tʰum1,布依 tam2,傣(西)nɒŋ1,傣(德)tʰa:ŋ1/lam4,侗 tam1,仫佬 ɭam1,水 dam1,毛南ⁿdam1。

【螞(蟻)】:中古漢 ma4;壯、傣 mot8,布依 mət8,侗、水、毛南 mət8,仫佬 mɣət8,黎 put7;馬來 səmut。

【鋸】:上古漢 gĭɑ;馬來 gergadʑi,回 heʔ42。

【人】:上古漢 ȵĭen;馬來 oraŋ,回 za:nʔ33。

【鵝】:上古漢 ŋa;馬來 aŋsa,回 uaŋ33。

【袋】:中古漢 dɒi6;壯、布依、仫佬、毛南 tai6,侗 təi6;馬來 tas。

【碰】:中古漢 bɐŋ2;撞擊,壯 tam1puŋ5,仫佬 pʰoŋ5,傣(德)pɒŋ5;馬來 tumbuk。

【狹】:上古漢 ɣeăp;壯 kap8,泰 kʰap8。

【竹】:上古漢 tĭəuk;竹篾,石 pro:k(4),泰 tək7,坎梯語 tək(4),掸 tək(2),傣 tək9,布依 tuk7,亞伊 tuk(3),壯(武)ruk7,水、毛南ⁿdjuk7,莫 duk7,壯(龍)phjo:k

(5);原始南島語 * bətuŋ 和 * betuŋ。

【(月)亮】:上古漢 lĭɑŋ;石 bliən1,壯(武鳴)dɯ:n1,布依 di:n1,傣(西)d ɤn1,傣(德)lən1,侗 ȵa:n1,仫佬 njen2,水 nja:n2,毛南 njen2,拉珈 lie:ŋ6,黎 ȵa:n1;原始南島語、原始印尼語、原始曼諾婆語 * bulan,馬來 bulan,阿美 fulaɬ,布嫩 buan。

【踢】:上古漢 tʰiĕk;石 bli:t(6),泰 di:t(2),黑泰、白泰 dit(2),傣(西)dit9,撣 let(4),壯(武)tik7,壯(龍)tʰik7,布依 ti:k7,傣(德)tʰip7,仫佬、毛南 tʰek7,水 tʰat7,黎 tʰe:k8;原始南島語 * bitit 和 * bintiq。

【吞】:上古漢 tʰən;石 tlɯ:n1,泰 klɯn1,傣(西)lɯn2,仫佬 lan1,布依 ɗɯn4,壯(武)ɗɯn3,水 ɗan1,毛南 ɗon4,撣 ɯn1,傣(德)ɯn6,侗 an1,壯(龍)nin1;原始南島語 * tələn,原始印尼語 * tĕlĕn。

【種】:上古漢 ȶĭwoŋ;栽種,石 tram1,甲姆 ɗjam1,泰、壯、布依、莫 ɗam1,傣(德)səm3;原始南島語 * tələŋ。

【白】:上古漢 gĭəu;泰 kʰrok,撣 kʰok(5),壯(龍)kjuk(2),傣 xok8,臨高 hok8;原始菲律賓語 * galah。

【咬】:"交"中古漢 kau1;侗 qit10,仫佬 cet7,水 ȶit8,毛南 cit8,拉珈 kat7;馬來 gigit/pagut,阿美 kalat,布嫩 kaɬat,回 kau24。對比日語 kam(u)。

【賈】:上古漢 keɑ;泰、壯(南)kʰa:i1,壯(北)、布依 ka:i1,傣(西)xa:i1。對比日語 kai(購買)。

【疋】:上古漢 pʰĭĕt;腿,侗、水 pa1,毛南 pja1,臨高 va2;原始菲律賓語 * pa:qa,馬來 paha 或 bətis(小腿),巽他、巴塔克 bitis(小腿),他加洛、巴拉望、摩爾波格 paʔa,雅美 appa,布嫩 pinaʃah,回 pʰa33。

【紅】:上古漢 ɣoŋ;泰 ɗɛ:ŋ2,老撾、岱—儂語 ɗɛ:ŋ1,普標語 nja:ŋ1,侗台共同語 * greŋ;原始泰雅語 * talas,原始鄒—卑南語、原始南島語 * madaraŋ,原始馬來—他加洛語 * mirah,原始美拉—密克羅尼西亞語 * makaru。

【黔】:上古漢 gĭəm;黑,壯 dam1,臨高 lam1,傣(西)dam1,傣(德)lam6,侗 nam1,仫佬 nam1,水ʔnam1,毛南 nam1,拉珈 lam1,黎 dam1,侗台共同語 * qdam;馬來 hitam,原始泰雅語 * qalus,原始鄒—卑南語、原始南島語 * quɖam,原始馬來—他加洛語 * hitam。

以上四十餘例漢越或漢夷"疑似同源詞",在現代漢語中常用,在漢語文言文中却多數不用或者罕用,僅保留在中古以來的口語以及口語體文字作品(如詩歌、民謡、語録、劇本、小説)中,與文言書面語嚴格分流。

漢語文言文是一種在詞彙和語法上極其保守的語言，中古以來即與口語脱節而堅守古代甚至上古的語言面貌。以上例詞中，絶大多數都對應有讀音完全不同的文言詞彙，如熟(稔)、他(其)、摘(取)、殆(卒)、疾(病)、酸(醯)、濯(汰)、喫(食)、盲(翳)、錯(誤)、牙(齒)、香(芳)、芽(蘖)、哪(何)、歙(閉)、騎(乘)、餟(飲)、稼(禾)、掠(盗)、眨(合)、拾(取)、噱(吠)、了(罷)、於(在)、塘(池)、螞(蟻)、鵝(雁)、袋(囊)、碰(擊)、踢(頓)、種(植)、咬(齧)、買(鬻)、疋(足)、紅(赤)、黔(黑)。這些詞全部是生活常用基本詞，字則幾乎全部是形聲字，可見全是後起之字(否則以其常用程度，完全可以在造字時采用更直接的象形、指事或者會意方法)。其中有一小部分字已經被先秦文言文采用(如殆、疾、濯、歙、拾、於、狹、竹、吞、臼、買、黔)，推測這部分詞較早被周人借用，已融入上古漢語。

類似的現象通常出現在曾經大量借入外來詞的語言中，如日語(和—漢并用)、英語(日耳曼—拉丁并用)、印地語(印—英并用)。這種多套詞彙在文體上的分流現象是否暗示著這部分口語詞原本不是真正的漢語詞？如果事實如此，那麽，這部分"漢—越、漢—夷同源詞"很可能就是漢人在長期與越人和夷人的接觸過程中從他們的語言中借用的，否則很難解釋一種語言的古今變體(文言—白話)采用的是兩套完全不同的詞彙體系。

大體上獨立演變的語言，如拉丁語—意大利語、《古蘭經》阿拉伯文—現代阿拉伯語、古典希臘語—現代希臘語、古德語—現代德語、古藏文—現代藏語、古埃及文—中古埃及文—科普特語，隨著時間發生變化的是語音和語法，詞彙體系則總是幾乎被完好地繼承，無外來影響的情況下不會發生迭代替换。漢語的情况更類似於古英語—現代英語，表明漢語在歷史時期借用了爲數不少的外語詞，其中相當一部分借詞來自夷語和越語。有些借用可能發生在上古的商代，而這在當時商强周弱的形勢之下是完全可以理解的。有些甚至可能發生在春秋時期越人稱霸中原的那一百多年間。還有一些則可能是在江南越人被漢化後因爲近古以來在經濟文化上掌握越來越多的話語權而通過其語言的漢化形式——吴語——對近代漢語口語展開的反向同化。

也就是説，東亞的文化交流史很可能并不像至今爲止多數人所相信的那樣，總是漢人對周邊外族的單向輸出，其歷史真相應當更爲錯綜複雜，而語言本身爲我們提供了深究這個問題的重要綫索。

回到我們的主要問題，也就是説，這些疑似的"同源詞"很可能仍然不足以證明漢語同侗台語和南島語之間的同源關係。

5. 侗台語、漢語相似性問題

不容否認的是，侗台語同漢藏語(尤其是漢語族)表現出了相當强的相似性。如前文

所述,現代侗台語和漢語至少共有以下特徵:

(一)語素以單音節爲主,音節可分爲聲母、韻母、聲調三部分。

(二)聲母以單輔音爲主。

(三)塞音聲母區分清濁,清塞音聲母又區分送氣與不送氣。

(四)顫音 r 可出現在聲母(音節頭)位置。

(五)韻母分爲陰聲韻(開音節)、陽聲韻(韻尾爲鼻音 m、n、ŋ)與入聲韻(韻尾爲塞音 p、t、k 或其弱化形式 ʔ),無其他輔音作韻尾。

(六)具有可與漢語對應的四聲八調系統,且聲調的分布與聲母、韻母的類型嚴格相關。

(七)語言類型屬於孤立語(分析語),以詞序、虚詞爲主要的語法組織手段,詞綴多僅用於構詞,罕見屈折變化。

(八)具有完備的量詞體系。

(九)大量詞彙相通(多數顯然屬於借用)。

(十)存在大量的四音格結構短語(四字短語或成語)。

(十一)普遍存在語音交替現象,用於派生新詞。

其中,有些相似性顯然是各自的後起現象,可以推測是相互影響下發生的趨同演變,或者只是巧合。

比如第(二)點,侗台語聲母似乎一向以單輔音爲主,至多出現如 pl、pr 這樣的雙輔音。如果侗台語和南島語確實同源,則可視作侗台語祖先類型的南島語也是以單輔音聲母爲主,後者的這一特徵甚至較前者更爲明顯。可以説,單輔音聲母是侗台語自身一貫的特點。與之不同的是,學界目前普遍認爲原始漢語應該具有豐富而且複雜的複輔音聲母體系。作爲表音文字的藏文(描寫一千餘年前的古藏語發音)可以旁證漢藏語複輔音的豐富性,如藏文“馬”rta、“書”dpe-tɕʰa、“天”gnam、“快樂”sems-skyid-po、“一”gtɕig、“二”gɲil、“三”gsum、“四”bɕi、“五”lŋa、“六”drug、“八”brgjad、“九”dgu、“十”btɕu,其複輔音的複雜程度較之印歐語尚且有過之而無不及。藏語所屬的藏緬語族(古羌人族系語言)與漢語族同出一源,這一點已基本得到語言學、分子生物學、歷史學與考古學多方面的確證。可以較有把握地推測,中古以來的漢語聲母以單輔音爲主,這是一種晚起的現象。事實上,現代藏緬語族各語言的聲母也多以單輔音爲主,現代藏語各方言亦如是。漢藏語從複輔音轉爲單輔音是一個共同的演變趨勢,其結果恰好趨同於侗台語。可以推測這是巧合,甚至不能排除是侗台語或者南島語這些東方沿海族系語言自上古以來對内陸的漢藏語發生同化的結果。前文已述,上古時期夷系、越系民族很可能在文化上較羌系民族更爲强勢,則這種同化并非不可能發生。

第(一)點也可能屬於同樣的情况。

第(三)(四)點可能純屬巧合(即用於證明同源性的説服力太弱)。

第(五)(六)(七)(八)(九)(十)點已有充分的證據顯示都是後起趨同(且可能是漢語對侗台語産生影響)的結果。

第(十一)點來源不明,但用於證明同源性,説服力仍然欠缺。

無論是否同源,侗台語和漢語族至少確實在歷時演進上走過了極其相似的道路,即便不足以證實兩者共祖,也不難由此看出兩個族系在文化上的深切交融。兩個群體的語言都經歷了語素單音節化(中古以來又逐漸雙音節化)、韻尾簡化并脱落、聲調形成、濁輔音聲母清化并由此引發聲調進一步分化、語法手段由綜合(屈折或黏著)轉變爲分析(孤立語)、形成量詞等演變事件,并持續相互吸收對方的詞彙和表達習慣。這一切都使兩者的源流變得撲朔迷離。即便兩者確實同源,也不足以認定後期兩者的相似性都是同源而非趨同的結果。

倪大白(2010)舉三亞回語爲例,提出了"類型轉换"這一概念,表明語言受外界影響可以發生何等程度的變化。國内學者初期發現、調查三亞回語(使用人口僅兩個村數千人)時,初步認爲這是一種侗台語。國外有學者經細緻對比、考證後發現這其實是一種占語支的南島語。三亞回民的先人是宋代從中南半島的占城遷居至海南的。一千年間,儘管人口不多,其後人依然堅守母語,其語言外在的南島語特徵則早已消失殆盡(即語言類型已發生轉换),變得與侗台語極其相似,僅詞彙上保留了祖先語言的綫索。事實上,除了確實可靠的同源詞,任何其他語言特徵上的相似性或相通性都僅能作爲語言間發生學關係的旁證,其可靠性一向不足。

如果我們因爲證據不足而暫時假定侗台語(越系)與漢語族(羌系)實不同源,那麼我們可以從邏輯上假設兩者的共同語言特徵甚至大量"疑似同源詞"的至少四種來源:

(一)源於商(夷)而分别傳入越與羌(周)。

(二)源於羌而傳入越。

(三)源於越而傳入羌。

(四)越被漢化。

其中上古時期四種可能性皆有,中古以來則基本上僅剩第四種可能性。越人的語言成分應當至少有四個來源,即原始越語、商(夷)語、羌(周)語、中古漢語(漢語族則至少有三個來源,即原始羌語、夷語、越語)。原始越語究竟與夷語同源還是與羌語同源,或者與哪種關係更爲密切,已如本節前文所述。

第二節　古越語之文獻記録

1.《越人歌》

侗台語民族普遍習水,"飯稻羹魚",歷史上有鑿齒、斷髮、文身的習俗,所居皆爲干欄式建築,表現出對暖濕的森林栖地的適應性,與史籍中對越人生活習性的描述相一致,而顯然不同於今日同樣生活在南方的藏緬語(如傈僳、白、彝、納西、羌、景頗、藏等族)和苗瑶語民族。春秋時期楚人根據古越語歌謡以漢字模擬記音的《越人歌》(見於《説苑·善説篇》)詞爲:

濫兮抃草濫予
昌枑澤予
昌州州𩜱州
焉乎秦胥胥
縵予乎昭澶
秦逾滲
惿隨河湖

試將此段漢字轉化爲上古漢語發音:

lam ɣie bĭan tsʰəu lam ʎĭɑ
ȶʰĭɑŋ ɣɑ deăk ʎĭɑ
ȶʰĭɑŋ ȶĭəu ȶĭəu ȶʰĭəm ȶĭəu
ĭan ɣɑ dzĭen sĭɑ sĭɑ
muan ʎĭɑ ɣɑ ȶĭau ʑĭan
dzĭen ʎĭwo ʃĭəm
die zĭwa ɣa ɣɑ

倪大白(2010)以其對照現代各侗台語(以下僅以壯語爲例),分析相應的詞彙和語義:

ŋam6(夜晚)ni4(此)pan3(是)tsʰəu(語助)ŋam6(夜晚)ɣaɯ(何)
kla:ŋ1(中間)ɣu2(舟)ɗak7(量詞)ɣaɯ(何)
kla:ŋ1(中間)tam4(朝廷)tam4(王室)tam4(來)tam4(到達)

ɣan1（賞識）ɣa1（訪求）tsan2（探望）sja4（感謝）sja4（感謝）
ma:n3（村，家）ɣaɯ（何）ɣa1（訪求）tam4（來）ʑǐan（語助）
tsan2（探望）li:u6（游覽）ɕam2（玩耍）
ɗik7（小人）səɯ1（心思）ka4（獨自）ɣo4（感受）

適可得出其意義大致可匹配譯者所吟：

今夕何夕兮
搴舟中流，
今日何日兮
得與王子同舟。
蒙羞被好兮
不訾詬耻。
心幾煩而不絶兮
得知王子。
山有木兮木有枝，
心悦君兮君不知。

可證 2500 餘年間，不獨文化，越民族的語言也在南方百越支系的苗裔中得到了妥善的傳承和保留。

這是文獻記載中最早（也可能是唯一）的一首江南古越語歌謡。

2.《越絶書》與《吴越春秋》

《越絶書》中雜有晦澀難明的字詞，多是對越人語言材料的漢字擬音記載，兹鈔録於下（某些亦可能不是越語詞）。擬音漢字後并注該漢字上古音。

書名《越絶書》之“越（ɣǐwǎt）”，推測本義爲“斧”，因以爲族名。又“絶（dzǐwǎt）”，對比泰語 tsot（記録，記載）（鄭張尚芳，1998）。“越絶”似爲“斧族記事”之義。

《荆平王内傳第二》：“市正疑之，而道於闔廬（ɣǎp lǐɑ，按：《吴越春秋》作‘闔閭’）曰……”

《外傳記吴地傳第三》：“後二世而至夫差（bǐwɑ tʃʰea，按：‘夫’讀如‘扶’）。”

《吴内傳第四》：“越王句踐反國六年，皆得士民之衆，而欲伐吴。於是乃使之維甲。維甲者，治甲系斷。修内（按：通‘納’，貢獻義）矛，赤雞稽繇（ȶʰiāk kie kiei ʎǐau）者也，越人謂人（按：疑爲‘入’之誤，即‘納’義）鎩也。方舟航，買儀塵（me ŋǐa dǐen）者，越人往如江也。治須慮（sǐwo lǐɑ），越人謂船爲須慮。亟怒，紛紛（pʰǐwən pʰǐwən）者，怒貌也，怒至。士擊高文(dʒĭə kiĕk kau mĭwən)者,躍勇士也。習之於夷(ʎiei),夷,海也(按:則'夷人'其'海民'之謂乎?)宿之於萊(lə),萊,野也。致之於單(tan),單者,堵也。"

《內傳陳成恒第九》:"故使越賤臣種以先人之藏器,甲二十領、屈盧(kʰĭwət lĭɑ)之矛、步光(buāk kuaŋ)之劍,以賀軍吏。"

《外傳記地傳第十》:"教民鳥(tiəu)田……禹至此者,亦有因矣,亦覆釜(pʰĭəuk bĭwɑ)也。覆釜者,州土也,填德(dien tək)也。"又"孔子從弟子七十人,奉先王雅琴,治禮往奏。句踐乃身被賜夷(siēk ʎiei)之甲,帶步光之劍,杖物盧(mĭwət lĭɑ)之矛,出死士三百人,爲陣關下。孔子有頃姚稽(ʎiau kiei)到越"。又"越王夫鐔(pĭwɑ ziəm)以上至無餘(mĭwɑ ʎĭɑ),久遠,世不可紀也。夫鐔子允常(ʎiwən ʑĭɑŋ)。允常子句踐(kĭwo dzĭan,按:《吳越春秋》作"勾踐"),大霸稱王,徙瑯琊,都也。句踐子與夷(ʎĭɑ ʎiei,按:《史記》作'鼫與'),時霸。與夷子子翁(tsĭə oŋ,按:《史記》作'王翁',爲不壽子),時霸。子翁子不揚(pĭwə ʎĭɑŋ,按:《史記》作'不壽',爲王翁父),時霸。不揚子無疆(mĭwɑ kĭɑŋ,按:《史記》以無疆爲之侯子,之侯之父爲翳,翳之父則爲王翁),時霸,伐楚,威王滅無疆。無疆子之侯(ȶĭə ɣo),竊自立爲君長。之侯子尊(tsuən),時君長。尊子親(tsʰĭen),失衆……"。又"而滅吳,徙治姑胥(kɑ sĭɑ)臺"。又"射於樂野之衢,走犬若耶(ȵĭăk ʎiɑ)。"又"句踐欲伐吳,種麻以爲弓弦,使齊人守之,越謂齊人'多(ta)',故曰麻林多"。又"富中(pĭwək tĭwəm)大塘(dɑŋ,按:今吳語永康話、温州話等稱'處所'爲'宕')者,句踐治以爲義田,爲肥饒,謂之富中"。又"疑豕(ŋĭə ɕĭe)山在餘暨(ʎĭɑ giət)界中"。又"木客(mŏk kʰeăk)大冢者,句踐父允常冢也。初徙瑯琊,使樓船卒二千八百人伐松柏以爲桴,故曰木客"。又"北郭外南溪北城者……其邑爲龔錢(kĭwoŋ dzĭan)"。又"民西(mĭen siei)大冢者,句踐客秦伊善炤龜者冢也"。又"樓船卒二千人,鈞足羡(kĭwen tsĭwŏk zĭan)"。又"江東中巫葬者,越神巫無杜(mĭwɑ dɑ)子孫也。"又"二百石長買(dĭɑŋ me)卒七士(按:"士"爲'十'之誤)人,度之會夷(kuāt ʎiei)"。又"朱餘(ȶĭwo ʎĭɑ)者,越鹽官也。越人謂鹽曰'餘'(按:則'朱'當爲'官'之謂)"。又"句踐已滅吳,使吳人築吳塘,東西千步,名辟首(piēk ɕĭəu)"。又"語(ŋĭɑ)兒鄉,故越界,名曰就李(dzĭəuk lĭə)。吳疆越地以爲戰地,至於柴辟(dʒe piēk)亭。女陽亭者,句踐入官於吳,夫人從,道産女此亭,養於李鄉。句踐勝吳,更名女陽,更就李(按:則'就'當爲'鄉'之謂)爲語兒鄉(按:則'語'當爲'女'之謂)"。又"大越故界,浙江至就李,南姑末(kɑ muăt)、寫干(siɑ kan,按:疑爲'餘干'之誤)"。又"奏東安,東安,今富春……餘杭(ʎĭɑ ɣɑŋ)軻亭南。東奏槿頭,道度諸暨(ȶĭɑ giət)、大越"。

《外傳記寶劍第十三》:"越王句踐有寶劍五,聞於天下。客有能相劍者,名薛燭。王召而問之……王使取毫曹(ɣau dzəu,按:今吳語稱'迅速'爲'毫曹',即'快'義,'快'於吳語中又有刀劍鋒利之義)……取巨闕(gĭɑ k^{h}ĭwăt)……穿銅釜,絶鐵𨮍,胥中决如粢米,故曰巨闕。王取純鈞(ʑiwən kĭwen)……當造此劍之時,赤堇(ȶ^{h}iăk kiən)之山,破而出錫……歐冶(o ʎiɑ)乃因天之精神,悉其伎巧,造爲大刑三、小刑二:一曰湛盧(deəm lĭɑ),二曰純鈞,三曰勝邪(ɕĭəŋ ziɑ),四曰魚腸(ŋĭɑ dĭɑŋ),五曰巨闕……闔廬又以魚腸之劍刺吴王僚(liau)……使專諸(ȶĭwan ȶĭɑ)爲奏炙魚者,引劍而刺之……"。又"寡人聞吴有干將(kan tsĭɑŋ),越有歐冶子……作爲鐵劍三枚:一曰龍淵(lĭwoŋ iwen),二曰泰阿(t^{h}āt a),三曰工布(koŋ puɑ)"。

《吴越春秋》亦是一部記録吴越地區早期歷史的重要著作,其史料價值甚至在《越絶書》之上,可作爲後者的補充。

《吴太伯傳第一》:"古公卒,太伯、仲雍歸。赴喪畢,還荊蠻,國民君而事之,自號爲勾吴(ko ŋuɑ)……太伯起城……名曰故吴(kɑ ŋuɑ)。"又"仲雍卒,子季簡,簡子叔達,達子周章(ȶĭəu ȶĭɑŋ,按:吴王室本周人,其名初爲華語,自周章始,其名似非華語矣),章子熊(ɣĭwəŋ),熊子遂(ziwə̄t),遂子柯相(ka sĭɑŋ),相子彊鳩夷(kĭɑŋ kĭəu ʎiei),夷子餘喬疑吾(ʎĭɑ gĭau ŋĭə ŋɑ),吾子柯盧(ka lĭɑ),盧子周繇(ȶĭəu ʎĭau),繇子屈羽(k^{h}ĭwə̆t ɣĭwɑ),羽子夷吾(ʎiei ŋɑ),吾子禽處(gĭəm ȶ^{h}ĭɑ),處子專(ȶĭwan),專子頗高(p^{h}ua kau),高子句畢(ko pĭět)立……畢子去齊(k^{h}ĭɑ dziei),齊子壽夢(ʑĭəu mĭwəŋ)立,而吴益彊,稱王"。

《吴王壽夢傳第二》:"壽夢病,將卒,有子四人,長曰諸樊(ȶĭɑ bĭwan),次曰餘祭(ʎĭɑ tsĭāt),次曰餘昧(ʎĭɑ muə̄t),次曰季札(kĭwēt tʃeăt)。"又"吴人立餘昧子州于(ȶĭəu ɣĭwɑ),號爲吴王僚也"。

《王僚使公子光傳第三》:"王僚使公子光(kuɑŋ,按:即闔閭)伐楚……吴師敗而亡舟,注:舟名餘皇(ʎĭɑ ɣuɑŋ)……"又"吴欲因楚葬而伐之,使公子蓋餘(ɣăp ʎĭɑ,按:《闔閭内傳第四》稱屈蓋餘)、燭傭(ȶĭwŏk ʎĭwoŋ)以兵圍楚"。

《闔閭内傳第四》:"以故使劍匠作爲二枚:一曰干將,二曰莫耶(măk ʎiɑ)。"又"於是鈎師向鈎而呼二子之名曰:'吴鴻(ŋuɑ ɣoŋ)、扈稽(ɣɑ kiei)!……'"又"吴大夫被離(bĭɑ lĭɑ)承宴問子胥……"。又"吴王前既殺王僚,又憂慶忌(k^{h}jɑŋ gĭə)之在鄰國,恐合諸侯來伐。"又"孫子者,名武(mĭwɑ),吴人也"。又"吴王有女滕玉(dəŋ ŋĭwŏk)"。又"臣聞吴王得越所獻寶劍三枚:一曰魚腸,二曰磐郢(buan ʎĭeŋ),三曰湛盧……磐郢,亦曰豪曹……"。又"闔閭不然其言,遂伐破檇李(tsiwə̄t lĭə,按:又作'檇里')"。又"闔閭之弟夫槩(pĭwɑ kə̄t),晨起請於闔閭曰……"。又"今王欲立太子者,莫大乎波秦(pua dzĭen)之子夫差"。

《夫差内傳第五》:"兩鋘(ŋuɑ)殖吾宫牆。"又"於是吴王乃使門人提之蒸(ȶĭəŋ,按:蒸丘又名陽山)丘"。又"乃使人賜屬鏤(ʑĭwŏk lo)之劍……吴王乃取子胥屍,盛以鴟夷(ȶiei ʎiei)之器"。又"敗太子友(ɣĭwə)於姑熊夷(kɑ ɣĭwəŋ ʎiei)"。又"吴師皆文犀、長盾、扁諸(pien ȶĭɑ)之劍"。又"君被五勝(ŋɑ ɕĭəŋ)之衣,帶步光之劍……"。又"越王乃葬吴王以禮於秦餘杭(dzĭen ʎĭɑ ɣɑŋ)山卑猶(pĭe ʎĭəu,按:餘杭山一名卑猶山)。越王使軍士集于我戎之功(ŋa ȵĭwəm ȶĭə koŋ)……"。

《越王無余外傳第六》:"在於九山東南天柱,號曰宛委(ĭwan ĭwa)。"又"禹三十未娶,行到塗(dɑ)山……遂更名茅(meau)山曰會稽(kuāt kiei)之山……自後稍有君臣之義,號曰無壬(mĭwɑ ȵĭəm)。壬生無譯(mĭwɑ ɕĭăk)……無譯卒,或爲夫譚(按:《越絶書》作'夫鐔')。夫譚生元常(按:即允常)"。

《勾踐入臣外傳第七》:"大夫扶同(bĭwɑ doŋ)曰……大夫苦成(kʰɑ ʑĭeŋ)曰……大夫計倪(kiēt ŋie)曰……大夫皐如(kəu ȵĭɑ,按:又作'句如')曰……大夫曳庸(ʎĭăt ʎĭwoŋ)曰……大夫皓進(ɣəu tsĭen)曰……大夫諸稽郢(ȶĭɑ kiei ʎĭeŋ)曰……"

《勾踐歸國外傳第八》:"東至於勾甬(kĭwo ʎĭwoŋ),西至於檇李,南至於姑末,北至於平原。"又"大夫浩(ɣəu)曰……"。

《勾踐陰謀外傳第九》:"昔太公九聲而足(kĭəu ɕĭeŋ ȵĭə tsĭwŏk,按:《越絶書》作'九十而不伐')。"又"天生神木一雙……陽爲文梓(mĭwən tsĭə),陰爲楩柟(bĭan ȵĭam)"。又"得苧蘿(neŋ la)山鬻薪之女西施(siei ɕiɑ)、鄭旦(dĭeŋ tan)"。又"袁公即杖箖箊(lĭəm ĭɑ)竹……"。

《勾踐伐吴外傳第十》:"兵又入於江陽松陵(zĭwoŋ lĭəŋ)……入海陽於三道之翟(diăuk)水……"又"二十七年,勾踐寢疾。將卒,謂太子興夷(按:《越絶書》作'與夷',據地下文物銘文,'與夷'爲是)曰……興夷即位一年卒,子翁……玉(ŋĭwŏk,按:《越絶書》作'之侯')卒,子尊……"。

3.《方言》

西漢揚雄所著《輶軒使者絶代語釋别國方言》搜集有大量方國的土語表達,其所收吴越地區的衆多詞彙散見於全書。其時越國政權甫滅,越民族尚未完全漢化,揚氏當可親耳聆聽江南越音。其所記録的吴越方言詞多數顯然并非漢語(其中相當一部分在後世進入漢語,成爲漢語詞,而今人已習焉不察,甚至其對應的漢語固有詞反而式微,僅保存在書面語中),儻望文生義則晦澀難明,毋寧説是以漢字所作的諧音。兹將涉及吴越地區(即書中所謂江淮、揚、南楚、吴、越、甌、會稽等地)的條目羅列如下(相關字後注該字上古音):

【長】:宋衛荆吴之間曰融(ʎĭwəm)。

【懼】:南楚江湘之間謂之嘽咺(t^{h}ɑn xǐwan)。

【殺】:南楚江湘之間謂之欺(k^{h}ǐə)。

【愛】:陳楚江淮之間曰憐(lien)。按:後世漢語通語亦謂之"憐"。

【信】:荊吴淮汭之間曰展(tǐan),西甌毒屋黄石野之間曰穆(mǐəuk)。

【大】:荊吴揚甌之郊曰濯(deǎuk)。

【取】:南楚曰攓(k^{h}ǐan)。

【食】:凡陳楚之郊、南楚之外相謁而飧或曰飵(dzāk),或曰鲇(niam)。

【勉】:南楚之外曰薄努(bǎk nɑ)。按:今漢語白話亦謂"勉力"曰"努力"。

【美】:吴楚衡淮之間曰娃(ue),南楚之外曰嫷(t^{h}ua)……故吴有館(kuan)娃之宫。

【隻】:南楚江淮之間曰䫉(mǐan)。或曰滕(dəŋ)。

【盛】:江淮之間曰泡(p^{h}eəu)。按:今吴語謂"腫脹虚大"曰"脬"。

【小】:江淮陳楚之内謂之篾(miǎt)。按:今吴語亦有方言謂"小"曰"篾"者。

【耦】:荊吴江湖之間曰抱(bəu)。

【驚】:宋衛南楚凡相驚曰獡(ɕiǎk)。或曰透(t^{h}o)。

【寄】:齊衛宋魯陳晋汝穎荊州江淮之間曰庇(pǐei)。或曰寓(ŋǐwo)。按:後世漢語通語亦謂"寄居"曰"託庇",或曰"寄寓"。

【眄】:吴揚江淮之間或曰瞷(kean)。或曰略(lǎk)。

【堅】:吴揚江淮之間曰鏅(k^{h}iei)。

【毳】:荊揚江湖之間曰揄鋪(ʎǐwo p^{h}uɑ)。

【遽】:吴揚曰茫(mɑŋ)。按:今漢語白話亦通謂之"忙"。

【餬】:南楚之外曰賴(lāt)。

【廣大】:荊揚之間凡言廣大者謂之恒慨(ɣəŋ k^{h}ēt),東甌之間謂之蔘綏(ʃǐəm siwəi)。或謂之羞繹紛母(sǐəu ʎiǎk p^{h}ǐwən mə)。

【草】:江淮南楚之間曰蘇(sɑ)……南楚江淮之間謂之芥(keāt)。蘇亦荏也。

【芡】:南楚江湘之間謂之雞頭,或謂之雁頭,或謂之烏頭。

【毒】:凡飲藥、傅藥而毒,南楚之外謂之瘌(lǎt)。按:今吴語謂皮膚染毒生瘡曰"瘌"。

【快】:江淮陳楚之間曰逞(t^{h}ǐeŋ)。

【拔】:自關而東江淮南楚之間或曰戎(ȵǐwəm)。

【凥(居)】:江淮青徐之間曰慰(ǐwət)。

【同】:江淮南楚之間曰掩(ǐam)。

【殺】:青徐淮楚之間曰虔(gĭan)。

【代】:江淮陳楚之間曰侹(t^hieŋ)。

【農夫】:儓、僰,農夫之醜稱也。南楚凡罵庸賤謂之田儓(də)。或謂之僰(bək)。或謂之辟辟(pĭěk),商人醜稱也。

【敗】:南楚凡人貧衣被醜弊謂之須捷(sĭwo dzĭăp)。或謂之褸裂(lo lĭăt)。或謂之襤褸(lam lĭwo)。

【益】:南楚凡相益而又少謂之不斟(ȶĭəm),凡病少愈而加劇亦謂之不斟,或謂之何斟。按:今吴語謂"不止""多於"曰"弗戴"。

【愈】:南楚病愈者謂之差($tʃ^h$ea)。或謂之間,或謂之知。知,通語也。

【禪衣】:江淮南楚之間謂之褋(dĭăp)。

【襜褕】:江淮南楚謂之橦褣(dĭwoŋ ʎĭwoŋ)。

【汗襦】:江淮南楚之間謂之褶(tsĭəŋ)。

【蔽鄰】:江淮之間謂之褘(ĭəi)。或謂之袚(p^hĭwăt)。宋、南楚之間謂之大巾……陳楚江淮之間謂之袩(ts^hĭwoŋ)。

【帞頭】:絡頭,帞頭也……南楚江湘之間曰帞(meăk)頭。

【履】:南楚江沔之間揔(總)謂之麤(ts^hɑ)。

【鍑(釜類)】:江淮陳楚之間謂之錡(gĭa)。或謂之鉼(pĭeŋ)。吴揚之間謂之鬲(liěk)。

【桮(杯)】:吴越之間曰楊(ʎĭɑŋ)。

【臿(鏵)】:江淮南楚之間謂之臿(tʃeăp)。

【僉(連枷)】:齊楚江淮之間謂之柍(ĭɑŋ)。按:今吴語永康話謂之 ɦɥa2。

【刈鉤】:江淮陳楚之間謂之鉊(ȶĭau)。或謂之鐹(kua)。

【薄】:宋魏陳楚江淮之間謂之苗(k^hĭwŏk)。或謂之麴(k^hĭəuk)……南楚謂之蓬薄(boŋ băk)。

【槌】:宋魏陳楚江淮之間謂之植(ʑĭək)。

【檅(槌之横者)】:宋魏陳楚江淮之間謂之槤(tāt)。……胡以縣(懸)槤……宋魏陳楚江淮之間謂之繯(ɣoan)。或謂之環(ɣoan)。

【簟】:南楚之外謂之篖(dɑŋ)。

【牀杠】:南楚之間謂之趙(dĭau)。

【簙(棊)】:吴楚之間或謂之蔽(pĭat)。或謂之箭裏(tsĭan lĭə)。或謂之簙毒(păk dəuk)。或謂之夗専(ĭwan ȶĭwan)。

【欲】：荊吴之間曰聳(sǐwoŋ)。

【聾】：陳楚江淮之間謂之聳(sǐwoŋ)。荊揚之間及山之東西雙聾者謂之聳。……吴楚之外郊凡無有耳者亦謂之聧(kʰiwei)。按：後世漢語通語亦謂之"聵"。

【袲】：陳楚荊揚曰陂(pǐa)。

【慙(惭)】：荊揚青徐之間曰惧(tʰiən)。按：今漢語通語有"靦腆"。

【難】：荊吴之人相難謂之展(tǐan)。按：今吴語謂"傾軋"曰"展"。

【輔】：吴越曰胥(sǐɑ)。

【戰慄】：荊吴曰蛩烘(gǐwoŋ kǐwoŋ)。蛩烘又恐也。按：今吴語、閩語仍謂"恐"曰"驚"。

【受】：揚越曰龕(kʰəm)。按：今吴語、閩語仍謂"受盛"、"貯存"曰"囥"。

【轉目】：吴楚曰眮(doŋ)。

【蹇(跛足)】：吴楚偏蹇曰騷(səu)。按：今吴語永康話謂自行車、摩托車等以側邊支脚斜靠曰"騷"，奉化話謂好出外游玩者曰"騷脚狗"，皆含偏蹇義。

【離】：吴越曰伆(mǐwən)。

【與】：吴越曰誣(mǐwɑ)。

【視】：吴揚曰略(lǎk)。

【疾行】：南楚之外曰汩(kǎt)。或曰遥(ʎǐau)。

【敬】：吴楚之間自敬曰稟(pǐəm)。

【分】：南楚之間謂之岐(bǐə)。按：今吴語謂剥離分裂曰"披"，後世漢語通語亦謂之"劈"。

【施】：吴越之間脱衣相被謂之緡緜(mǐen mǐan)。

【諟(諦)】：吴越曰翳苪(ǐei tiāt)。

【滅】：吴揚曰揜(ǐam)。

【爲】：甌越曰卬(ŋɑŋ)，吴曰厲(lǐāt)。按：今吴語仍謂"爲"曰"來"，如"弗會來(不會做)"。

【老】：南楚謂之父(bǐwɑ)。或謂之父老。南楚瀑洭之間母謂之媓(ɣuɑŋ)，謂婦妣曰母姼(mə ʑia)。稱婦考曰父姼。

【强】：東齊陳宋江淮之間曰彈憸(dan sǐam)。

【熟】：徐揚之間曰飪(ȵǐəm)。

【愛人】：言相愛憐者吴越之間謂之憐職(ȶǐək)。

【食】：吴越之間凡貪飲食者謂之茹(ȵǐɑ)。

【治】:吴越飾貌爲竘(k^hĭwo)。或謂之巧(k^heəu)。

【熱、乾】:吴越曰煦煆(xĭwo tuan)。

【儋(擔)】:燕之外郊、越之垂甌、吴之外鄙謂之膂(lĭɑ)。南楚或謂之攍(ʎĭeŋ)。

【逗】:南楚謂之傺(t^hĭăt)。

【虎】:江淮南楚之間謂之李耳(lĭə ȵĭə)。或謂之於䖘(ɑ dɑ)。

【貔(狸)】:陳楚江淮之間謂之貅(lə)。

【猪】:南楚謂之豨(xĭəi)。其子或謂之豚,或謂之豯(ɣie)。吴揚之間謂之猪子(tĭɑ tsĭə)。其檻及蓐曰橧(tsəŋ)。按:今漢語白話亦通謂之"猪"。

【尸鳩(戴勝)】:東齊吴揚之間謂之鵀(ȵĭəm)。

【雁】:南楚謂之鵝(ŋa)。或謂之鶬䳤(ts^hɑŋ ka)。按:今漢語白話亦通謂之"鵝"。

【鷿鷉】:野凫其小而好没水中者南楚之外謂之鷿鷉(pĭĕk t^hie)。大者謂之鶻蹏(kuăt die)。按:今學術界通謂之"鸊鷉"而有别於凫。

【蠑螈】:守宫……在澤中者……南楚謂之蛇醫(ȡia ĭə,按:今吴語永康話仍稱蜥蜴爲 ɦua4dia4)或謂之蠑螈(ɣĭweŋ ŋĭwan)。按:今學術界通謂有尾兩棲類曰"蠑螈",而謂守宫曰"壁虎"。

【戟】:吴揚之間謂之戈(kua)。按:今以"戈"爲類稱,"戟"爲特稱。

【三刃枝】:南楚宛郢謂之匽(ĭan)戟。

【矛】:吴揚江淮南楚五湖之間謂之鍦(ɕĭa)。或謂之鋋(ʑĭan)。或謂之鏦(ts^hĭwoŋ)。其柄謂之矜(kĭen)。

【箭】:江淮之間謂之鍭(ɣo)。

【車枸簍】:南楚之外謂之篷(boŋ)。或謂之隆屈(lĭwəm k^hĭwət)。按:今通謂之"篷"。

【軑】:關之東西曰輨,南楚曰軑(dāt)。

【舟】:南楚江湘凡船大者謂之舸(ka)。小舸謂之艖($tʃ^h$ea)。艖謂之艒縮(məuk sĭəuk)。小艒縮謂之艇(dieŋ)。艇長而薄者謂之艜(tāt),短而深者謂之艄(buāk),小而深者謂之樑(gĭwoŋ)。東南丹陽會稽之間謂艖爲欚泭(lie bĭəu),謂之䉢䉢(p^hĭwɑ),謂之筏(bĭwăt)。筏,秦晋之通語也。江淮家居䉢中謂之薦(tsiən)。方舟謂之潢(ɣoɑŋ),艁舟謂之浮梁(bĭəu lĭɑŋ)。楫謂之橈(ȵiau),或謂之櫂(deāuk)。所以隱櫂謂之槳(tsĭaŋ)。所以縣(懸)櫂謂之緝(ts^hĭəp)。所以刺船謂之槁(kau)。維之謂之鼎(tieŋ)。首謂之閤閭(kəp lĭɑ)。或爲艗艏(ŋiĕk ɕĭəu)。後曰舳(dĭəuk)。舳,制水也。偽謂之仡(ŋĭət)。仡,不安也。按:揚子釋舟可謂詳備矣,其名則多出自江東，蓋諸夏元不習水，江東人有以教之也。

【好】：媌(ŋĭăuk)、筡(tʃʰĕk)、鮮(sĭan)，好也，南楚之外通語也。

【拏(拿)】：南楚曰謰謱(lĭan lo)。或謂支注(ȶĭe ȶĭwo)。或謂之詀謕(tʰĭam die)。轉語也。拏(neɑ)，揚州會稽之語也。或謂之惹(ȵiāk)。或謂之淹(ĭam)。按：今吴語仍謂"握"曰"惹"，"拿"則已成漢語白話通稱矣。

【歇】：楚揚謂之泄(sĭăt)。

【曬】：晞(pʰĭwət)、曬(ʃe)，乾物也，揚楚通語也。按：今漢語白話亦謂"曝"曰"曬"。

【非議】：南楚以南凡相非議人謂之讁(tĕk)。或謂之衇(mĕk)。衇又慧也。

【兄】：荊揚之鄙謂之膊(pʰăk)。

【短】：東陽之間謂之府(bĭwo)。

【惡】：南楚凡人殘罵謂之鉗(gĭam)，又謂之疲(pĭwan)，癡騃也。揚越之郊凡人相侮以爲無知謂之眲(ȵĭə)。眲，耳目不相信也。或謂之斫(ȶĭɑk)。

【惛(昏迷)】：楚揚謂之惃(kuən)。或謂之愂(buət)……南楚飲毒藥懣謂之氐惆(tiei tʰĭəu)，亦謂之頓愍(tuən mĭwen)。

【欺謾】：謾(muan)、㦣忚(lĭa xie)，皆欺謾之語也。楚郢以南東揚之郊通語也。按：今吴語、閩語仍謂"隱"曰"瞞"，漢語白話亦引以爲通語矣。

【頷】：南楚謂之頜(ɣəm)。

【草】：東越揚州之間曰茻(xĭwət)。南楚曰莽(mɑŋ)。

【老】：㤥鰓(keək sə)、乾都(kan tɑ)、耇(ko)、革(keək)，老也，南楚江湘之間代語也。

【推】：南楚凡相推搏曰揿(bĭĕt)。或曰揔(kʰuăt)。

【勸】：南楚凡己不欲喜而旁人説之、不欲怒而旁人怒之，謂之食閻(ȡĭək ʎĭam)。或謂之慫涌(sĭwoŋ ʎĭwoŋ)。按：今漢語白話通謂之"慫恿"。

【然】：南楚凡言然者曰欸(ə)。或曰譽(iei)。按：今吴語、日本語仍曰"欸"。

【緒】：南楚皆曰緤(sĭăp)。或曰端(tuan)。或曰紀(kĭə)。或曰末(muăt)。皆楚轉語也。

【伺視】：凡相竊視，南楚謂之闚(kʰĭwe)。或謂之䁓(tsoŋ)。或謂之貼(ȶĭam)。或謂之占(ȶĭam)。

【曬多】：南楚凡大而多謂之䆵(oŋ)。或謂之濃(nĭwəm)。凡人語言過度及妄施行亦謂之濃。

【取】：南楚之間凡取物溝泥中謂之柤(tʃeɑ)。或謂之樝(tʃeɑ)。

【螻蛄】：南楚謂之杜狗(da ko)。或謂之蛞螻(kʰuăt lo)。

【蜻蛚(蟋蟀)】：南楚之間謂之蚟孫(ɣĭwaŋ suən)。按："孫"一作"絲"，今吴語寧波話謂蟋蟀曰"叮絲子"。

【蜢(蝗)】：南楚之外謂之蟅蜢(ʈĭāk maŋ)。或謂之蜢。或謂之螣(dəŋ)。按：今吴語仍通謂之爲"夾蜢"。

【蜀】：南楚謂之獨(dŏk)。

【極】：㦬(kĭa)，極也。按：今吴語謂"極"曰"較"，或曰"較關"。

【撫】：膜(măk)，撫也。按：今漢語白話通謂之"摸"。

【明】：眦、曉(xiau)，明也。按：今吴語通謂"知"曰"曉得"。

【净】：湊(tʃʰĭaŋ)，净也。按：今吴語謂之"清爽"。

【予】：捭(pe)，予也。按：今吴語、粤語謂之"畀"。

【炙】：煬(ʎĭaŋ)、翕，炙也。

【篓(箄)】：籭小者南楚謂之篓(lo)。

【籠】：南楚江沔之間謂之篣(beaŋ)。或謂之笯(na)。

【篨】：南楚謂之筲(ʃeau)。

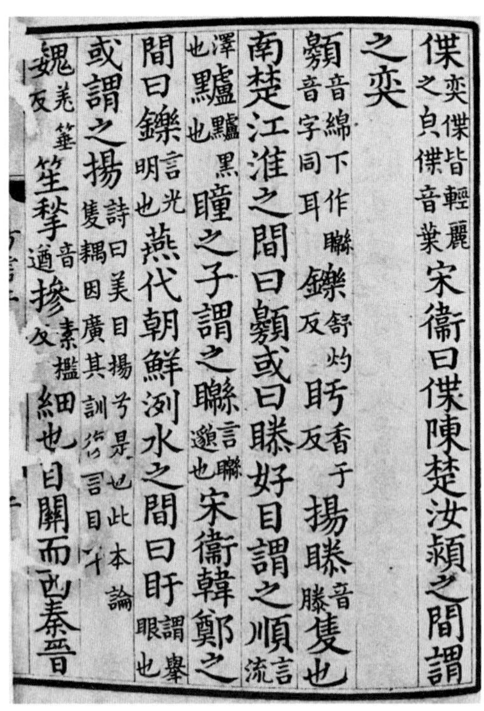
㑊奕㑊皆輕麗之皃㑊音葉宋衛曰㑊陳楚汝潁之間謂
之奕
䁯音綿下作聮音字同耳鑠舒灼反盱香于反揚𦝫音滕雙也
南楚江淮之間曰䁯或曰𦝫好目謂之順言流
澤也黸黸黑也瞳之子謂之䁯言聮邈也宋衛韓鄭之
間曰鑠言光明也燕代朝鮮洌水之間曰盱謂舉眼也
或謂之揚詩曰美目揚兮是也此本論雙耦因廣其訓復言目耳
䰝羌箠反笙揫音遒摻素檻反細也自關而西秦晉

宋刻本《方言》

4. 其他記録

《史記・越王句踐世家》索隱引《竹書紀年》:"晋出公十年十一月,於越子句踐卒,是爲菼執(dam ȶĭəp)。"對比泰語 dam(宗神)、tsap(初始)(鄭張尚芳,1998)。

《後漢書・南蠻傳》:"昔高辛氏有犬戎之寇……帝不得已,乃以女配盤瓠。盤瓠得女,負而走入南山,止石室中,所處險絶,人迹不至。於是女解去衣裳,爲僕鑒(bŏk keam)之結,著獨力(dŏk lĭək)之衣。"對比壯語 pu4(人)、ka:m3(巖洞)、tulɯk8(兒童)(倪大白,2010)。

韋昭《漢書音義》:"干越(kan ɣĭwăt),今餘干(ʎĭɑ kan)縣,越之别名也,亦古謂越餘地曰餘干。"

《集韻・禡韻》:"吴人謂衣曰褯(zĭa6)。"對比泰語 sɯə(衣),傣語 sə3。

第三章　江東方言之越語底層

第一節　吴、閩源流

1. 漢化越人

今日的侗台語民族之外，嶺南的百越民族在與漢民族長期的交往與融合過程中也形成了一個被深度漢化，同時又帶有濃厚的越民族文化特質的漢族群體，即操粤語的漢族人（参見劉叔新，2006）。

同時，江浙的一支越人在遭受戰國及秦漢華夏政權的壓力時就近南遷至福建避居，當時被稱爲"閩越"。閩越支系在中古時期（六朝、隋唐）被日漸加强的華夏影響力同化，成爲漢民族的一個群體，即今日操閩語的漢族人。

與閩越同時，留在江浙的越人主體也在永嘉之亂後被大舉涌入的中原漢族勢力漸次同化，甚至在東晋以降的數次中原政權臨危南逃事件中與漢人發生大規模通婚，語言上、文化上乃至血統上皆與漢族發生深度融合，并意外地成爲中古華夏文明最重要的一批傳承者，是爲操吴語（江南話、江浙話）的漢族人。

直至今日，吴語、閩語和粤語雖被認定爲漢語族中的語種（或方言、語支），且此三種方言的面貌顯然較湘、贛、客家、官話等其他現代漢語（或方言）更爲古老（参見袁家驊等，1960），然而其語言中某些無法用漢語解釋的語音、詞彙以及語法却在一定程度上呈現了越民族在被漢化之前其母語中的成分（語言學將這種被其他語言同化後所保留的母語成分稱爲"語言底層"，可比較非英語國家人各具特色的英語，這種"特色"就是類似於語言底層的表現），如這三種漢語中慣常以相反於漢語的順序組織偏正短語或單詞，例如：

風颱（閩語，“颱風”）

人客（吴語、閩語，“客人”）

啥幹（吴語，“幹什麼/爲何”）

頭先/頭前（吴語、閩語，“前方”）

又如大量漢語中所無的詞彙：

白相（吴語太湖片，“玩耍”）

七桃（閩南話，“玩耍”）

ɓa4（閩南話，“肉”）

虎（吴語，“螞蟻”）

躐（吴語婺州片，“行走”）

徛（吴語、閩語、粤語，“站立”）

la\le\te（吴語、粤語，表示複數）

這些語言底層暗示了今日操吴語、閩語和粤語的漢族人并非華夏人“嫡系”的事實。

2. 江東方言

吴語與閩語同源，在現代漢語族中，兩者之間具有最近的發生學關係。漢化之前，浙、閩兩地古越人在文化與血統上交流頻繁，同出一源。秦漢時期，於兩地置會稽郡，商、周時即已持續發生浸潤式漢化的越人於此時遂由北至南漸次被徹底漢化，至三國兩晋時，形成明顯有别於中原系統的漢語新方言，學界稱其爲“江東方言”。江東方言的使用範圍較今日吴語爲廣，應爲三國孫吴國語（永嘉之亂，晋人南下，王導親習吴地方言以籠絡故吴國士大夫，可爲此證）。晋人以吴國之故，稱其爲吴音，以與其自身所操之洛音相區别。此時尚無吴語、閩語之分。

唐宋以來，浙、閩於行政上不復相統屬，兩地交流遂疏，語言日漸歧異，變爲今日的吴語與閩語。中世以來，兩浙因社會環境長期穩定，經濟文化冠絶全國，人口滋繁，爲天下重地，吴語遂對漢語整體産生决定性影響。現代漢語各地方言中多少都帶有吴語留下的印記。閩地因山嶺環繞，較少受外界干擾，語言面貌較爲存古，不少古音現象在現代漢語中已屬絶無僅有。閩人有航海拓殖的傳統，又進一步將閩語傳播至嶺南、臺灣、海南、浙南乃至南洋。

近世以來，吴語區北部受戰亂摧殘，在規模上出現明顯的退縮，江蘇多地已改操官話。又受臨近官話侵蝕，退化形成雜有吴語和官話特徵的江淮官話與徽語。閩語的狀况則相對較佳，僅少數方言（如邵武話）受其他漢語影響發生退化。受當下語言政策的影響,吴語、閩語整體的傳承前景急轉直下,岌岌可危。

吴語下分爲北部的太湖片、宣州片與南部的台州片、處衢片、婺州片、甌江片,又有學者將徽語亦歸入吴語(徽嚴片)。今日吴語名義上使用人口愈 8000 萬(其中太湖片方言愈 6000 萬),是世界上使用人口最多的非官方語言(生存狀態則爲瀕危)。

閩語下分閩南片、閩東片、閩中片、閩北片,又有學者從閩南片中分出莆仙片與瓊雷片,亦有將受贛語深度影響而發生退化的邵武話歸入閩語者(稱邵將話)。今日閩語使用人口愈 7000 萬(其中閩南片方言約 6000 萬)。

吴語同閩語在語音、語法、詞彙等方面均可見顯著的同源性,表現爲共通性(相同、相似)或漸變性(無截然的分界綫)。

語音方面如:

(一)聲母保留清濁對立。如思—似、夫—父、昏—魂、桌—鐲、雙—床、丙—病、台—臺、歸—葵(均爲前清後濁)。北部吴語大體保留全套清濁對立,南部吴語(除甌江片及永康、東陽、常山等部分方言外)濁音出現不同程度的清化(轉變爲不送氣清音),閩語濁音則多數已轉變爲不送氣清音(部分轉變爲送氣清音)。可見吴、閩兩語由北至南的漸變趨勢。

(二)其他漢語中已普遍轉變爲塞擦音或擦音的聲母仍保持發塞音。如“腹”“飛”聲母 p,“猪”“中”聲母 t,“雞”“經”聲母 k,“伏”“縛”聲母 b,“蟲”“錢”聲母 d,“厚”“喉”聲母 g,“笑”“鼠”“手”聲母$ʦ^h$,“是”“舌”“蛇”聲母 ʥ。該現象在閩語中極爲普遍,在南部吴語中多見,在北部吴語中較少見,可見由南至北的漸變趨勢。

(三)聲調爲完整的四聲八調體系,各地方言總體上既無舊調消失,亦未分化出新調,符合《切韻》、《廣韻》音系。

(四)具有極其複雜的連讀變調體系,其中吴語的連讀變調在整個漢語族中可謂最爲繁雜。

(五)雙音節詞中,輕音以前音節爲主,不同於其他漢語的後音節輕音。

(六)詞彙以單音節爲主,雙音節詞較少,不同於以雙音節詞爲主的其他漢語。

(七)保留中古輔音韻尾,如“三(-m)”、“山(-n)”、“桑(-ŋ)”、“雜(-p)”、“割(-t)”、“麥(-k)”。其中吴語鼻音韻尾幾乎已僅存-ŋ(或其音位變體),且在不同方言中已不同程度地脱落成開音節或變成鼻化元音,僅極少數方言(如縉雲話、東陽話)在少數字中保留-m;閩語北片、東片情況類似。吴語塞音韻尾多數已退化爲-ˀ,僅極少數方言(如上海話)仍保留-k;閩語北片、東片情況類似。閩語南片完整保留全套輔音韻尾,僅部分字出現鼻化音(陽聲韻)或退化爲-ˀ(入聲韻)。可見由南至北的漸變趨勢。

（八）普遍存在全濁縮氣音（先喉塞音）聲母（詳見本章第二節）。

語法方面如：

（一）保留古漢語謂語短語後置的句子結構（OSV 或 SOV）。如“午飯我食過了”或“我午飯食過了”，不説“＊我食過了午飯”。

（二）動詞、形容詞、副詞、量詞等慣用疊音反復，用以表達某種語氣或加深程度。單音節詞可反復，多音節詞亦可反復。如“看看”“紅紅”“速速”“個個”“瞭解瞭解”“較大較大”。

（三）存在呼格（面稱）現象。稱呼人時於單音節詞前加呼格前綴 aʔ7（“阿”），多音節名詞用於稱呼時通常取末字加前綴。如“阿母”“阿爸”“阿爺”“阿舅”“阿丈”“阿姨”“阿哥”“阿姊”“阿公”“阿婆”等。

（四）特色鮮明的動詞作補語用法。如：

閩南話

聽有（聽得懂）

我聽無爾個話。（我聽不懂你的話。）

爾看我無。（你看不起我。）

我講與爾知。（我告訴你。）

婺州片吴語

飯食弗落肚。（飯喫不下。）

東西買有。（東西買得充足。）

鈔票用無有。（錢用光。）

牛奶食弗要。（牛奶喝太多，至於厭惡。）

講得聽（懂事，順從）

渠話講弗聽個。（他聽不進勸説的。）

樁事幹我要講爾曉得。（這件事我要告訴你。）

詞彙方面表現爲大量共有（而有異於其他現代漢語）的語詞（其中尤以南部吴語與閩語同源詞爲多，以下例詞以南部吴語中出現者爲主），如：

望（看、探望）

講（説）

囥（存放）

縛（捆綁）

食（喫、飲）

驚（恐懼）

無(没有)

放(排泄、産卵)

徛(站立)

倒/殆(死亡)

煺(屠宰,去毛)

捋(下拉)

餟(吸食)

落(降雨雪、下樓、掉落)

晏(晚,黄昏)

細(小)

著力/食力(疲憊)

馱/t^{h}ue(拿取)

若(如果)

箸(筷)

大家(丈夫之母)

阿姐/阿姊(母親面稱)

儂/囊(人)

厝(房屋、家)

目睛(眼睛)

糞屎(垃圾)

鎖匙(鑰匙)

日頭(太陽)

雷公(雷)

芳/噴(閩"香",吴"嗅")

濱/洴(方面,地方)

頭先/頭前(前方)

戇(愚蠢)

腹(肚)

腹肚(腹部,胃)

尻(臀,脚)

四尻蛇(蜥蜴)

来/le(吴"在",閩"正在")

個/ke/e(助詞"之")

攏/統(全部,都)

渠/其(他/她)

許/亨(指示詞,"這"或"那")

兩(二,用於數數)

罷(語氣詞"了")

因此,在探究古越人的語言文化時,應將現代吴語同閩語作爲一個整體進行考察,它們的使用者共同構成了上古江南越人被漢化後的最終形態(粤語使用者則是中古嶺南百越民族被漢化後的最終形態)。

第二節 江東方言之越語語音底層

1. 長短元音

南島語中元音通常不分長短(占語支的三亞回語是典型例外),侗台語中則普遍存在元音的長短對立。

在侗台語中,單元音單獨構成韻母時一律讀長元音,如壯語"腿"ka:1、"經過"ta:5,泰語"豆腐"tau3hu:3、"舅"na:4。

在複韻母中,主元音區分長短,時值有辨義功能,如壯語"雞"kai5、"個"ka:i5,"把握"kam1、"黄果"ka:m1,"小刀"mit8、"滅"mi:t7。有些語言每個元音都區分長短(如黎語),有些則僅有一個元音(通常是 a)區分長短(如水語、侗語)。

長短元音不獨時值有别,在音質上也有差異,通常爲高元音的長元音較短元音開口度小,低元音反之,如 i 長讀[i:]短讀[ɪ],u 長讀[u:]短讀[ɷ],a 長讀[a:]短讀[ɐ]。此外,長元音常帶有過渡音,表現爲趨向雙元音的發音特徵,如莫話"嘔吐"ˀo:k8 實讀[ˀɔɐk42],"鐮刀"li:m2 實讀[liᵉm21]。(倪大白,2010)

漢語中本有舒聲(平、上、去三聲,韻母爲陰聲韻與陽聲韻)與促聲(入聲,韻母爲入聲韻)之分。促聲字發音短促,其元音時值明顯較舒聲字短。保留有塞音韻尾入聲韻的南方漢語族語言中(如吴語、閩語、贛語、客家話、粤語)普遍存在這一現象,如上海話:

"米"mi4;"滅"mĭeˀ8

"馬"mu4;"木"mǔǒ^{ʔ}8

"巴"pa1;"八"pǎ^{ʔ}7

又如漳泉地區閩南話：

"知"ti1;"竹"tiěk7

"都"to1;"獨"tǒk8

"肉"ɓa4;"默"ɓak8

"尻"k^{h}a1;"更加"k^{h}ǎ^{ʔ}7

與此不同的是,少數吴語和閩語方言中,舒聲韻也存在元音長短之别,例如吴語婺州片永康話(永康話無促聲,入聲字塞音韻尾脱落,讀作舒聲)。在永康話中,每一個字皆有且只有一個長元音,單元音(帶或不帶鼻音韻尾)一律讀長元音,雙元音中一個作長元音,另一個作短元音。在單字發音或其後帶停頓時,長元音的實際發音開口度皆較其短元音形式爲大,且帶有前後過渡音,表現爲趨向雙元音或三元音的發音特徵,情况類似侗台語。如：

"鴉"a:1(單字音實讀[^{ʔɐ}a:^{44}])

"衣"i:1(單字音實讀[^{j}ɛ:j^{44}])

"烏"u:1(單字音實讀[^{ʔw}o:w^{44}])

"思"sɿ:1(單字音實讀[s^{ə}ɤ:ɯ^{44}])

"去"k^{h}ɯ:5(單字音實讀[k^{hə}ɤ:ɯ^{45}])

"骯"a:ŋ1(單字音實讀[^{ʔɐ}a:ɐŋ^{44}])

"英"i:ŋ1(單字音實讀[^{j}ɛ:jɲ^{44}])

"恩"ə:ŋ1(單字音實讀[^{ʔə}ɐ:əŋ^{44}])

"翁"o:ŋ1(單字音實讀[^{ʔw}ɒ:oŋ^{44}])

"櫻"a:ĭ1(單字音實讀[^{ʔɐ}a:j^{44}])

"惡"a:ŭ7(單字音實讀[^{ʔɐ}a:u^{335}])

"哀"ə:ĭ1(單字音實讀[^{ʔə}ɐ:j^{44}])

"鷗"ə:ŭ1(單字音實讀[^{ʔə}ɐ:u^{44}])

"冤"y:ə̆1(單字音實讀[^{ɥ}œ:ɛ^{44}])

"威"ŭə:ĭ1(單字音實讀[^{w}ɐ:j^{44}])

"優"ĭə:ŭ1(單字音實讀[^{j}ɐ:u^{44}])

"烟"i:ə̆1(單字音實讀[^{j}ɪ:ɛ^{44}])

"安"ɯːə̆1(單字音實讀[ˀɯˠːɐ^{44}])
"汪"ŭaːŋ1(單字音實讀[ʷaːɐŋ^{44}])
"央"ĭaːŋ1(單字音實讀[ʲaːɐŋ^{44}])
"雙"ɕy̆aːŋ1(單字音實讀[ʃᶣaːɐŋ^{44}])
"凶"xĭoːŋ1(單字音實讀[xᶣɒːoŋ^{44}])
"兄"xy̆iːŋ1(單字音實讀[xᶣɛːjɲ^{44}])

永康話每一字皆有"語流式"與"停頓式"兩種讀法,可視爲音位變體。其中"語流式"讀法(以上例字中前一種標音)出現在語流中,主元音時值約爲短元音的二至三倍;"停頓式"讀法(以上例字中後一種標音)出現在單字發音或其後帶停頓時,主元音時值極長,可達一秒至數秒不等。如:

"麪"[mʲɪːɛ^{24}],"麪粉"[miə^{11} fᵊɐːəŋ^{335}],
"粉末"[fəŋ^{11} mʷɔːɐ^{113}],"末日"[muo^{33} zᵊɐːə^{113}]
"鬧熱"[nau^{11} ȵʲɪːɛ^{113}],"熱鬧"[ȵie^{33} nᵄaːu^{24}]
"歡喜"[xua^{33} xʲɛːj^{335}],"喜歡"[xi^{11} xʷoːa^{44}]

此種現象使永康話語速整體顯得較爲緩慢(即所謂"拖長音"),聽感上類似泰語等侗台語。這種一字兩讀現象可視作條件音位變體。

除此之外,永康話中部分長短元音對立可用於辨義,如:

ȵĭəː8"日",ȵiːə̆8"熱"
xy̆əː7"甩",xyːə̆7"血"
dʑĭaː6"啥"(疑問詞),dʑiːă6"濺"(象聲詞,潑水聲)
gŭaː2"夫"(發語詞),guːă2"弓"(彎腰)

總體上,江東方言中像永康話這樣的元音長短對立現象折射出了分明可見的侗台語面貌,推測是古越語語音習慣的殘餘特徵。其外在聽感表現即爲語速緩慢、元音開口度大、舒聲與促聲對比顯著。古人所謂"吴儂軟語",是否暗示早期江東方言中曾普遍存留有這一特徵?

值得一提的是,日本語中存在長短元音,且其長元音常表現爲趨向雙元音的發音特徵,與侗台語和江東方言如出一轍。如:

kare"他";kaːsan"母親"
dʑisan"叔、伯、舅、丈";dʑiːsan"祖父,外祖父"
kuru"來";kuːki"空氣"

kemuri“烟”;ke:ko“警告(讀作 ke:jko)”

kodomo“兒童”;ko:“如此(讀作 ko:u)”

通常認爲日本語同北亞的阿爾泰語(如蒙古語、通古斯語、突厥語、朝鮮語)之間存在密切淵源,尤其在語法方面表現出高度共性。然而阿爾泰語中通常不存在元音的長短對立(現代蒙古語族中的長短元音是後起現象),日本語中這種特徵性的語音現象更似來源於東亞沿海,而非北亞内陸。

2. 縮氣音

縮氣音(如 ɓ、ɗ、ɠ)是一類濁輔音,通常爲塞音、塞擦音、鼻音這三類在成阻階段需要完全閉塞氣流通道的輔音。在其除阻階段,除聲帶需要預先振動外,還需同時將喉頭下沉,使口腔内部出現真空低壓,氣流通道打開瞬間,口腔外部因而會有少量空氣被吸入口中。在國内語言學界,縮氣音更常被描述爲“先喉塞音”或“緊喉音”,記作 ʔb、ʔd、ʔg、ʔdz、ʔm、ʔn、ʔȵ、ʔŋ(先喉塞音)或ˀb、ˀd、ˀg、ˀm、ˀn、ˀŋ(緊喉音)等。描寫方法不同,所指相同。本書采用“縮氣音”這一更爲貼切的描述。

侗台語中一般都具備該類輔音,其中以雙唇塞音 ɓ 與舌尖塞音 ɗ 最爲普遍(如壯語、布依語、西雙版納傣語、臨高話、泰語、老撾語、岱—儂語、黑泰語、白泰語、黎語、海南村話),部分語種除 ɓ、ɗ 外尚有更多縮氣音(如水語、毛南語、佯僙話有 ɓ、ɗ、ˀm、ˀn、ˀȵ、ˀŋ,莫話、甲姆話有 ɓ、ɗ、ˀȡ、ɠ),僅少數語種縮氣音退化消失(如德宏傣語、侗語轉化爲 m、l,拉珈語僅存 ɓ,石語、撣語、仫佬語、全體仡央語群完全缺失)(倪大白,2010;韋樹關,2019)。值得一提的是,通常認爲屬於南亞語系(與孟—高棉語同一語系)的越芒語(如越南語、芒語)也具有 ɓ、ɗ 兩個縮氣音,有一種觀點認爲越芒語和侗台語具有更近的親緣關係,應作爲侗台語族下的一個語支。

漢藏語使用者通常對這一類發音方式獨特的濁輔音十分陌生,苗瑶語、孟—高棉語、南島語(除受周邊侗台語和閩南話深度影響的三亞回語)、阿爾泰語、印歐語、閃含語(或稱亞非語系)等地理上與侗台語接近的語系或語族中通常也不具備該類輔音。可以認爲縮氣音是侗台語獨有的一項語音特徵。

侗台語的縮氣音通常出現在奇數調(對應於漢語陰調)中。

吴語和閩語作爲古越語(侗台語的祖先形式)的漢化形式,普遍保留了侗台語的縮氣音。

現代閩語中,漳、泉、厦、臺、潮汕、海南一帶南片閩語完整保留有縮氣音聲母,其中海南的情況與吴語類似,不同於其他南片閩語(見本小節後文詳述)。除海南閩語外,南片閩語典型的縮氣音有雙唇塞音 ɓ、舌尖塞音 ɗ 與舌根塞音 ɠ 三個，出現在古漢語相應發音部位的鼻音聲母字中作爲鼻音的替代形式，通常爲陽調(偶數調)字，如“無(ɓo2)”“内(ɗai6/lai6)”“五(ɠo4)”，且 ɗ 常轉變爲邊音 l，在臺灣閩南話中甚至偶爾變讀爲閃音 ɾ 或顫音 r(轉變詳情見本節後一小節)。

在廣東雷州閩語中，縮氣音已發生退化，趨於消失(參見林倫倫，2006)。

在南片閩語莆仙話(莆田、仙游)中，ɓ、ɗ、ɠ 已轉變爲清輔音 p、ɬ、k。在浙南閩南話(如平陽)中，ɓ、ɗ、ɠ 轉變爲 p、l、k。

其他各片閩語中無縮氣音。

現代吴語中，南部吴語較爲集中地保留了縮氣塞音 ɓ 與 ɗ，另有由這兩個音轉變而來的縮氣鼻音ˀm 與ˀn/ˀȵ(轉變詳情見本節後一小節)。吴語中的縮氣音只出現在陰調(奇數調)字中，對應古漢語清不送氣塞音 p 與 t，如“布”“比”“八”“都”“底”“搭”“崩”“冰”“幫”“東”“丁”“當”。這一點與侗台語如出一轍，推測是古越人被漢化時直接保留下來的底層口音。

今日南部吴語區中仍完整保留縮氣音 ɓ 與 ɗ 的有永康、東陽(部分地方)、磐安(部分地方)、縉雲、慶元、龍泉(部分地方)、景寧、青田、雲和、文成、永嘉(部分地方)等地，主要集中在金華、麗水、温州地區。這三個地區的其他地方(如浦江、義烏、金華、湯溪、武義、宣平、麗水、松陽、泰順、閩北浦城)多以ˀm 與ˀn/ˀȵ(及其變體 l)的形式部分保留了縮氣音的殘影，多數相對應的字已讀作清塞音聲母 p 與 t，可見吴語中縮氣音在退縮的態勢(曹志耘，2002)。

北部吴語受官話影響較深，絶大多數方言已無縮氣音，相應字均讀作清塞音聲母 p 與 t。極少數仍完整保留有縮氣音聲母的方言以孤島的形式殘存至今，如上海南匯話：

“八”ɓaˀ7(對比上海話 paˀ7)

“都”ɗu1(對比上海話 tu1)

由這種分布格局可以推測，縮氣音曾經是吴語整體的共有特徵，今日的現狀是這種侗台語特色長期不斷式微的縮影。仍完整保留這一套語音的吴語方言可被視爲“活化石”。

海南閩語中也具有縮氣音 ɓ 與 ɗ，且對應於古漢語中的塞音聲母(清不送氣或濁)p/b與 t/d，其來源不同於其他南片閩語而近似吴語。如“飛”ɓie1、“爸”ɓe6、“等”ɗan3、“著”ɗo8。推測是閩人遷居海南後受當地侗台語民族影響而次生形成的語言習慣，且當時進入海南的閩人語言中應該已經發生濁音清化，遂不分清濁，一概讀作同一縮氣音聲母。可見縮氣音并非一味式微，在侗台語占居主導地位的地區，甚至可能向外擴散。原無縮氣音的南島語占語支三亞回語即屬於這樣的例子。不知越南語、芒語中的縮氣音 ɓ

與 ɗ 是否亦屬於此種情形。

3. 鼻音、塞音對轉

侗台語、南島語中普遍存在塞音（通常爲濁塞音）與相同發音部位的鼻音相互轉化的現象（如 b-m、d-n-l、g-ŋ）。這種語音變化的方向性不固定，既可以是塞音轉化爲鼻音，也可以是鼻音轉化爲塞音，其對應關係可見於歷時的古今語言之間，亦可見於共時的親屬語言之間，甚至同一時期的同一種語言内部也可以存在變讀。

侗台語如"村、家、屋"壯語稱 ɓa:n3 或 ma:n3；"小兒"壯語稱 ɗik7 或 ȵe2，毛南語稱ˀni3；"夜晚"壯語稱 ɡam5 或 kam6 或 ŋam6。

又如侗語中通常缺乏其他侗台語普遍具有的全濁縮氣塞音（先喉塞音）聲母 ɓ(ˀb) 與 ɗ(ˀd)。其他侗台語中的 ɓ，侗語通常讀作 m，其他侗台語中的 ɗ，侗語通常讀作 l(< * n)。如：

"薄"ma:ŋ1，壯、傣（西）、水、毛南、泰 ɓa:ŋ1

"席子"min3，壯、水 ɓin3，毛南 ɓja:ŋ1

"簸箕"loŋ3，壯、水、黎、泰 ɗoŋ3，傣（西）ɗuŋ3

"得到"li3，壯、傣（西）、水、毛南、泰 ɗai3

又如水語陽安話 ɓ、ɗ 并入 m、l。如：

"天"mən1，水語三洞話 ɓən1，水語潘洞話 bən1

"女人"mja:k7，三洞 ɓja:k7，潘洞 biək7

"好"la:i1，三洞 ɗa:i1，潘洞 da:i1

"衣服"luk7，三洞 ɗuk7，潘洞 duk7

侗台語中，舌尖縮氣塞音 ɗ 往往更多轉化爲舌尖邊音 l。塞音—鼻音對轉的具體例子可見下表（據倪大白，2010）：

	泰	壯	水	傣（德）	侗	仫佬
天	（fa4）	ɓɯn1	ɓən1	（fa4）	mən1	mən1
村寨	ɓa:n3	ɓa:n3	ɓa:n3	ma:n3	（sən2）	ma:n3
薄	ɓa:ŋ1	ɓa:ŋ1	ɓa:ŋ1	ma:ŋ6	ma:ŋ1	va:ŋ1
好	ɗi1	ɗei1	ɗai1	li6	la:i1	i1
簸箕	ɗoŋ3	ɗoŋ3	ɗoŋ3	loŋ3	loŋ3	loŋ3
得	ɗai3	ɗai3	ɗai3	lai3	li3	lai3

其演變路徑通常爲 ɓ→m、ɗ→ * n→l。對比下表(據倪大白,2010)廣西羅城縣下里鄉謝村和四把鄉大梧村的仫佬語發音可以看出這種正在發生的語音轉變:

	下里謝村		四把大梧
	老年	青年	
眼睛	ɓa1	ɓa1	mja1
膽小	ɓo5	ɓo5	mjɔ5
鳥	ɓok8	ɓok8	mjɔk8
香味	ɓaŋ1	ɓaŋ1	mjaŋ1
池塘	ɗam1	lam1	lam1
得	ɗai3	lai3	lai3
簸箕	ɗoŋ3	loŋ3	lɔŋ3
螺螄	ɗo5	lo5	lau5

南島語中亦普遍存在這種現象,如:

"新"雷德語 mrău,馬來語 baru,占語 bahau

"女/雌"雷德語 mənie,占語 banai,加萊語 bənai

"稻"雷德語 mədie,占語 padai,加萊語 pədai

"衣服"阿羅瑪語 labua,莫圖語 dabua

"眼睛"阿羅瑪語 māna,莫圖語 mata,馬來語 mata

該現象在漢語其它方言中不多見,卻集中出現在閩語和吳語(尤其是婺州片、處衢片麗水地區以及部分温州地區方言)中。

在吳語婺州片(如永康、東陽、縉雲)、處衢片麗水地區(如慶元、龍泉、景寧、青田、雲和)以及部分温州地區(如永嘉、文成)方言的陰調(奇數調)帶鼻音韻尾(陽聲韻)的字中,全濁縮氣(先喉塞音)聲母 ɓ(ˀb)一律變讀爲縮氣 m(ˀm),聲母 ɗ(ˀd)一律變讀爲縮氣 n(ˀn)。如永康話:

"幫"maŋ1< * ɓaŋ1

"斌"miŋ1< * ɓiŋ1

"當"naŋ1< * ɗaŋ1

"登"niŋ1< * ɗiŋ1

"柄"mai5< * ɓaiŋ5

"打"nai3< ＊ ɗaiŋ3

"版"ma3/ɓa3< ＊ ɓan3

"膽"na3/ ɗa3< ＊ ɗam3

"點"nia3/ɗia3< ＊ ɗiam3

可以推斷，這是韻尾鼻音對濁塞音聲母發生同化的結果。在後三例"版""膽""點"中，因爲中古鼻音韻尾-n、-m 的脱落，已被同化爲鼻音的聲母又重新恢復爲濁塞音，成爲可以自由變讀的多音同義字。而中古鼻音韻尾-ŋ(如"柄"、"打")的脱落則無法令已經發生鼻音化的聲母恢復爲塞音(事實上，婺州片吴語之外，幾乎整個麗水地區包括閩北浦城也都將"打"讀作 n 聲母，且僅限於該字)。推測永康話中韻尾-n、-m 脱落較早，韻尾-ŋ 的脱落則極爲晚近。值得一提的是，永康話中"點"的兩種讀法已經發生語義上的分化，鼻音讀法 nia3 指"少量"，塞音讀法 ɗia3 指"圓點、鐘點"，不再自由變讀。其演變路徑爲 ɓ＋m/n/ŋ→m＋ŋ、ɗ＋m/n/ŋ→n＋ŋ。

永康話中也存在少量反向轉化(即鼻音聲母轉變爲縮氣濁塞音)的例子。如"盲"ɓai7/mai2< ＊ maiŋ2(對比温州話 biɛ2)，推測是受到鼻音韻尾脱落影響的結果，其演變路徑爲 m＋ŋ→ɓ。又如停頓語氣詞"嚒"ɓə^{21}< ＊ mə^{21}。

無獨有偶，閩語中也存在這種塞音向鼻音的轉變現象，如莆田話"(步行)街"ŋe1< ＊ ke1。

此外，中古-k 韻尾入聲字在永康話中偶爾也會對全濁縮氣塞音聲母産生同樣的影響，如"摘"nai7< ＊ ɗaik7。其演變路徑爲 ɗ＋k→n。

現代婺州片吴語中除永康話、東陽話與磐安話(老年人)，其他方言中的縮氣塞音 ɓ 與 ɗ 基本上已全部清化爲 p 與 t，然而鼻音與塞音之間的語音轉化現象仍在該片其他方言中普遍保留至今，可見塞音轉變爲鼻音的傾向具有相當强的韌性。

南片閩語中大量陽調(偶數調)中古鼻音聲母(m-、n-、ŋ-)字轉變爲相同發音部位的縮氣濁塞音(ɓ-、ɗ-、ɠ-)。如漳泉閩南話：

"無"ɓo2< ＊ mo2

"内"ɗai6< ＊ nai6

"我"ɠua4< ＊ ŋua4

"茫"ɓaŋ2< ＊ maŋ2

"能"ɗjəŋ2< ＊ njəŋ2

"迎"ɠjəŋ2< ＊ ŋjəŋ2

"默"ɓak8< ＊ mak8

"入"ɗip8＜＊nip8

"獄"ɠak8＜＊ŋak8

其他地區的南片閩語又進一步將全濁縮氣塞音清化爲不送氣清塞音。如"文明"浙南平陽閩南話 puən2pjəŋ2＜漳泉 ɓuən2ɓjəŋ2＜＊muən2mjəŋ2，"我"莆田話 kua4＜漳泉 ɠua4＜＊ŋua4，"爾(你)"莆田 ty4＜漳泉 ɗi4/li4＜＊ni4。其演變路徑爲 m/n/ŋ→ɓ/ɗ/ɠ→p/t/k。

典型的漢語中，鼻音聲母僅出現於陽調字(如以上閩語所有例字)，吴語與閩語中偶見讀陰調的鼻音聲母字(婺州片及部分麗水地區吴語的陰調縮氣鼻音聲母來源於陰調塞音聲母字，不屬此類，已如前述)，如紹興話 ȵiə[53](無，"無有"合讀)，永康話 nəi5(無，"無有"合讀)、ȵjaŋ1(姑)、ŋie1(研)、moŋ1(懵)，常山話 m3(無)、me3(母)，上海話 m1ma1(媽)、nø1(小兒)，奉化話 mo1(年長女性)、ȵi1(黏)、m1(嘸)，閩南話 mai1(粥)、mai3(毋，"無要"合讀)，其由來或者是雙字合讀，或者是濁流清化，或者是外語(可能是侗台語、南島語)底層，屬於不規則現象。

吴語和閩語中鼻音(如 n)與邊音(如 l)之間的對轉可視作塞音—鼻音對轉現象的延伸(不同於其他漢語方言中的"n-l 不分"現象，其他地區漢語中 n-l 不分僅僅是因爲兩者爲自由音位變體)。

如表示完成語氣的助詞"罷(了)"永康話至少有 bia4、ba4、mia4、nia4、lia4 五種變讀，各變讀可自由使用，無語義與情境的差別。對比鄰近地區不存在規律性塞音—鼻音語音對轉現象的吴語方言(如常山話 pe[31])，可確定 bia4/ba4 是其最初形態，mia4/nia4 是後起發音，lia4 又是 nia4 的進一步變讀形式。近年來於年輕人中又出現一種新變體 ɦia4，是 l 進一步弱化、脱落的結果。其演變路徑爲 b→m→n→l→ɦ。

又如"膽"閩南話 tam3，永康話 ɗa3/na3，武義話 nuo3，浦城話 lãi3。"店"閩南話 tiam5，永康話 ɗia5，武義話 ȵie5，浦城話 liãi5。"冬"閩南話 taŋ1，永康話 noŋ1，武義話 noŋ1，浦城話 louŋ1。爲 t/ɗ-n-l 對轉。

又如"處所"上海話 taʔ7，永康話 da2/ɗa1/la1 三音自由變讀。"落(雨、雪)"閩南話 lok8，永康話 lau8，常山話 doŋ6。"答"閩南話 tap7，永康話 ɗɯə7，武義話 lɯəʔ7，浦城話 lɑ7。"桌"閩南話 tok7，永康話 tsuo7，武義話 luoʔ7。"多"閩南話 to1，永康話 ɗuo1，武義話 luo1，浦城話 luo1。爲 d/t/ɗ-l 直接對轉(類似於侗台語)。

又如"要"永康話 ŋau6 或 nau6(兒語)，常山話 lɔ6。爲 ŋ-n-l 對轉。

前述閩南話中大量古代舌尖/舌前鼻音聲母 n/ȵ 已轉化爲舌尖縮氣濁塞音 ɗ，而現代漳泉地區的閩南方言又進一步將 ɗ 變讀爲 l，出現雙音自由變體的現象。如"女"

ɗu4/lu4＜＊nu4,“爾”ɗi4/li4＜＊ni4,“人”ɗaŋ2/laŋ2＜＊naŋ2。臺灣地區甚至出現進一步將 l 變讀爲閃音 ɾ 或顫音 r 的現象(可能是日本語或原住民南島語影響的結果)。其演變路徑爲 n/ȵ→ɗ→l→ɾ/r。

有意思的是,閩南話中此種語音轉化偶爾會出現“回流”現象,如“林”nã2＜＊lã2＜＊lam2,其演變路徑爲 l→n。

官話中“鳥”聲母由中古 t 變爲 n 屬於塞音向鼻音轉變的現象,類似於婺州片吴語;“隸”聲母由中古 t 變爲 l 屬於塞音向邊音轉變,類似於婺州片武義話與閩北浦城話;“弄”聲母由中古 l 變爲 n 則類似於閩南話。只是以上音變不成體系,屬於個别“突變”,其由來不明,不能排除歷史上江東方言對其産生影響的可能性。

同樣值得一提的是,日本語中也普遍存在這種塞音與鼻音對轉的現象。如“馬”ba＜ma,“三”sabu＜samu,“何”da(dare,何人)＜na(naȵi,何物),“五”go＜ŋo。此類變讀在日本語中數不勝數,有些區分場合(條件變體),有些則純粹是自由變體。該現象或許暗示了日本語同侗台語和南島語(因而也與吴語、閩語)之間的某種淵源。畢竟,在一個族群的語言發生變遷或者替换時,原語言的發音習慣(即“口音”)往往是最不易消褪的,其韌性通常强於語法與詞彙。至少在語音層面,上述語言群體儘管屬於不同的語族甚至語系,相互之間却表現出了高度的内部一致性,暗示著歷史上的親密關係。

第三節　江東方言之越語語法底層

1. 正偏結構

與漢語相反,南島語和侗台語的修飾性成分通常置於被修飾成分之後。如:

馬來語 bahasa(語言)indonesia(印度尼西亞)“印度尼西亞語”

馬來語 oraŋ(人)utan(森林)“猩猩(林中之人)”

馬來語 pakajan(衣服)baru(新)“新衣服”

泰語ˀa:2ha:n1(菜餚)na:3kin2(美味)“美味的菜餚”

布依語 ka:i5(的)ɗiŋ1(紅)ɗiŋ1“紅紅的”

布依語 ma1(狗)mɛ2(不)kʰau5(吠)“不吠的狗”

布依語 la:k8(兒童)ti3(小)ɕut7(吸)tiu4(奶)“吸奶的小兒”

壯語 ko1(棵)fai4(樹)ɗeu1(一)“一棵樹”

壯語 na2(田)ɣam4(水)"水田"

漢語句子中某些通常前置的成分(如狀語、補語),在南島語和侗台語中也會後置。如壯語:

kɯn1(喫)hau4(飯)ˀim5(飽)"喫飽飯"

ɕap7(砌)sa:ŋ1(高)la:i1(太)"砌得太高"

kou1(我)pai1(去)ko:n5(先)"我先去"

ȵiŋ2(打)tu2(隻)kuk7(虎)ɗeu1(一)ta:i1(死)"打死一隻虎"

在自由組成的偏正短語中,吴語和閩語通常已改用漢語式語序,即修飾性成分在前,被修飾成分在後,如"無情個人(無情的人)""好食個水果(可以用來吃的水果)""會叫個鳥(會鳴的鳥)"。然而,在爲數不少的多音節詞彙(即已成爲固定表達的古代短語)中仍可見南島語和侗台語這種與漢語正好相反的語序,如:

風颱(閩語,"颱風")

人客(吴語、閩語,"客人")

頭先/頭前(吴語、閩語,"前頭""先前")

氣力(吴語,"力氣")

量氣(吴語,"氣量")

菜乾(吴語,"乾菜")

粉乾(吴語,"乾粉")

飯湯(吴語,"湯飯")

鬧熱(吴語,"熱鬧")

歡喜(吴語,"喜歡")

道地(吴語,"地道""富足")

板砧(吴語婺州片,"砧板")

捨割(吴語婺州片,"忍心")

敢膽(吴語婺州片,"膽敢")

啥幹(吴語婺州片,"幹什麼/爲何")

菜鹹(吴語甌江片,"鹹菜")

鞋拖(吴語甌江片,"拖鞋")

髈蹄(吴語甌江片,"蹄髈")

魚烤(吴語甌江片,"小乾魚")

茶濃(吴語甌江片,“濃茶”)

其中部分詞彙正反語序皆可,意義相同。如永康話“量氣”與“氣量”、“鬧熱”與“熱鬧”同義。在前一組中,年輕人偏好前一種説法(“量氣”,即侗台語語序),老年人兩者皆可;在後一組中,老年人幾乎僅使用前一種説法(“鬧熱”,即侗台語語序),年輕人則更偏好後一種説法(“熱鬧”,即漢語語序)。有些詞在部分方言中已徹底改爲漢語語序,如常山話“乾粉”、奉化話“湯飯”、上海話“做啥(幹什麼)”。有些詞在同一種方言中看似有正反兩種説法,其實意義不同,屬於不同的詞彙,如永康話“氣力”指力量,“力氣”指體能,“歡喜”指喜愛,“喜歡”指心情愉悦。值得一提的是,“某乾”這種表達作爲食物名稱已通過吴語擴散至全體漢語族,如“筍乾”、“豆腐乾”、“蕃薯乾”、“蘿蔔乾”、“牛肉乾”等等,漢語族已廣泛采用,其構詞能力極强(然而這種“正偏”語序的表達傳至江東方言之外的漢語中似乎僅此一例)。吴語中甚至有“貓乾”、“狗乾”、“人乾”這樣的表達,指因長期營養不良而消瘦乾癟的人或畜。

類似的與漢語語序相反的詞彙在日語中亦不鮮見,如“紹介(ɕjo:kai,介紹)”、“情熱(dʑjo:netsu,熱情)”、“氣力(kirjoku,力氣)”、“運命(unmei,命運)”、“隨伴(dzuihan,伴隨)”、“走行(so:ko:,行走)”、“平和(heiwa,和平)”等。

除特定詞彙外,吴語和閩語的句子結構更能體現出這種與漢語語序相顛倒的侗台語面貌。在一般成分簡單的語句中,吴語和閩語嚴格遵守古漢語“謂語後置”的規則(如“古人不我欺”“余誠不之知”),如吴語:

我今日一包鹽買來。(我今天買了一包鹽。)

夜飯爾食過未?(你吃過晚飯了嗎?)

然而,一旦句子中出現較爲複雜的狀語或補語,語句結構便抑制不住回歸侗台語SVO結構的衝動,變得靈活起來,其狀語或補語時常出現後置的情況,謂語則提前。如:

閩南話

我行頭前先。(我先走在前面。)

爾有一百元錢無?(你有没有一百元錢?)

常山話

爾今日真煞是好嬉險。(險:很。你今天真的是很好玩。)

永康話

爾食落起,我再講。(起:先。你先吃完,我再説。)

我身上有十塊洋錢添。(添:仍,尚。我身上還有十元錢。)

渠肚飢脉，想食東西脉。（脉：太。他太餓了，太想吃東西了。）

爾細脉，打弗渠過。（你太小了，打不過他。）類似的表達尚有"望得/弗某人起（看得/不起某人）"、"喫得/弗某人落（吃得/不消某人，比得/不過某人）"、"食得/弗落肚（吃得/不下）"等。

此外，前述吴語、閩語極具特色的動詞作補語用法（屬於"述補結構"，見本章第一節）采用的亦是這種語序，補語置於句末。如：

永康話

講講添也講弗爾聽，我要去講爾爺娘曉得。（怎麼説你都還是不肯聽話，我要去告訴你父母。）

閩南話

爾個話我只是一時聽無，爾就看我無。（我只是一時聽不懂你的話，你就看不起我。）

吴語和閩語中此類語序活躍而不合漢語常規的句式可謂將古越人侗台語的語法特徵展現得淋漓盡致（值得一提的是，較晚受漢化而形成的粵語中亦有類似語序的表達）。

2. 反復疊音

在南島語和侗台語中，反復疊音是一種極其重要的構詞和語法手段，尤其在南島語中，反復疊音的形式十分豐富，功能也十分多樣。

南島語需要强調複數或"每一"概念時慣用單詞反復疊音的手段，如：

馬來語 oraŋ-oraŋ（衆人），名詞反復

馬來語 tiap-tiap hari（每日），量詞反復

賽德克語 qali-qali（衆兒童），名詞反復

賽德克語 tasaw-tasaw（歷年），名詞反復

漢語（文言文）無數量範疇，强調複數時使用特定詞語（如"諸""衆"）表示，表達"每一""逐一"概念時則通常僅以不加任何修飾的單字表示（如"日攘一雞""銖積寸累""人見人憐"），罕用反復（當代白話文中的反復現象并非漢語原有，應是吴語、閩語影響的結果，見後文詳述）。

南島語中動詞、形容詞、副詞等詞類亦可反復，表示某種語氣、情態或加深程度，如：

布嫩語 aiða-aiða（到處都有），副詞反復

布嫩語 vistu-vistu（不停掙扎），動詞反復

阿美語 awa-awa(一無所有),動詞反復

阿美語 kəliŋ-kəliŋ(叮噹作響),象聲詞反復

除整詞反復外,詞中部分音節或音位疊音亦可用於構詞或表示某種語法意義,如:

布嫩語 masnava(教)→masna-nava(教師),音節疊音構詞

噶瑪蘭語 sikaw-kawma(一直講),音節疊音語法

噶瑪蘭語 tia-tiana(哪些人),音節疊音語法

噶瑪蘭語 ki-kirim(一直尋找),音節疊音語法

噶瑪蘭語 pi-pir(打聽),音位疊音語法

馬來語 susu(乳房),音節疊音構詞(南島語"乳房"一詞多采用疊音形式,如巽他語、爪哇語、巴塔克語 susu,阿美語 tʃutʃu,"胸"他加洛語 dibdib,巴拉望語 dəbdəb,摩爾波格語 dobdob,雅美語 vatavata)

巴拉望語 lɔlaki(男人),馬來語、巴塔克語 sisik(鱗片),馬來語、巽他語、爪哇語 nanah(膿),音位疊音構詞

在侗台語中,反復疊音用於構詞的情況不多見(因其語言類型即爲單音節詞爲主),如仡央語群布央語巴哈方言 $pu^{45}pu^{322}$(螢火蟲)、$^{?}ε^{11}{}^{?}ε^{45}$(小二胡)、$^{?}u^{11}{}^{?}u^{45}$(大二胡)、$pa^{11}pa^{45}$(米糕)。

侗台語可將量詞反復表示"每一"概念,如:

布依語 pu4(個):pu4 pu4 tu3 taŋ2(每一個都到)

毛南語 ɗat7(個):ɗat7 ɗat7 tu1 fa:n1(每一個都甜)

使用這種反復表達的還有壯語、侗語、仫佬語等,另有約半數侗台語不具備這種反復形式(如泰語、傣語、老撾語、黎語等),而使用某一特定詞語(如水語 tsap8、jən2,類似於漢語"每"、"諸")來表達這種意義。

整詞反復用於表示某種語氣、情態或加深程度的情況亦不如南島語常見,如黎語侾方言絶大部分副詞均可反復以加强語氣:

ga:n3(紅)pai3ja3(極):ga:n3 pai3ja3 pai3ja3(非常紅)

iu3(别)hei1(去):iu3 iu3 hei1(千萬别去)

ri3(也)hei1(去):ri3 ri3 hei1(非去不可)

侗台語中部分音位疊音用於表達某種情態或語氣的情況較爲多見,如:

傣語(德)ma2(來):ma2 mi2(快快地來)

傣語(德)ka5(去):ka5 ki5(快快地去)

傣語(德)vi1(梳):vi1 va1(隨隨便便梳)

傣語(西)sak8(洗):sak8 sik8(隨隨便便洗),sak8 sək8(勉勉强强洗),sok8 sak8(快快地洗)

壯語 ɗam1(黑):ɗam1 ɗa:t7(漆黑),ɗam1 ɗa:t7 ɗa:t7(黑漆漆),ɗam1 ɗi1 ɗam1 ɗa:t7(黑漆漆)

更常用的反復疊音則是在詞後加兩個或多個反復的修飾性無意義音節,用於烘托詞義,如:

壯語 tiu5(跳):tiu5 juk7 juk7(蹦蹦跳),tiu5 ʔi1 juk7 ʔi1 juk7(高興而有節奏地跳)

傣語(西)ɗɛŋ1(紅):ɗɛŋ1 tən1 tən1(紅彤彤),ɗɛŋ1 pa:m2 pa:m2,ɗɛŋ1 va:t8 va:t8,ɗɛŋ1 tsa:ŋ2 tsa:ŋ2(以上不同程度的紅)

侗語:ȶo1(笑):ȶo1 ȵəm3 ȵəm3(微微笑),ȶo1 kʰit7 kʰit7(咯咯笑)

或對後加修飾性音節進行部分音位的疊音,如:

水語 pi2(肥胖):pi2 paŋ2 maŋ2(胖嘟嘟),pi2 pət8 mət8(極其胖)

水語:qam5(黑):qam5 ȶa:t7 ȵa:t8 ȶʰa:t8(黑不溜秋)

此種 ABB 或 ABBB 的反復疊音形式不見於南島語,在吴語和閩語中則甚爲多見,甚至在其他現代漢語族方言中亦常見(在文言文中則幾乎不可見,似非漢語所固有)。不排除是侗台語在江東方言中留下的語言底層,又通過吴語和閩語進一步擴散至其他漢語族語言。

除南島語中用於表示複數的反復外,以上所有反復疊音的形式與功能均可見於吴語和閩語中,且極其常用。

反復用以表示"每一""逐一"的(通常僅限於單音節量詞)如:

年年(吴語、閩語,每一年,逐年)

月月(吴語、閩語,每個月,逐月)

日日(吴語、閩語,每一天,日漸)

個個(吴語,每一個)

頭頭門(吴語,每一扇門)

吴語、閩語中表示該意義時無文言文用法(以不加任何修飾的單字表示,如"日積月累")。

動詞、形容詞、副詞等詞類反復表示某種語氣、情態或加深程度的如：

上海話

畀吾看看。（“讓我看一下吧。”表祈使語氣）

儂看看，好弗好。（“你看一下，好不好。”表命令語氣）

吾看看是弗够好。（“我看是不够好。”表判斷前提）

儂想哪恁看看？（“你想怎麼看？”表疑問語氣）

隨便看看噻好了。（“隨便看一下就好了。”表隨意語氣）

就好看看，弗好摸。（“只看不摸是可以的。”表泛泛而談）

用用是弗來三，只好看看。（“只中看，不中用。”表輕蔑語氣）

一日到夜東看看，西看看。（“整日東看西看。”表對舉）

看看之後再好判斷。（“看過之後才可以判斷。”表完成）

看看看看就買了。（“看著看著就買了。”表動作持續）

永康話

花開得紅紅紅紅。（“花開得通紅通紅。”形容詞加深程度）

隻兔亨重重囉！（“這隻兔竟然重成這副樣子！”形容詞加强語氣）

根茅竹危險危險長。（“這根竹子非常長。”危險：非常。副詞加深程度）

今日較熱較熱。（“今日非常熱。”較：很。副詞形容詞短語加深程度）

生亨呆頭樣子呆頭樣子！（“怎可如此愚蠢呢！”呆頭樣子：愚蠢貌。名詞性短語加深程度）

亨要黄坤要黄坤！（“如此混帳！”要黄坤：做混帳事。動賓短語加深程度）

永康話中單音節詞反復成四音節時（即 AAAA 式），第二音節韻尾以及第三音節聲母與介音會脱落，且第二音節主元音讀長元音，開口度變大，以使短語整體顯得更凝聚緊凑，如“紅紅紅紅（ɦoŋ^{11} ɦɔː^{533} oŋ^{11} ɦoŋ^{533}）”、“白白白白（bai^{33} bɑː^{11} ai^{33} bai^{113}）”、“躐躐躐躐（lie^{11} liɛː^{24} e^{11} lie^{24}，走著走著）”、“想想想想（ɕjaŋ^{33} ɕjɑː^{45} aŋ^{33} ɕjaŋ^{45}，想了又想）”。可類比南島語和侗台語中部分音位（而非整個音節）的疊音。永康話中部分音位疊音的例子尚有如：

dʑjaŋ^{33} xiŋ^{11} xwai^{11}（身長而顯行走不穩貌）

miŋ^{44} kie^{33} kwə^{335}（冰冷刺骨）

xɥə^{33} niŋ^{33} naŋ^{44}（左右甩動）

反復疊音用於構詞的如：

奶奶(吴語,乳房)

姜姜(吴語,恰好,適才)

好好(吴語,小心)

ka1ka1(婺州片吴語,蛋,兒語)

tiam6tiam6(閩南話,安静)

侗台語中常見的詞後附加修飾性無意義音節的反復疊音形式(即 ABB 或 ABCB 式短語)在吴語和閩語中亦極爲常見,且修飾性音節有附加於前者,又有雙音節詞兩音節分别反復者,形式更爲豐富。如:

常山話"紅滴滴"ɦoŋ2 tjəˀ7 tjəˀ7(紅彤彤,ABB 式)

常山話"烏餟餟"uo1 tɕɥəˀ7 tɕɥəˀ7(黑乎乎,ABB 式)

閩南話"淡糊糊"tam4 ko2 ko2(淡薄貌,ABB 式)

永康話"清湯傐湯"tɕʰiŋ1 tʰang1 bai4 tʰang1(清淡多湯,ABCB 式)

永康話"鬧鬧動"nau6 nau6 doŋ4(行走不穩貌,BBA 式)

奉化話"恰恰明"kʰaˀ7 kʰaˀ7 miŋ2(恰好,BBA 式)

永康話"散散粞粞"sa3 sa3 səi1 səi1(零碎物,零錢,AABB 式)

可見反復疊音作爲南島語和侗台語最具特性的表達偏好,在現代江東方言(尤其是吴語)中得到了幾乎完好的繼承。

日本語中亦存在大量反復疊音現象,主要表現爲構詞與附加情態、語氣或程度。構詞如:

mimi(耳)

haha(母親)

tɕitɕi(乳房)

hobo(大約)

dandan(逐漸)

附加情態、語氣或程度如:

doki(心跳):doki-doki(緊張,興奮),表動作持續

moja(煩躁):moja-moja(躁動不安),表疊加

maiɲitɕi(每日):maiɲitɕi-maiɲitɕi(日復一日没完没了),加强語氣

sugoku(很):sugo:ku-sugoku(非常非常),加深程度

亦可表示“每一”,如:

hi(日):hi-bi(每日,日常)

toki(時間):toki-doki(時常,間或)

或表示複數概念,如:

hito(人):hito-bito(衆人,大衆)

iro(色彩):iro-iro(各色各樣)

hisa(長久):hisa-bisa(長久未曾,難得一回)

名詞反復甚至可以表示親暱語氣,如:

ȵi(兄):ȵi:-ȵi(哥哥)

dʑi:(爺):dʑi-dʑi:(爺爺)

tɕjo:(蝶):tɕjo:-tɕjo:(小蝴蝶)

日本語中豐富的反復疊音現象暗示了其與南島語和侗台語的淵源。值得注意的是,日本語中缺乏附加修飾性無意義音節的反復疊音形式(即 ABB、BBA、ABCB 或 AABB 式短語),這一點不同於侗台語、吴語和閩語,而與南島語類似。

3. 量詞指示

在不少吴語方言中(如温州、金華、麗水、湖州、紹興等地),量詞均可以臨時充當指示詞,用於表示近指(或少數情況下表示遠指),即典型的“指+量”結構短語中指示詞可有可無(且通常省略)。例如:

個人(這個人)

頭牛(這頭牛)

把刀(這把刀)

碗飯(這碗飯)

樁事幹(這件事)

我要買本(我要買這本書)

表示複數的數量詞也有同樣的用法。如永康話:

lɯə[24]東西(這些東西,lɯə 指“些”,以聲調區分遠近)

lɯə[45]人(那些人)

ljaŋ[33]本書(這幾本書,ljaŋ 指約數“幾”)

ljaŋ^{44}日（那幾日）

百洋錢（這/那一百元）

萬鈔票（這/那一萬元錢，"萬"讀 24 調近指，讀 45 調遠指）

量詞的這種用法同樣見於粵語和閩語潮汕話中。在其他吴語方言中（如無錫、上海、寧波、台州等地區），往往指人時有這種用法（"個人"指"這個人"），其他情況下則不省略指示詞。

該語法現象既不見於典型的漢語，亦不見於現代侗台語和南島語，未知其由來。

4. 多級指示

通常漢語指示詞僅區分近指（此）與遠指（彼）二級，罕有方言存在居於兩者之間的中指（對比拉丁語 ille/illa/illud）或遠於兩者的"極遠指"現象。

侗台語中存在中指或"極遠指"現象（儘管并不普遍）。如西雙版納傣語指示詞 niˀ8（近指，此）、nan4（中指）、nan6（遠指，彼），指示地點時由近及遠甚至有八個級别：ti6ni3（此處）、ti6han3、ti6na3、ti6nai2、ti6nan4、ti6nan6、ti6nan4pun6、ti6nan6pun6（彼處），其中 ni3、han3、na3、nai2 四級常用，其餘四級罕用。與之相對，德宏傣語僅有 lai4（此）與 lan4（彼）兩級指示詞。

侗水語支佯僙話指示詞分三級，分别爲 na:i6（近指，此）、tsa5（中指）、wi5（遠指，彼）。

侗水語支拉珈語指示詞分三級，分别爲 ni2（近指，此）、ŋan2（中指）、nu2（遠指，彼）。又有三級指示代詞，分别爲 li2（近指，此物/此處）、la:n2（中指）、lu2（遠指，彼物/彼處）。

仡央語群（或稱語支）貴州六枝特區仡佬語指示詞分三級，除常用的近指與遠指二級，尚有第三級"更遠指"，分别爲 ȵi^{35}（近指，此）、bɯ^{35}（遠指，彼）、ˀɛ^{35}（更遠指）。

同語群布央語情況類似，指示詞分爲 ni^{55}（近指，此）、ȵə^{55}（遠指，彼）、ˀui^{33}（更遠指）。指示地點時有 ti^{55}（此處）、ˀan^{55}（^{322}）ni^{55}（此處）、ˀɛŋ^{33} ni^{55}（近處）、ˀan^{33} ȵə^{55}（遠處）、ˀui^{33}ˀui^{33} ȵə^{55}（最遠處）五級。

日本語也有三級指示，指示語素分别爲 ko（近指，此）、so（中指）、a（遠指，彼）。指示地點時有 koko（此處）、soko（中處）、asoko（彼處）、muko:（極遠處）等多級。

少數吴語方言中亦存在多於遠、近兩個級别的指示詞。如衢州市區話（"城裏話"）kiˀ^{45}（近指）、piˀ^{45}（中指）、bã^{11}（遠指），指示地點 kəˀ^{45} li^{22}（此處）、pəˀ^{45} li^{22}（中處）、bã^{11} li^{53}（彼處）。

又如奉化話指示詞 dõ2（近指，此）、jəˀ7（中指）、ˀaˀ7（遠指，彼），指示地點 dõ2pi1（此處）、jəˀ7pi1（中處）、ˀaˀ7pi1（彼處）。

此種現象不屬於典型的漢語語法現象，值得深入探究。

第四節　江東方言之越語詞彙底層

中世以來，前人於有意無意中即已對吴越方言中的古越語底層詞有所記録，如《集韻・禡韻》："吴人謂衣曰䙝(zĭa6)"(對比泰語 sɯə"衣")，又如宋刻本《方言》注："今江東呼極爲歹㞞，音劇"。本節試搜集列舉吴語與閩語各方言中可能屬於古越語底層的字詞凡一百三十條如下，俾讀者對古越語的原貌能見微知著。

吴語所舉例詞以上海話(太湖片)、奉化話(太湖片)、永康話(婺州片)、常山話(處衢片)、温州話(甌江片)爲主，閩語以臺北話(閩南片)爲主。各詞條先列吴語詞，次列閩語詞，次列侗台語詞，次列南島語詞。考慮到至今系屬未明的日本語同南島語表現出相當程度的淵源關係，其史前文化(繩紋文化)與南島文化亦表現出衆多共性，本節所舉例詞亦姑且將日本語列爲比較對象，置於詞條最末。

【粨】：黏貼，永康話 ɓai3；壯語 pek7，岱—儂語 pɛt7，侗語 p^{h}ek9；日本語 ha(ru) <pa(ru)。

【剢】：揮刀砍，剁，啄，永康話 ɗə7/tsa1，奉化話 tə^{ʔ}7(啄)；壯語(武)to:t7，布依語 tot7，臨高話 ɗot7/ɗak7，傣語(西)hak7，傣語(德)tɒt9，侗語、水語 tak7，毛南語 tjɔk7/tjak7，黎語 tak7，海南村話 ɗop^{33}；馬來語 patuk/tetak，三亞回語 ɗu^{ʔ55}。

【死】：永康話 ɗau3，東陽話 tau3，閩南話 tai3；壯語(武鳴)、布依語 ta:i1，臨高話 dai1，傣語(西)、佯僙話、莫話、甲姆話 tai1，傣語(德)ta:i6，石語 pra:i1，侗語 təi1，仫佬語、水語、毛南語 tai1，拉珈語 plei1，黎語 ɬu:i4；馬來語 mati，布嫩語 matað，邵語 maθaj，沙魯阿語 matsi^{ʔ}i，鄒語 mtsoi，原始占語 * matai，三亞回語 tai^{ʔ42}。

【屠】：閩南話 t^{h}ai6(殺，屠宰)，永康話 t^{h}əi1(將禽畜屠宰後去毛)，温州話 t^{h}ai1(屠宰)，奉化話 t^{h}əi1(將禽畜屠宰後去毛)；海南村話 t^{h}aŋ^{21}；殺，阿美語、他加洛語 pataj，巴拉望語 patɔjɔn，摩爾波格語 patoj。

【殺】：永康話 xə4(殺，解决)；壯語(武)、布依語 ka3，壯語(龍)k^{h}a3，傣語(西)xa3′，仫佬語 k^{h}ɣa3，水語、毛南語、黎語 ha3。又壯語 hɯt7(死)。

【孚】：拉拽，向上下方向拉衣褲以露出或遮蔽身體，或指類似動作，永康話 lə8，温州話 lai8，奉化話 lə^{ʔ}8，閩南話 lut7，廣州話 lət7b；壯語(龍)lu:t7，傣語(西)lut7(滑落)，莫話 lə4(銼)。

【掏】:從囊中拿取,永康話 ləu1,奉化話 lo1;侗語 ləu1,泰語 lu:aŋ4。

【蓋】:覆蓋(動詞),蓋子(名詞),永康話 kəŋ3(動)/kəŋ5(名),温州話 kaŋ3,閩南話 k^ham5(動)/k^hap7(名),福州話 k^haŋ5;壯語(武)ko:m5,布依語 kəm5/həm5,傣語(德)hom5,水語 kəm5;原始菲律賓 * tăkəp。

【呆】:愣,呆滯,沉思,永康話 ŋəi2,温州話 ŋe2,奉化話 ŋe2;傣仂文 ŋo4(無精打采)/ŋə4(傻),泰語 ŋo:3,老撾語 k^hon2ŋo:5,越南語 ŋɯ:i2ŋu1 或 t^haŋ2ŋok7。

【愚蠢】:永康話 gwəŋ4,奉化話 gō4,上海話 gaŋ4,閩南話 goŋ6,廣州話 ŋoŋ6,梅州話 ŋoŋ6;傣語 ŋoŋ,毛南語 ^{ʔ}ŋa:n5,黎語 ŋaŋ,越南語 ŋok7。

【臥】:横躺,永康話 ləi6,温州話 lai6,奉化話 lei6;侗語 ləi4;日本語 ne(ru)。

【關(門)】:永康話 kwəŋ1;壯語 kwe:n1,壯語(武)klaŋ1,石語 t^hraŋ(2),布依語、亞伊語 tɕaŋ1,泰語 k^haŋ5,撣語 k^haŋ1,傣語 xaŋ1,臨高話 laŋ1;原始南島語 * kulun。

【餟】:吸吮,永康話 tɕɥə7,温州話 tɕy7,奉化話 tswə^{ʔ}7,閩南話 suʔ7;壯語、布依語 ɕup7,侗語 sot9 或 ɕut9′,水語 ɕut7,毛南語 ɕu:t7,泰語 su:t7,傣語 tsup9;阿美語 tsuptsup;日本語 su。

【轉頭】:側轉頭或回轉頭,永康話 ŋie1;老撾語 ŋwa:k10(轉頭看)。

【(想)要】:永康話 ŋau6,常山話 lo6,閩南話 ai5;布依語、老撾語、岱—儂語、黑泰語、白泰語^{ʔ}au1,泰語^{ʔ}au2,越南語 l ɤi5,芒語 le4。

【(將)要】:决意,打算,閩南話 ɓe3;壯語 mai3,老撾語 sam1ma4mu:a2 或 mɔ:5。

【洗】:永康 daŋ4(漂洗),上海 daŋ4,奉化 dʑjaŋ4;壯語(武)、布依語、傣語(德)、老撾語 sak8,壯語(龍)ɬak8,臨高話 dak8,傣語(西)săk8,泰語 sak4,石語 jak6,撣語 s^hak5,侗語 sak7,仫佬語 suk7,水語 lak7,毛南語 zak7,黎語 to:k7,海南村話 tak^{33};馬來語 basuk,阿美語 fatʃa^ʔ,布嫩語 mapaʃ^{ʔ}ah,三亞回語 za^{33}。

【得到】:永康話 ɗəi3(向己方拉拽,得便宜),奉化話 tei3(向己方拉拽);壯語(北部)、泰語、岱—儂語、黑泰語、白泰語 ɗai3,老撾語 ɗai4,普標語 tu4,越南語 ɗɯ:k8。

【裂】:永康話 ɗəi3(撕扯)或 dia8/lia8(以爪抓刨),奉化話 tei3(撕裂)、la^{ʔ}8(以爪抓刨);毛南語 tai5,臨高話 dət7,村話 liat^{33}。

【墜落】:永康話 t^hə7;壯語(武)、傣語(西)、侗語、水語、毛南語 tok7,壯語(龍)tuk7,布依語、佯僙話 tɔk7,莫話 tɔk9,甲姆話 tɔk8,臨高話 dok7,傣語(德)tok9,黎語 t^hok7,拉珈語 pla5,海南村話 t^hɒk^{33};馬來語 dzatuh,阿美語 matərak,布嫩語 mapunanaʃtu;日語 otɕi(ru)＜oti(ru)。

【捉】:永康話 k^ha5(捕捉,抓握),奉化話 k^ho5;壯語、布依語 kap8,傣語(西)jă

p8,泰語 tɕap7,侗語 sap7′,水語 hap7,毛南語 sap7;菲律賓語 dăkəp,馬來語 taŋkap;日本語 tsukamae(ru)<tukamae(ru)。

【捧】:永康話 kʰa5(捕捉,抓握),奉化話 kʰo5;壯語(武)ko:p7,布依語 kop7,傣語 kɒp9,臨高話 kup7,侗語 qʰup9,仫佬語ŋ̊əp7,毛南語 ŋgop7,黎語 kʰop7。

【握持】:永康話 kʰa5,奉化話 kʰo5;黑泰語、白泰語 kʰam1,普標語、芒語 k ɤm2;日本語 mots(u)<mot(u)。

【墩】:永康話 nəŋ1,奉化話 təŋ1;壯(武)tum5,傣語(西)tum3,傣語(德)tom3;馬來語 setop。

【落】:下(雨、樓等),向下運動,永康話 lau8,奉化話 lwɐʔ8,上海話 loʔ8,常山話 doŋ6(下雨、雪),閩南話 lok8;壯語(龍)nuŋ2,布依語 zoŋ2,臨高話 loŋ2,傣語(西)luŋ2,傣語(德)loŋ2;馬來語 turuŋ,他加洛語 hulog。

【咬】:永康話 ŋɯə8/kʰəŋ1/gau4(交錯,睡夢中磨牙),奉化話 ŋo4 或 kʰəŋ3;侗語 qit10,仫佬語 cet7,水語 ȶit8,毛南語 cit8,拉珈語 kat7;馬來語 gigit/pagut,阿美語 kalat,布嫩語 kaɬat,三亞回語 kau24;日本語 kam(u)。

【食】:吃,永康話 tsʰaŋ1/dzai6;侗語 ȶa:n1,水語 tsjen1,仫佬語 tsa:n1,佯僙話 tsien1,莫話 tsin1,甲姆話 ɕien1,拉珈語 tsen1;日本語 tabe(ru)。

【偷盜】:永康話 lau8/ljau8(順手牽羊),奉化話 lo1(順手牽羊);壯語(龍)、傣語、仫佬語 lak8,侗語、毛南語 ljak9,水語 ljak7,布依 zak8,黎 zok7。

【眨】:永康話 kia7,温州話 dʑa8,奉化話 saʔ7bo2;壯語(武)、布依語、水語ʔjap7,侗語 jap7,毛南語 djap7,黎語 ɳap7,傣語 pʰɛp8;馬來語 kədip,巽他語 kitʃip,爪哇語 kəɖɛp,巴塔克語 makkidop。

【出】:永康話 ua5;壯語ʔo:k7,布依語ʔo5,傣語ʔɒk9,侗語、仫佬語、水語、毛南語ʔuk7。

【撿】:永康話 tsʰə7,奉化話 tsʰəʔ7;壯語 kip7,傣語(西)、泰語、撣語 kep7,石語 kip4,老撾語 kop7,傣語(德)tsep9,布依語 tɕip7,侗語 ȶəp7,仫佬語、水語、毛南語 tsəp7,黎語 tip7。

【吠】:永康話 xəu6(驅狗聲);壯語(武)ɣau5,壯語(龍)、傣語(西)hau5,布依語 zau5,傣語(德)hau6,侗語 kʰəu5′,仫佬語 kʰɣau5,水語 kʰau5,毛南語 cʰau5。

【啼】:永康話 xa5(吠);壯語(武)、布依語 han1,壯語(龍)kʰan1,傣語(西)xan1,傣語(德)xɒn1,仫佬語 can2,黎語 hjo:n1。

【打】:永康話 ɓuo5/pʰuo5(以手掌用力擊打聲);馬來語 pukul,原始占語 * pəh,

三亞回語 po[55]。

【打】:金華話 naŋ3,永康話 nai3,縉雲話 na3;壯語、老撾語、黑泰語、白泰語 ȵiŋ2,泰語 le:n3,普標語 lai3。又上海話 taŋ3,溫州話 tiɛ3;越南語 ɗaɲ5,芒語 tɛɲ3/taɲ3。

【揍】:常山話 tɕja3 或 dzɛ2;泰語 ti:2,老撾語 ti:1,越南語、芒語 tsɤ:i1。

【去】:永康話 lau8;占 nao,三亞回語 na:u[ʔ33]。

【撞擊】:永康話 boŋ6/poŋ5/pʰoŋ5(撞擊聲),奉化話 boŋ6(撞擊聲);壯語 tam1puŋ5,仫佬語 pʰoŋ5,傣語(德)pɒŋ5;馬來語 tumbuk;日本語 buts(u)<but(u)。

【躍】:永康話 ɓau5;水語 ɓən5,拉珈語 pon5(飛)。

【連接】:永康話 sɯə7(擁抱,雙臂抱合);傣語(西)sɯp9。

【掀】:永康話 xjau1,溫州話 ɕiɛ1,奉化話 ɕjə[ʔ]7;老撾語 hɯ:4;三亞回語 hə[33]。

【盛(飯)】:永康話 ɗi5,常山話 tie6,奉化話 tsɿ5;佯僙話 tui3。

【噴涌】:永康話 pʰu1;水語 pɛ1(涌,淌)或 pʰɛ1(噴出),毛南語、佯僙話 pʰut7(噴水),莫話 pʰjo5(噴水)。

【抓刨】:永康話 sau5(劃痕);水語 sai1(爪)或 zai1(抓刨)。

【踩】:永康話 ȵɥa2;壯語(北部)ʔȵa:i3,岱—儂語 ɲam3,越南語 ʑɤm4,芒語 ɲɤm3。

【哄(小兒)】:永康話 waŋ1(哄)或 jaŋ1(形容小兒愛哄);侗語 jak8,黑泰語、白泰語ʔɔn3,泰語 lɔ:k9lɔ:3,老撾語 lɔ:k9lɔ:4。

【堵塞(洞)】:永康話 u5,奉化話 u1;泰語、老撾語、佯僙話ʔut7,岱—儂語、黑泰語、白泰語ʔot7。

【拿】:永康話 duo2,常山話 tɛ5(給),奉化話 dəu2,閩南話 tʰue3;泰語、老撾語、岱—儂語 tʰɯ:1,莫話 təi2/tʰəi2。

【掉落】:永康話 tʰə7;泰語、老撾語、岱—儂語、黑泰語、白泰語 tok7,海南村話 tʰak[33]。

【嘔吐】:永康話 fa1(嘔吐)或 fa5(反芻);壯語 fe:k7,泰語 ra:k10,老撾語 ha:k10,岱—儂語 ra:k8,黑泰語、白泰語 ha:k8,海南村話 fɛk[33],芒語 ɓa5。又奉化話 muɔ6;越南語 non1mɯə3。

【飲(茶)】:閩南話 lim2;壯語(武)、傣語(西)dum5,臨高話 lum3,侗語 wum4,水語 ɣum4;原始菲律賓語 *ĭnum,馬來語 minum,阿美語 ninanum;日本語 nom(u)。

【給予】:永康話 xa5,溫州話 ha5,閩南話 ho5;泰語、老撾語 hai3,布依語 hɑ4,岱—儂語 həɯ3,黑泰語、白泰語 haɯ3,甲姆話 ha:i1,普標語 qai1。

【給予】:永康話 na5/naŋ5/niŋ5(給,被);布央語 ȵɛ[31](被)或 na:k[11](給)。

【給予】：上海話、奉化話 pə^{ʔ}7（給，被）；馬來語 bəri，馬都拉語 bərri^{ʔ}，摩爾波格語 bogoj，卑南語 bəraj，魯凱語 baaj。

【柚】：永康話 p^{h}aŋ1，温州话 p^{h}ɜ1，餘姚話（ɕjā1）p^{h}ɒ1，奉化話（ɕjaŋ1）p^{h}o1；老撾語 ma:k9p^{h}uk8，岱—儂語 ma:k7puk8/pa:ŋ2，侗語 pau2，毛南語 la:k8pok8，普標語 mja:k2pɒk2，越南語 kwa3ɓɯ:i3/ɓɔŋ2，芒語 pɯ:i5。

【李子】：永康話 mai7li4；泰語 p^{h}lam2，老撾語 ma:k9man3，岱—儂語、黑泰語、白泰語 ma:k7man4，甲姆話 lə2m̥a:k7，普標語 mja:k2m ɤn2，越南語 kwa3m ɤn6，芒語 tla:i3m ɤn4。

【花】：永康話、温州話 ȵy6（花蕾）；水語 nuk8，侗語 nuk9，莫話 ŋu:i6，甲姆話 ŋuai1；馬來語 buŋa，原始占語 * mŋa，三亞回語 ŋa^{11}。

【菜】：永康話 p^{h}əi5（菜餚）；石語 p^{h}rak4，壯語（武）plak7，壯語（貴縣）prak7，壯語（北部）、布依語 pjak7，壯語（龍）、臨高話 p^{h}jak7，泰語、傣語 p^{h}ak7，撣語 p^{h}ak2，白泰語 p^{h}ak2，阿含語 p^{h}ak，黑泰語 fak2，亞伊語 piək2。

【蕈】：野生菇，永康話 ɯə7（zəŋ4）；壯語（武）ɣat7，壯語（龍）vit8，布依語 zat7，傣語（西）het7，傣語（德）hep9，臨高話 hɔt8。

【瓜】：葫蘆，蒲瓜，永康話 bu2，温州話 bøy2（ko1），奉化話（tso1）bu2；瓜，佯僙話 pu2，甲姆話 lə2pjo6（葫蘆），普標語 pa:k5，越南語 ɓi5，芒語 pil3。

【車前草】：永康話 a1ma2i1；岱—儂語 ȵa3kip7ma4，甲姆話 ma1pop7，越南語 ma4ɗe2。

【螞蟻】：永康話 xu3nia4，温州話 fu3ŋa4，餘姚話 tɕjo^{33} xwə̄^{44} / tɕjo^{33} fv^{44}，閩南話 kau3hjā3；馬來語 səmut，原始占語 * hdam，三亞回語 a^{11} t^{h}an^{11}。

【蟲】：永康話 kjəu1（甲蟲）；壯語（北部）ɣau1，傣語（西）hau1，仫佬語 k^{h}ɣəu1；馬來語 kutu。

【蚱蜢】：永康話 kia7（mai4），奉化話 ka^{ʔ}7（ma4）；水語 djak7，莫話 dak7，毛南語 ɗjak8，侗語 ȶak7，仫佬語 çak7。

【蜆】：永康話 xia5；泰語、老撾語 hɔ:i1ka:p9，黑泰語、白泰語 hɛn5，越南語 hen5，芒語 hɔn3hɛn3。

【蜘蛛】：永康話 kie7（tɕy1），奉化話 tɕjə^{ʔ}7（ts^{w}ɿ1）；壯語（武）klwa:u1，石語 t^{h}ra:u2，壯語（龍）k^{h}ja:u1，拉珈語 k^{h}jo1，布依語 kwa:u1，撣語、傣語 ka:u1，亞伊語 tɕa:u1；原始波利尼西亞語 * kalewe。

【蛙】：永康話 gə8ɓau3（蟾蜍），奉化話 gə^{ʔ}8po3（蟾蜍）；泰語、老撾語、傣語

(西)kop7。

【蜥蜴】:永康話 ɦua6dia4;泰語 tu:a2ka5pɔ:m2,老撾語 tu:a1ki2ko2,越南語 tʰan2lan2;馬來語、巽他語 kadal,爪哇語 kaɖal;日本語 tokage。

【蝨】:永康話(sə7)kəi3(蟣,蝨卵);水語、毛南語 tu,布央語ˀatu[24];馬來語、巽他語、巴塔克語、巴拉望語、摩爾波格語、阿美語 kutu,他加洛語 kūtu,雅美語 koto,泰雅語 kuhiŋ,卑南語 kuʈu,魯凱語 kutsu。

【熊】:閩南話 him2;壯語(武)mɯi1,壯語(龍)mi1,布依語 mɯ:i1,臨高話 mo1hui2,傣語 mi1,侗語 me1,水語ˀmi1,毛南語、甲姆話 moi1,拉基話 mo[35],村話 moi[35],仫佬語 pua2mɛ1,佯僙話 mje2,黎語、莫話 mui1;阿美語 tumaj,布嫩語 tumað,排灣語 tsumai,魯凱語 tsomai,邵語 θumai,沙阿魯阿語 tsumiˀi,三亞回語 mui[11];日本語 kuma。

【鼠】:閩南話 ȵau4(tɕʰi3);壯語(武)nou1,壯語(龍)、布依語、傣語、泰語、撣語、老撾語 nu1,石語 nu2,侗語 no3′,仫佬語、水語n̥ɔ3,毛南語 nɔ3。

【綹】:條紋,條形物,永康話 ljəu4,奉化話 ly4;泰語 la:i(條紋),壯語 ra:i2(絲)。

【村】:永康話 fa5(畈,可作地名),奉化話 pɛ5(畈);壯語、水語、拉珈語 ba:n3/ɓa:n3,布依語、毛南語 ba:n4,傣語(西)ban3,傣語(德)ma:n3,仫佬語 m̥a:n3,黎語 fa:n1;馬來語 kampuŋ,布嫩語 piai;日本語 mura。

【門】:吴語以"頭"爲門的量詞,如"一頭門";壯語(武)tou1,壯語(龍)、布依語、傣語(西)、甲姆話 tu1,傣語(德)tu6,侗語、水語、莫話、拉珈語 to1,仫佬語、毛南語 tɔ1,黎語 tʰiu1;馬來語 pintu,他加洛語 pitaw;日本語 tobira。

【桌】:永康話 tsəi3(tsuo7),上海話 de2(tsɿ3);傣語(西)tsɒ3,黎語 tsʰo1;馬來 medza,三亞回語 tʰuai[11];日本語 tsukue<tukue。

【籬笆】:永康話 ɓa1kai5;壯語(武)fa2,布依語、傣語 fa1,水語 pa:n2,毛南語 pi:n5;馬來 pagar,阿美語ˀaɬipəl,三亞回語(kai[33])kʰa[33]。

【核】:永康話 ŋai8 或 ɦwə8,奉化話 ɦwəˀ8;壯語(武)ŋwei6,布依語 ŋwi6,侗語、水語 ȵui6,毛南語 ȵu:i6,莫話 ŋui6。

【蛋】:永康話 ka1ka1(兒語"蛋");阿含語 kʰrāi,壯語(武)kjai5,壯語(龍)kʰjai5,布依語 tɕai5,傣語 xai5,仫佬語 kɣai3,水語、毛南語、侗語 kai5;原始中央巴布亞語 * gatoi。

【酒】:永康話 lau4(tɕjəu3),温州話 lɜ4(tɕəu3),奉化話 lo4(tɕy3);壯語、布依語、傣語 lau3,侗語、仫佬語 kʰwa:u3,水語 qʰa:u3,毛南語 kʰa:u3。

【池塘】:永康話 nəŋ3(坑)或 daŋ2(塘),温州話 taŋ3;壯語(武)tam2,壯語(龍)tʰum1,布依語 tam2,傣語(西)nɒŋ1,傣語(德)tʰa:ŋ1/lam4,侗語 tam1,仫佬語l̥am1,水語 dam1,毛南語 ndam1。

【鏞】:永康話 tɕjaŋ1;泰語 sa5nim2,老撾語 ni:aŋ3/ni:ŋ3,岱—儂語、黑泰語、白泰語 ni:ŋ3,侗語 ja:k10。

【田地】:永康話(di6)ɗa3;水語 dai5/tai5。

【邊,面】:永康話 pʰiŋ1,閩南話 bī2;傣語 pa:ŋ5,水語 ba:ŋ5。

【背帶】:永康話(du4)ɗa5(肚兜);壯語 ɗa1,水語 tai6(襁褓背帶)。

【滴】:永康話 ɗau7(水滴、斑點);壯語 dik7,布依語 dok7,毛南語 dit8,拉珈語 tek7,黎語 dak7;原始菲律賓語 * tu:duq,阿美語 tərag,原始占語 * ˀjoh。

【刀】:吴語以“把”爲刀具量詞;傣語、老撾語 pʰa4,泰語 pʰra4,岱—儂語 pja4,黑泰語、白泰語 pa4,普標語 bja2。

【菜刀】:永康話 buo8ɗau1,奉化話 baˀ8to1;泰語 paŋ2tɔ:2/pʰra:4to:3,岱—儂語 pja4pʰai1,普標語 bja2ta:u3,拉基話 pu¹¹tau³³;小刀(匕首),馬來語 pisau,巽他語 peso,米南卡保語 pisaw。

【綫】:永康話 mai1;壯語、布依語、傣語、泰語、老撾語、黑泰語、白泰語 mai1,臨高話 mɔi1,岱—儂語 məi1。

【鍋巴】:永康話 ɦuo8dɯə8;泰語 kʰa:u3taŋ2,老撾語 kʰau3hɛ:m3,莫話 ȶʰut7la3,越南語 kɤ:m1tsai1,芒語 kɤ:m1tsal3。

【冰雹】:永康話 loŋ2buo8,温州話 liɛ2bo8;莫話 lə2pʰa:k8,泰語 lu:k10hep7/pʰa:2ju5pʰon1la5,老撾語 lu:k10hep7,岱—儂語 ma:k7kʰep7,黑泰語、白泰語 ma:k7hep7,普標語m̥ɤn1,越南語 mɯə1ɗa5。

【耳環】:永康話 niŋ1xjaŋ1,温州話 teŋ1ɕi1;泰語 ta:ŋ5hu:1/tum3hu:1 或 tuŋ3tiŋ3,老撾語 tsɔ:n1hu:1/ta:ŋ4hu:1,黑泰語、白泰語 ɓɔŋ3hu1,越南語 xwi:n1;耳,他加洛語 tēŋa,巴拉望語 təliŋa,摩爾波格語 toliŋa,雅美語 taliŋa。

【月亮】:閩南話(guet8)niū2;石 bliən1,壯語(武鳴)dɯ:n1,布依語 di:n1,傣語(西雙版納)dɤn1,傣語(德宏)lən1,侗語 ȵa:n1,仫佬語 njen2,水語 nja:n2,毛南語 njen2,拉珈語 lie:ŋ6,黎語 ȵa:n1;原始南島語、原始印尼語、原始曼諾婆語 * bulan,馬來語 bulan,阿美語 fulaɬ,布嫩語 buan。

【河口】:温州話 pʰøy3,上海話“(黄)浦(江)”pʰu3;泰語、老撾語 pa:k9,岱—儂語、黑泰語、白泰語 pa:k7。

【海灣】:温州話 ɜ5,奉化話 o5;泰語、老撾語ˀa:u5。

【人】:永康話 noŋ2,温州話 naŋ2,常山話 nā2,閩南話 laŋ2<naŋ2;馬來語 oraŋ,三亞回語 za:n$^{?33}$。

【妻】:常山話(ləɯ4)ma6 和 me3(母親);壯語(北部)me6(母親),壯語(龍)me6,臨高話 mai4,傣語 me2,侗語、仫佬語 ma:i4,木佬話 mi^{53};馬來語 bini,三亞回語 na^{24}mai^{33};日本語 tsuma。

【膝】:永康話(kjau7)kʰwə5(dəu2),温州話(tɕa7)kʰy7(dəu2),奉化話(tɕjaˀ7)kʰwaˀ7(dø2);壯語(北部)ho5,壯語(龍)、泰語、老撾語、岱—儂語 kʰau5,普標語z̥o4q ɤ4 或r̥o4q ɤu4,越南語 ɗ ɤu2ɣoi5,芒語 kol3。

【牙】:永康話 ŋa2/ŋua2,温州話 ŋo2,奉化話 ŋuo2,上海話 ŋu2;馬來語 gigi,原始菲律賓語 * ŋi:pən,布嫩語 nipun,邵語 nipun,雅美語、賽夏語 ŋəpən,巴澤海語 ləpəŋ,賽德克語 rupun;日本語 ha<pa。

【肩】:永康話 pʰa5(ie1dəu2),又 pʰa5(將帶狀物披於肩上),奉化話 pʰa1(ke1dø2)(以肩扛);壯語、布依語、傣語(西)ba5/ˀba5,傣語(德)ma5,仫佬語、水語、毛南語 ha1;馬來語 bahu,三亞回語 pʰia^{11}。

【痰】:永康話 xai7(咳痰);馬來語 dahak,三亞回語 hat^{42}。

【腋下】:永康話、温州話 ga8(腋下,抱);臨高話 kəp7(抱),泰語、岱—儂語 rak8rɛ4,黑泰語、白泰語 hak8hɛ4,老撾語 hak8hɛ2,芒語 kɛɬ7;三亞回語 ha:t^{42}(夾在腋下)。

【手】:永康話(cjəu3)ɓa3/ma3(掌);泰語、傣語 mɯ2,臨高話 mɔ2,侗語 mja2,水語 mja1,佯僙話 mjɛ2,莫話、甲姆話 mi2,拉珈語 mie2,壯語、布依語 fɯŋ2,仫佬語 nja2,黎語 meɯ1,仡佬語 mei^{31}/mi^{31}/mpau^{44},普標語m̥i^{24},俫話 mɛ^{31}(五),拉基話 m^{11}(五),泰語 fa5(掌),壯語(龍)pʰa1(掌),侗語 pa3(掌),佯僙話 va4(掌);排灣語 lima(手,五),布嫩語 ima(手,五),馬來語 lima(五),巴厘語 faləl(掌),貢諾語 palaˀ(掌),莫圖語 palapala-na(掌)。

【頭】:永康話 u7lə8(dəu2);腦髓,壯語、布依語ˀuk7,傣語(西)ˀɛk9,傣語(德)ˀɔk9/ˀɛk9,老撾語 hu:a1ˀɔk9ˀɛk9,越南語、芒語ˀɔk7;原始南島語 * qulu 和 * huluo,雅美語 oʙo 或 ətək(腦),菲律賓阿卡拉農語 utuk(腦),馬來語 otak(腦),他加洛語 ūlo,巴拉望語、摩爾波格語 ulu,巽他語 hulu 或 utɨk(腦),爪哇語 utək(腦),巴塔克語 utoh-utok(腦),排灣語 quɭu。

【腸】:永康話 sa1fu3(牲畜内臟);壯語(武)、布依語、傣語、侗語、泰語、石語、老撾語 sai3,撣語 sʰai3,水語 ha:i4,仫佬語 kʰɣa:i3,毛南語 sa:i3,黎語 ra:i3。

【脚/腿】：常山話 kʰo1，閩南話 kʰa1；壯語（武）、布依語、仫佬語 ka1，壯語（龍）、撣語 kʰa1，泰語 kʰa5，石語 kwa，傣語 xa1，水語 qa1，黎語 ha1；馬來語 kaki，三亞回語 kai^{11}。

【腿】：永康話（kjau7）ɓə7du4；侗語、水語 pa1，毛南語 pja1，臨高話 va2；菲律賓語 ＊pa:qa，馬來語 paha 或 bətis（小腿），巽他語、巴塔克語 bitis（小腿），他加洛語、巴拉望語、摩爾波格語 paˀa，雅美語 appa，布嫩語 pinaʃah，三亞回語 pʰa^{33}。

【腹（肚）】：永康話 wə7（ɗu3），常山話 pəˀ7，閩南話 pak7；臨高話 ɓoˀ8，泰語 pʰuŋ2，老撾語 ka2pʰɔ5 或 pʰuŋ2，岱—儂語 mok7，白泰語、黑泰語 pum1，黎語 pok7，海南村話 ɓɔk^{55}，普標語m̥ok5；越南語 ɓuŋ6，芒語 mum5tloŋ4。

【娘】：姑或姨，永康話 ȵjaŋ1（姑），温州話 ȵi1（姑/姨），常山話 ȵjā1（姨）；布依語 niaŋ1（姑），泰語、老撾語、岱—儂語、黑泰語、白泰語 na4（姨），普標語 nu:ŋ3（姨）。

【我】：永康話 ku7/kɯ7（此，近指），温州話 kei7（此），上海話 gəˀ8（此）；壯語 kou1，傣語、布依語 ku1，海南村話 kɯ^{31}，拉基話 la^{33}ki^{24}；馬來語 aku，阿美 kaku，賽夏語 jako，三亞回語 kau^{33}。

【咱（包括式第一人稱複數）】：永康話 xaŋ^{51}，常山話ˀā^{53}，閩南話 laŋ^{53}；傣語、老撾語、黑泰語、白泰語 hau2，傣語（德）ha:ŋ2ha2（咱倆），泰語 rau2，岱—儂語 həi1，海南村話 ha^{21}（我們，排除式），黎語 ga1，芒語 ha1；馬來語、爪哇語 kami，巴塔克語 hami。

【多】：永康話 lɯə6（些，如 xai1 lɯə6“如此多”），温州話 le0（些），紹興話 laˀ8（複數後綴），奉化話 lɐˀ7（複數後綴）；黎語（通什）ɬai1，壯語（彬橋）、布依語、傣語（芒市）la:i1；日本語 ra（複數後綴）。又永康話 muo4lau2lau2（極多）；侗台共同語 ＊plar；原始泰雅語 ＊saparu，原始美拉—密克羅尼西亞語 ＊pulu，原始馬來—他加洛語 ＊lubah，原始南島語 ＊paru。

【少】：永康話 kəˀ^{45}，奉化話 tjəˀ7；傣語 ke5；馬來語 dikit，三亞回語 kiˀ^{42}。

【大】：永康話（duo6）ma1ȵjaŋ2（極大）；泰語 ma:k10，侗語 ma:k9，老撾語 ȵai5，黑泰語、白泰語 ȵaɯ5，芒語 na:i4。

【遠】：永康話 kai1（遠指，那麼，那樣），上海話 ka1，奉化話 kā1（那麼，那樣），常山話 jā3<＊kjā3（那麼，那樣），温州話 hei3，閩南話 hjā3（那麼）；壯語（武）kjai1，壯語（龍）kwai1，傣語（西）kai1，傣語（德）kai6，侗語 ka:i1，仫佬語 ce1，水語 qa:i1，毛南語 ci1，黎語 lai1。

【肥】：永康話 moŋ1（tɕɥaŋ5）（極肥胖），奉化話 kwəŋ1（tsō5），閩南話 ɓa3<ma3；馬來語 gəmuk，原始占語 ＊emă，三亞回語 maˀ^{42}。

【薄】:永康話 p^hi1(k^hiŋ1)(輕),奉化話 p^hi1(t$ɕ^h$iŋ1)(輕);馬來語 tipis,原始占語 * epih,三亞回語 pi[55]。

【香】:閩南話 p^haŋ1,永康話 p^həŋ1(嗅),温州話 hoŋ5(嗅),奉化話 ɕjoŋ1(嗅);壯語(武)、拉珈語 pla:ŋ1,壯語(大苗山、羅城、環江)pja:ŋ1,壯語(鹿寨)pɣa:ŋ1,仫佬語m̥ɣa:ŋ1;原始菲律賓語 * bahuq。

【白】:永康話(bai8)k^hau1k^hau1;泰語、老撾語、岱—儂語、黑泰語、白泰語 k^ha:u1。

【緩慢】:永康話 ɡia4;泰語、老撾語 k^hɔ:i3。

【微小】:永康話 ɗə5/tə5/ɗi1,上海話 ti3;甲姆話 təi3,芒語 ɗɔi5。

【臟】:永康話ɥa1;岱—儂語、黑泰語、白泰語ˀu:i5,甲姆話 ja3。

【在】:永康話 ləi2,奉化話、上海話 le2,閩南話 di6;黎語 dɯ3,仡佬語 la[55];馬來語 di;日本語 de。

【於】:在,處於,永康話 jəu1;泰語、老撾語、壯語(龍)、傣語 ju:5,黑泰語、白泰語 ju5,壯語(武)ˀjou5,布依語ˀjiu5,侗語 ȵa:u4,仫佬語、水語、毛南語 ȵa:u6。

【了】:語氣詞,永康話 bia4,温州話 ba4,常山話 pe3;布依語 pai5,黎語 ɓe1。又常山話語氣詞 pā1 表不良的變化,如"vā[113] ts^həɯ[11] pā[44] pe[51](飯臭掉了)"。

【完】:永康話 lau4(語氣詞,表完成),閩南話 lo6(語氣詞,了);壯語(武)liu4,布依語 leu4,侗語、仫佬語、水語 ljeu4,毛南語 ljəu4。

【和(連詞)】:永康話 xa5;普標語 ho1。又閩南話 kaˀ7;泰語、老撾語、岱—儂語、黑泰語、白泰語 kap7。

【的(助詞)】:永康話 kwə[0],温州話 ɡə[0],常山話 ke[0],上海話 ɦə[0],閩南話 e[0];布依語 ka:i5,岱—儂語 kuə5/ku5,泰語、老撾語 k^hɔ:ŋ1,黑泰語、白泰語 k^hɔŋ1,普標語 kuŋ4/ku:ŋ5,越南語 kuə3。

【每】:永康話 tsu7;傣語、黑泰語、白泰語 tsu6,泰語、老撾語 t^huk8。

【很】:永康話 kau5,奉化話 tɕjo5kuɛ1,閩南話 k^haˀ7(更);泰語 ka:t9,老撾語 k^ha:m2,海南村話 kik[55],越南語 kwa5。

【此】:近指示詞,這,奉化話 nɛ2(nɛ2ka1,此時),廣州話 li1;壯語 ni4 或 nei3 或 nai3 或 ne3,布依語 ȵi4,臨高話 nɔi4,傣語(西)nī,傣語(德)lai4,侗語 na:i6,仫佬語 ni5,水語、毛南語、莫話、甲姆話、佯僙話 na:i6,拉珈語 ni2,黎語 nei2,拉基話 ni[33],仡佬語 ni[21],侗台共同語 * cni(ˀ);馬來語 ini,阿美語 uni,鄒語 eni,賽夏語 hiniˀ,邵語 inaj,三亞回語 ni[33],原始泰雅語 * sini,原始鄒—卑南語、原始馬來—他加洛語、原始南島語 * ini,原始美拉—密克羅尼西亞語 * inai。

第四章　餘論

1. 同源、巧合或者影響

本書搜集整理了多方面的語言文字材料用以證實并釐清江南古越人同現代侗台語乃至南島語民族之間的同源關係，并將這種關係引申至現代吴語與閩語使用者身上，試圖發掘現代江南語言文字中的古代越民族遺存，盡最大可能把握住江南古今之間的紐帶，復原江南民族與文化的底層面貌。值得一提的是，本書所采用的語言學研究方法存在局限性，所謂"同源性"，很多時候仍需憑藉主觀經驗的取捨，因而難免出現誤判。知識的不足是判斷的主要障礙。事實上，直至今日，語言學界仍無有效的方法以切實可靠地區分不同語言中看似有相關性的成分究竟屬於同源、巧合抑或外來影響。畢竟，語言既無基因，亦不會留下化石，可供科學研究中行之有效的化驗、測量等定量方法發揮的空間十分有限。語言科學終究是一門力求客觀而歸根結蒂不免主觀的學科，其方法與結論無法僅限於語言學本身，而必須與其他學科交叉借鑒。歷史學、博物學、考古學、人類學都是語言學所必須借力同時亦能夠反哺的學科。語言學者的百科知識自然多多益善，且須精益求精。

例如，"鐵"一詞就不太可能成爲侗台語和南島語同源關係的證據，而這一基礎認知來自語言學之外。鐵在人類文明中是較爲晚近出現的事物，相比之下，金、銀、銅、錫等金屬（或者天然單質，或者熔點較低，易於提取）應當更早爲人所知。目前的考古證據顯示，東亞地區使用鐵器的時間不會超過三千年。在侗台語中，金、銀、銅普遍使用漢語借詞，如：

【金】：壯、臨高 kim1，布依 tɕim1，傣 xam1，仫佬 cəm1，毛南 cim1，黎 kin3。

【銀】：壯、布依 ŋan2，傣 ŋɯn2，臨高 ŋɔn2，拉珈 ŋiɛn2，黎 kan1。

【銅】：壯、侗、水、拉珈 toŋ2，傣、仫佬、毛南、佯僙 tɔŋ2，布依 lu:ŋ2，莫 luŋ2，甲姆

luəŋ2，臨高 hɔŋ2，黎 du:ŋ2。

三種金屬的表達在語族内部表現出高度的一致性，與漢語也明顯相似。然而，理應較之晚出的"鐵"的表達則顯得雜亂無章。如：

【鐵】：壯 lik7/fa2/ti:t7，布依 fa2/va2，傣、泰 lek7，拉珈 k^hjāk7，黎 go:i1，侗 k^hwət7，仫佬 k^hɣət7，水 ɕət7，毛南 c^hit7，臨高 het7，佯僙、莫、甲姆 let7。對比印尼雅加達話 besi，原始南島語 * bati/ * basih/ * besih。

其中壯語的 ti:t7 顯然來自漢語，臨高話 het7 和佯僙話、莫話、甲姆話 let7 可能也來自漢語。然而壯語的 lik7/fa2、布依語 fa2/va2、傣語、泰語 lek7、拉珈語 k^hjāk7、黎語 go:i1、侗語 k^hwət7、仫佬語 k^hɣət7、水語 ɕət7、毛南語 c^hit7 的來源就顯得可疑，這些詞或者聲母與漢語有别，或者韻母與漢語對應不上。對比南島語，似乎可以認爲 fa/va 形式來源於南島語的 ba 音節，lek/lik 形式來源於南島語的 sih 音節，表現出較爲可信的同源性。問題是，南島語同侗台語兩個語群即便確實同源，其分化時間也不太可能在進入鐵器時代之後。這種"同源詞"與其認爲是語言親屬關係的證據，毋寧説是古代文化交流的見證。

由此例出發，我們又不得不回到原點提出一個問題：儘管目前大體可以確證的侗台語—南島語同源詞多達 300 餘例（倪大白，2010），這些詞是否真的都是同源詞？還是説，它們依然只是古代兩個比鄰而居的族群之間發生文化交流的結果？也就是説，越夷同源的假説縱使已經積累了足够可靠的證實性材料，它是否同樣具備絶對的可證僞性？在這一點上，我們還有很多考古學、語言學、人類學的工作需要做。目前我們能做的，仍然是進一步積累一手材料，并對其展開分析。假説先行，結論爲時尚早。因此，本書是一種方法論上的總結與嘗試，而非結果性的報告。

2. 血統的來源

當我們在談論民族時，主要并不涉及血統。事實上，通婚（甚至混血、雜交）自古是人類的共同傾向，民族（或者部族）亦自古是人類的共同認知。因此，民族客觀存在，同時也客觀上與血統無關。血統是一個家族概念，民族則是一個超家族大群體的文化社團，其核心是共同的語言與生活方式。世界上不存在因血統而凝聚的民族，只存在因文化而向内認同并對外認異的民族。民族的存在必須同時具備認同與認異兩個條件。僅有向内認同而無對外認異，則認同只是物種内的認同，人人僅知同種，更無南腔北調、戎狄華夷之别，人類遂與蟲魚禽畜無異；僅有對外認異而無向内認同，則人類終將一盤散沙，唯知一己，人人互害。

上古時期，東亞大陸族系繁多，北狄（阿爾泰語民族）、南蠻（苗瑶語民族）、西戎（藏緬語民族)、東夷(南島語民族)之外,尚有胡人、百濮、華夏等部族民系。這些族系至今日或者漢化,或者成爲少數民族,或者在中國之外建立邦國,又各自相互影響、同化,且隨時分化,演變成當今東亞地區錯綜複雜的民族格局。有操同一語言而被分爲多族者,亦有一族之内操多種語言者(如海南村話、甲姆話、拉珈語、臨高話等語言社團因處在其他大民族包圍之中,生活方式也已趨同,即被簡單地劃入某個大族,遂成一族之中多種語言的局面),民族的界定愈發模棱兩可。

本編前文推論,越人族系的歷史不會太長,依據的是其具備向内認同且足以對外認異的文化形成的時期應當不早於商代,而非其血統的起源時間。事實上,由血統的分析(分子生物學檢測)得出的結論甚至認爲今日留在大陸的百越民族(侗台語民族)較漂洋過海遷徙至太平洋地區的夷人(南島語民族)更爲古老(基因多樣性更高),越人應當是夷人的祖先類型(參見倪大白,2010)。學界即有采信這一結論者,認爲南島語民族是越人外遷的一個支系(如曾思奇,2005)。

該結論事實上并不嚴謹。大陸百越民族的血統固然可以更古老,其血統來源則未必是越人。正如今日江南地區的漢族,其血統來源很大程度上也并不是上古的華夏人。反之,海島南島語民族的血統固然可以更年輕,其文化來源則未必不可以更古老。衆所周知,遷徙、隔離必定導致基因多樣性的喪失,通婚才是維持基因多樣性的手段,海島環境正是隔離的絶佳試驗場。

因此,我們仍然認爲百越族系較夷人族系更爲晚出,如果兩者確係同源,則夷人是越人的祖先類型。這一結論符合語言學與文化學的分析。在研究民族源流時,除非一個民族確信無疑不曾或極少發生對外通婚與同化,否則,依賴分子生物學基因檢測的手段將帶來巨大且令人啼笑皆非的偏差。基因檢測適用於家族關係的鑑定,民族的基因則是語言。歸根結蒂,語言是人類群體認同與認異的關鍵。

3. 文化記憶、忠誠感與存續

崇禎十七年,北京城陷。明年,清軍過江南侵;明軍潰,内閣首輔馬士英奔浙。山陰人王思任致其書云:"夫越乃報仇雪耻之國,非藏垢納污之地也。"後紹興城破,思任死之。浙東義軍風起雲涌,視死如歸,如火之燎原。今人竟以爲江南多文弱書生,謬矣!吴越存文脉,江南出丈夫。

《荀子·榮辱篇》云:"越人安越,楚人安楚,君子安雅。"人之在鄉,猶魚之在淵,麋之在野。則越人在越,適猶虎之在林也,不結黄犬之陣,不作吠日之嘯,而人以爲怯,是燕雀不知鴻鵠也。

越人之安越也，由鄉及國，以國爲鄉，以鄉情養人，以人情報國。唐時越州蕭山人賀知章所謂“少小離家老大回，鄉音無改鬢毛衰”者，此之謂也。

嗚呼，今之越音則幾絶矣，江東吴語危殆矣！我儕鄉音實無改，而鄉之幼童終不語父老之言矣！養而不教，其誰之過？顧江南之民渾然不以爲意，皆以“時代進步”爲其説。知者謂心憂，不知謂何求。

夫言語失則個體對外認異感失，對外認異感失則族群内部認同感失，認同感失則後代更無愛惜繼承前代文化傳統之理矣，必惡之棄之猶恐不及，而争欲自效於其所認同之族群。是以吴語絶，則吾見江南隨以殆也。

江南實爲中華自有以來一個性鮮明之“解决方案”，數度存中華於倒懸之世，作亂世之桃源，他日則將僅存一地名之記憶乎？吴越之苗裔，他日將僅充人口之數目乎？

斯爲滅其個性，留其共性耳。然則時代因以“進步”歟？傳承且憚其煩矣，進步之辛勞，又豈斯民能勝？人心驕惰，唯圖輕易而已。

夫承平之世，同一者固見其便；亂離之秋，則存亡豈非繫於天下文化之多樣性歟？今以爲太平終將千秋萬世而不作憂患之慮者，其謀何陋也！

吴語失之可惜，江南失之不祥。

吾人敢不乾惕以自勵！

參考資料

一、古籍文獻

詩經[M]. 北京:團結出版社,2014.
班固. 漢書[M]. 北京:中華書局,1962.
陳壽. 三國志[M]. 北京:中華書局,1959.
戴聖. 禮記[M]. 北京:中華書局,2017.
陳彭年等. 宋本廣韻[M]. 南京:鳳凰出版傳媒集團江蘇教育出版社,2008.
丁度. 宋刻集韻[M]. 北京:中華書局,1989.
杜佑. 通典[M]. 北京:中華書局,2016.
范曄. 後漢書[M]. 北京:中華書局,1965.
房玄齡. 晋書[M]. 北京:中華書局,1974.
顧炎武. 天下郡國利病書[M]//顧炎武全集:第 12—17 册. 上海:上海古籍出版社,2011.
顧祖禹. 讀史方輿紀要[M]. 北京:中華書局,2005.
計六奇. 明季北略[M]. 北京:中華書局,1984.
李百藥. 北齊書[M]. 北京:中華書局,1972.
李昉等. 太平御覽[M]. 北京:中華書局,1960.
李心傳. 建炎以來繫年要録[M]. 北京:中華書局,2013.
李延壽. 南史[M]. 北京:中華書局,1975.
劉向. 説苑校證[M]. 北京:中華書局,1987.
劉昫等. 舊唐書[M]. 北京:中華書局,1975.
馬端臨. 文獻通考[M]. 北京:中華書局,1986.

錢儼. 欽定四庫全書:吴越備史[M]. 北京:中國書店出版社,2018.
沈約. 宋書[M]. 北京:中華書局,1974.
司馬光. 資治通鑑[M]. 北京:中華書局,2011.
司馬遷. 史記[M]. 北京:中華書局,1982.
宋祁,歐陽修,范鎮,吕夏卿. 新唐書[M]. 北京:中華書局,1975.
脱脱等. 宋史[M]. 北京:中華書局,1985.
王鏊. 姑蘇志[M]. 明正德元年刊,嘉靖間增修本.
李步嘉. 韋昭《漢書音義》輯佚[M]. 武漢:武漢大學出版社,1990.
蕭子顯. 南齊書[M]. 北京:中華書局,1972.
徐松. 宋會要輯稿[M]. 上海:上海古籍出版社,2014.
許慎. 説文解字[M]. 北京:中華書局,1963.
許嵩. 建康實録[M]. 北京:中華書局,1986.
揚雄. 宋本方言[M]. 北京:國家圖書館出版社,2017.
袁康,吴平. 越絶書校釋[M]. 武漢:武漢大學出版社,1992.
趙曄撰,周生春輯校彙考. 吴越春秋輯校彙考[M]. 北京:中華書局,2019.
左丘明. 左傳[M]. 上海:上海古籍出版社,2016.

二、今人論著

白川静. 漢字的世界[M]. 成都:四川人民出版社,2018.
白川静. 漢字的發展及其背景[M]. 福州:海峽文藝出版社,2020.
曹錦炎. 鳥蟲書通考[M]. 上海:上海書畫出版社,1999.
曹志耘. 南部吴語語音研究[M]. 北京:商務印書館,2002.
車越喬,陳橋驛. 紹興歷史地理[M]. 上海:上海書店出版社,2001.
陳晋. 龜甲文字概論[M]. 武漢:湖北美術出版社,2015.
陳澤平,林勤. 福州方言大詞典[M]. 福州:福建人民出版社,2021.
董作賓,董敏. 甲骨文的故事[M]. 海口:海南出版社,2015.
凡國棟. 金文讀本[M]. 南京:鳳凰出版社,2017.
范宏貴. 同根生的民族[M]. 北京:民族出版社,2007.
樊中岳等. 常用金文書法字典[M]. 武漢:湖北美術出版社,2015.
樊中岳等. 常用鳥蟲篆書法字典[M]. 武漢:湖北美術出版社,2019.
顧誠. 南明史[M]. 北京:光明日報出版社,2011.

郭錫良．漢字古音手册(增訂本)[M]．北京:商務印書館,2017.

何臨儀．戰國文字通論(訂補)[M]．上海:上海古籍出版社,2017.

侯福昌．鳥蟲書匯編[M]．杭州:西泠印社出版社,2020.

黄德寬．古文字學[M]．上海:上海古籍出版社,2015.

賈雷德·戴蒙德．槍炮、病菌與鋼鐵:人類社會的命運[M]．謝延光,譯．上海:上海譯文出版社,2006.

賈雷德·戴蒙德．第三種黑猩猩[M]．王道還,譯．上海:上海譯文出版社,2012.

李榮．現代漢語方言大詞典[M]．南京:江蘇教育出版社,2002.

林倫倫．粵西閩語雷州話研究[M]．北京:中華書局,2006.

劉叔新．粵語壯傣語問題[M]．北京:商務印書館,2006.

羅莎莉·戴維．古代埃及社會生活[M]．李曉東,譯．北京:商務印書館,2016.

馬學良等．漢藏語概論[M]．北京:民族出版社,2003.

倪大白．侗台語概論[M]．北京:民族出版社,2010.

錢穆．國史大綱[M]．北京:商務印書館,1996.

錢乃榮．19 世紀晚期的上海話[M]．上海:上海書店出版社,2015.

容庚．金文編[M]．北京:中華書局,1985.

容庚．鳥書考[J]．《中山大學學報》1964 年第 1 期.

石汝傑．明清吴語和現代方言研究[M]．上海:上海辭書出版社,2006.

王力．漢語語音史[M]．北京:中華書局,2014.

王偉,周國炎．布依語基礎教程[M]．北京:中央民族大學出版社,2005.

王宇信,王紹東．殷墟甲骨文[M]．北京:文物出版社,2016.

韋樹關等．國外壯侗語族語言詞彙集[M]．廣州:世界圖書出版廣東有限公司,2019.

巫凌雲,楊光遠．傣語語法[M]．昆明:雲南民族出版社,1993.

吴安其．南島語分類研究[M]．北京:商務印書館,2009.

吴健琴．中國吴氏通書[M]．南寧:廣西人民出版社,2002.

徐文鏡．古籀彙編[M]．上海:上海書店出版社,2013.

顔逸明．浙南甌語[M]．上海:華東師範大學出版社,2000.

嚴志斌．商金文編[M]．北京:中國社會科學出版社,2016.

楊樹達．積微居金文説[M]．長沙:湖南教育出版社,2007.

游汝傑．方言接觸論稿[M]．上海:復旦大學出版社,2016.

喻翠容等．傣仂漢詞典[M]．北京:民族出版社,2004.

袁家驊等. 漢語方言概要[M]. 北京:文字改革出版社,1960.
曾思奇. 臺灣南島語民族文化概論[M]. 北京:民族出版社,2005.
張如安. 賈舶交至氣象新——唐代明州港的崛起[J]. 中國港口,2014,(9):10—12,15.
張曉山. 新潮汕字典[M]. 廣州:廣東人民出版社,2009.
趙超. 石刻古文字[M]. 北京:文物出版社,2016(第二版).
趙元任. 現代吴語的研究[M]. 北京:商務印書館,2011.
鄭張尚芳. 温州方言志[M]. 北京:中華書局,2008.
鄭張尚芳. 句踐"維甲"令中之古越語的解讀[J]. 民族語文,1999,(4):1—8.
中國社會科學院考古研究所. 甲骨文編[M]. 北京:中華書局,1965.
中國社會科學院考古研究所. 殷周金文集成(修訂增補本)[M]. 北京:中華書局,2007.
周長楫. 閩南方言大詞典[M]. 福州:福建人民出版社,2006.
周長楫. 閩南話概説[M]. 福州:福建人民出版社,2010.
周長楫. 閩南話的形成發展及在臺灣的使用[M]. 北京:中國書籍出版社,2009.
Tertius Chandler. *Four Thousand Years of Urban Growth: An Historical Census*[M]. Lewiston New York: St David's University Press, 1987.
Fang-Kuei Li. *A Handbook of Comparative Tai*[M]. Honolulu: The University Press of Hawaii, 1977.

三、博物館

杭州博物館
良渚博物院
紹興博物館
浙江省博物館

跋

己亥初春(2019),杭州市蕭山區建築學會開設浙東運河蕭紹段文史研究之課題,囑我爲文,閲一寒暑,完成本書前編文稿。然稿中猶有闡述未明之點,越二歲,乃續之以後編詳爲之論,竟有此書。敢以貽笑大方之家與夫越中鄉人。

先是三年(2016),杭州市蕭山區規劃研究院、杭州天元建築設計研究院曾聯合開展該領域之研究,并取得課題成果《濱水空間的復興——浙東運河"蕭山段"保護與利用研究》(獲 2017 年度杭州市優秀城鄉規劃設計二等獎),是爲本課題之先導。繼後,天元設計院高立民、胡觀忠先生與胡月霞女士共同發起成立蕭山區建築學會下属之學術機構"吴越建築文化研究中心",欲致力於發掘鄉土建築文化之精髓,遂確定以浙東運河蕭紹段文史研究爲首選課題(參加成員有高立民、胡月霞、吴斌、胡觀忠、葉琛、鄭海龍、朱翔、盛宣懷等,各從事於建築、文史、美術、新聞等诸多領域專業工作)。課題組於廣羅資料之基礎上,數度組織專題討論與實地沿綫考察(紹興城区、柯橋、衙前、蕭山老城區、西興、義橋等多地),并由我總其成,歷盛暑搜集文獻,勉力寫作。

蕭紹水鄉,運河乃鄉人鄉情之所依。自然與人文,歷史與時代,交互浸潤,遂成一方水土與一方之人。微蕭紹之水土則運河無以成,微蕭紹之人文則運河亦無由得成。是以由運河之歷史,得見蕭紹水土之底蕴,亦得見蕭紹人文之真容。課題組將主題定爲浙東運河與蕭紹人文關係之研究,由自然、民族、文物、經濟與時勢,整理運河之嬗變與遺存,提綱挈領,成一貫通之史,幸教後人以越中一地之厚德載物與夫江南士民之自强不息。

本書爲蕭山區建築學會·吴越建築文化研究中心成立後之首項學術成果,於寫作過程中得學會諸位同道之支持與鼓勵。高立民先生於最初之課題討論中提出總體思路及主旨,以爲"一方水土養育一方之民",格物之旨首在知人,人物相成,得失易見,遂使課題研究之方向豁然開朗。天元設計院總建築師胡月霞女士於前期準備、課題考察與後期出版事務中出力實多，并拍攝大量插圖照片以豐富本書。建築學會秘書長胡觀忠先生於本書寫作過程中與我頻繁交流，并提供不少素材，在此一併表示誠摯之謝意！

拙稿初成後，承蒙汪志華先生給予诸多指導，并撰文詳爲闡釋，使我受益匪淺。鍾妙明、張勇民二位先生亦曾審閲全文，提出頗多見解與意見。本書上下兩編彙成合集之後，又呈交蕭山區委黨史研究室、區地方志辦公室原主任沈迪雲先生請教。沈先生對本書之學術價值以及我本人爲寫作所付之努力給予十分之肯定，鼓勵我盡早將書稿付梓。蕭紹水利史專家陳志富先生通讀全書文稿後，爲我釐清數處事實性問題，并以參考文獻見贈。先進之諄諄，不勝感激！

兹向一切於本書寫作過程中提供文獻及其他諸多協助者表達謝意，并向所有參考文獻之作者遥致謝忱與敬意！感謝浙江古籍出版社爲本書出版所付之辛勞！

最後，特別感謝尚賢書社李紹溥老師爲本書題簽，感謝剡版堂主人葉琛老師爲本書創作版畫《運河古鎮新景》！

吴　斌

2023 年 7 月 15 日

於杭州